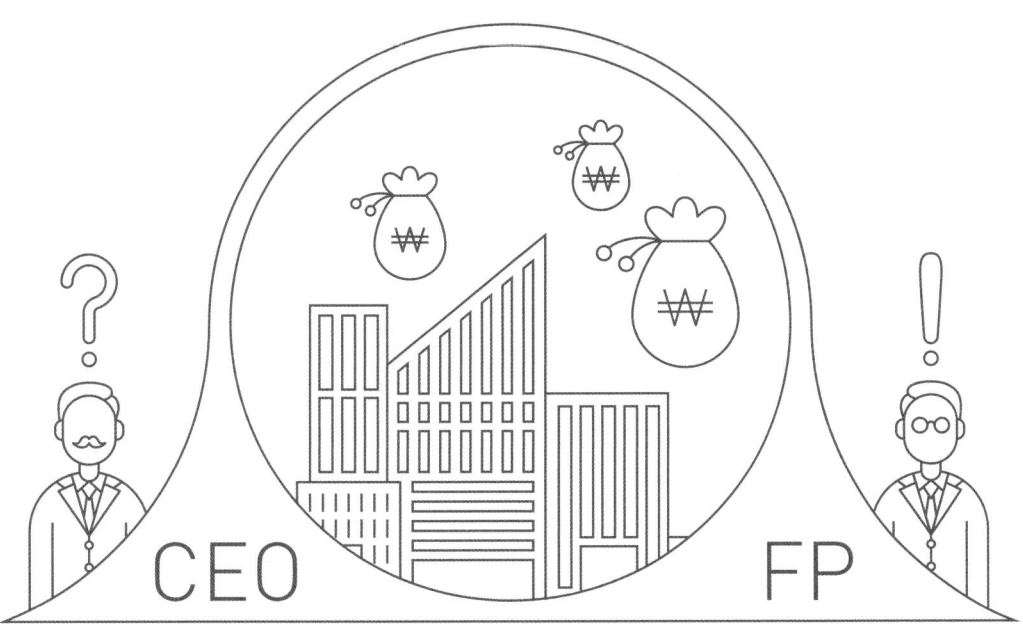

화법 중심
법인 컨설팅 실전 세무

법인 전문 컨설턴트를 위한 최고의 상담 가이드북

제4판 1쇄 펴냄 2023년 6월 20일
초판 1쇄 펴냄 2020년 9월 9일

지은이 권인규, 김봉석
펴낸이 최나미
편집 김동욱
디자인 우진호, 신윤서
경영지원 고민정

펴낸곳 한월북스
출판등록 2017년 7월 13일 제 2017-000007호
주소 서울특별시 강남구 광평로 56길 10, 광인빌딩 4층 (수서동)
전화 070-7643-0012
팩스 0504-324-7100
이메일 hanwallbooks@naver.com
ISBN 979-11-972081-9-5

책값은 표지 뒤쪽에 있습니다.
잘못 만들어진 책은 바꾸어 드립니다.
이 책 내용의 전부 또는 일부를 재사용하려면 반드시 저작권자와 한월북스 양측의 동의를 받아야 합니다.
이 도서의 국립중앙도서관 출판예정도서목록(CIP)은 서지정보유통지원시스템 홈페이지(http://seoji.nl.go.kr)와
국가자료종합목록 구축시스템(http://kolis-net.nl.go.kr)에서 이용하실 수 있습니다.

일러두기
FP, FC, LP, FSR 등 재무 컨설팅을 하는 직업의 명칭은 다양한데,
이를 모두 FP(Financial Planner)로 통일했습니다.

개정 세법 완벽 반영
2023

화법중심 법인 컨설팅 실전 세무

최고의 상담 가이드북

법인 전문 컨설턴트를 위한

CONTENTS

머리말 20

1부. 기초 지식

topic 01
법인과 재무제표

1. 토픽 소개 24

2. 핵심 정리 25

1. 법인 시장의 이해
2. 컨설팅 준비 과정
3. 재무 정보의 파악 방법
4. 재무제표의 종류
5. 재무상태표
6. 손익계산서
7. 자본변동표, 이익잉여금처분계산서, 현금흐름표
8. 외감기업 재무제표 vs. 일반기업 재무제표

topic 02
세법의 주요 개념

1. 토픽 소개 — 42

2. 핵심 정리 — 43
1. 국세 및 지방세의 종류
2. 제척기간과 소멸시효
3. 출자자의 제2차 납세의무
4. 수정신고, 기한후신고, 경정청구
5. 가산세
6. 특수관계인의 범위

topic 03
법인세와 소득세 과세체계

1. 토픽 소개 — 55

2. 핵심 정리 — 56
1. 법인세 vs. 소득세
2. 법인세 과세체계와 세무조정
3. 주요 법인세 세액공제
4. 소득세법상 과세되는 소득의 종류
5. 비과세, 분리과세, 분류과세, 종합과세
6. 소득세 과세체계: 종합소득, 퇴직소득, 양도소득
7. 4대보험료(2023년 기준)

CONTENTS

topic 04
상속세와 증여세 과세체계

1. 토픽 소개 — 73

2. 핵심 정리 — 74
1. 상속 관련 민법 주요 내용
2. 상속세와 증여세 비교
3. 상속세 과세체계
4. 증여세 과세체계
5. 재산 평가 방법
6. 상속세 절세 방안

topic 05
회사법과 주식회사

1. 토픽 소개 — 95

2. 핵심 정리 — 96
1. 상법상 회사의 종류와 특징
2. 주식회사 설립 절차
3. 주식(株式)
4. 주주(株主)
5. 주식회사의 기관
6. 이사와 감사의 보수
7. 자본금 10억 원 미만 소규모 주식회사의 특례
8. 유한회사 주요 사항

2부.
실전 화법

소득 설계 편 | 주식 이동 편 | 법인전환 편 | 부동산 법인 편

topic
06
CEO 급여와 퇴직금부터 점검하라

1. 토픽 소개 116

2. 실전 화법 117
- 체크포인트 1: 각 법률상 임원의 보수
- 체크포인트 2: 급여 인상 효과 예시
- 체크포인트 3: 임원 퇴직금의 세법상 한도

3. 토픽을 마치며 128

CONTENTS

topic 07
법인의 정관을 정비하라

1. 토픽 소개 · · · · · 129

2. 실전 화법 · · · · · 130
- 체크포인트 1: 정관의 주요 기재 사항
- 체크포인트 2: 주식회사 정관변경 절차와 등기사항

3. 토픽을 마치며 · · · · · 141

topic 08
배당을 적절히 활용하라

1. 토픽 소개 · · · · · 142

2. 실전 화법 · · · · · 143
- 체크포인트 1: 상법상 배당 규정 요약
- 체크포인트 2: 배당소득 이중과세 조정

3. 토픽을 마치며 · · · · · 155

topic
09
이익소각으로 이익잉여금을 해소할 수 있다

1. 토픽 소개 156

2. 실전 화법 157

– 체크포인트 1: 이익소각 활용 개요

– 체크포인트 2: 배우자 등 이월과세

– 체크포인트 3: 상법상 자기주식 취득 및 소각 절차

– 체크포인트 4: 자기주식 취득과 가지급금 상환

3. 토픽을 마치며 178

topic
10
가지급금은 충분한 시간을 갖고 해소하라

1. 토픽 소개 180

2. 실전 화법 181

– 체크포인트 1: 가지급금의 세법상 불이익

– 체크포인트 2: 가지급금 해결 방안 요약

3. 토픽을 마치며 188

CONTENTS

topic
11
특허권 양수도는 신중하게 활용하라

1. 토픽 소개 189

2. 실전 화법 190

– 체크포인트 1: 특허권 이전의 세금 및 절세 효과

– 체크포인트 2: 특허권 양도 시 주요 세무 이슈

3. 토픽을 마치며 197

topic
12
자본준비금 감액배당을 활용하라

1. 토픽 소개 198

2. 실전 화법 199

– 체크포인트 1: 자본준비금 감액배당의 의의

– 체크포인트 2: 자본준비금 감액배당의 세무 처리

3. 토픽을 마치며 206

2부.
실전 화법

소득 설계 편 | **주식 이동 편** | 법인전환 편 | 부동산 법인 편

topic 13
비상장주식 평가의 중요성을 강조하라

1. 토픽 소개 210

2. 실전 화법 211
– 체크포인트 1: 세법상 비상장주식의 평가 방법
– 체크포인트 2: 비상장주식 평가 사례
– 체크포인트 3: 주식 상속·증여·양도 시 세액 계산 사례

3. 토픽을 마치며 225

topic 14
명의신탁 주식을 실소유자로 환원하라

1. 토픽 소개 226

2. 실전 화법 227
– 체크포인트 1: 과점주주의 세법상 의무와 명의신탁 주식의 리스크
– 체크포인트 2: 명의신탁 주식의 해결 방안
– 체크포인트 3: 실소유자 확인 제도/명의신탁 주식의 증여의제

3. 토픽을 마치며 236

CONTENTS

topic 15
저가 및 고가 거래는 증여세가 과세될 수 있다

1. 토픽 소개 237

2. 실전 화법 238

– 체크포인트 1: 주식 양수도가액과 세법상 특수관계인

– 체크포인트 2: 자사주 취득을 통한 명의신탁 주식 해결

3. 토픽을 마치며 246

topic 16
가업승계 지원제도를 적절히 활용하라

1. 토픽 소개 247

2. 실전 화법 248

– 체크포인트 1: 가업상속 공제제도 개요

– 체크포인트 2: 가업승계 증여세 과세특례제도

– 체크포인트 3: 창업자금 증여세 과세특례제도

– 체크포인트 4: 상속세 연부연납 특례

– 체크포인트 5: 가업승계 시 상속세(증여세) 납부유예

3. 토픽을 마치며 267

2부. 실전 화법

소득 설계 편 | 주식 이동 편 | **법인전환 편** | 부동산 법인 편

topic 17
성실신고 대상자는 법인전환을 고려하라

1. 토픽 소개 270

2. 실전 화법 271
- 체크포인트 1: 성실신고 대상자 기준
- 체크포인트 2: 법인사업자 vs. 개인사업자 세금 비교
- 체크포인트 3: 법인설립 절차
- 체크포인트 4: 상황별 법인전환 방법 요약

3. 토픽을 마치며 282

topic 18
부동산이 없는 개인사업자는 비교적 법인전환이 용이하다

1. 토픽 소개 283

2. 실전 화법 284
- 체크포인트 1: 영업권 양수도를 통한 절세 효과
- 체크포인트 2: 관련 예규

3. 토픽을 마치며 295

CONTENTS

topic
19
부동산이 있다면 세감면을 받는 방식으로 법인전환 하라

1. 토픽 소개 296

2. 실전 화법 297

– 체크포인트 1: 법인전환 시 양도소득세 이월과세

– 체크포인트 2: 현물출자와 포괄사업양수도 비교

– 체크포인트 3: 세감면 포괄양수도 및 세감면 현물출자 관련 예규

3. 토픽을 마치며 311

2부.
실전 화법

소득 설계 편 | 주식 이동 편 | 법인전환 편 | **부동산 법인 편**

topic
20
부동산 법인을 활용하라

1. 토픽 소개 314

2. 실전 화법 315

– 체크포인트 1: 개인기업과 법인기업의 차이

– 체크포인트 2: 법인의 부동산 취득세

– 체크포인트 3: 임대소득, 양도소득의 세금 비교(개인 vs. 법인)

3. 토픽을 마치며 327

topic
21
특정 법인에 가수금을 활용하라

1. 토픽 소개 328

2. 실전 화법 329

– 체크포인트 1: 가수금과 이자소득

– 체크포인트 2: 특정 법인과의 거래를 통한 이익의 증여(상증법 제45조의 5)

3. 토픽을 마치며 338

CONTENTS

3부.
보험 활용

topic
22
사업의 리스크를 종신보험으로 헤지하라

1. 토픽 소개 342

2. 실전 화법 343

  – 체크포인트 1: 상속의 승인과 포기
  – 체크포인트 2: 상속세 신고 기한과 세부담
  – 체크포인트 3: 법인 보험계약을 활용한 리스크 관리 및 재원 마련 방안

3. 토픽을 마치며 353

topic
23
CEO 퇴직금에 맞는 금융상품을 선택하라

1. 토픽 소개 354

2. 실전 화법 355

– 체크포인트 1: 퇴직연금제도의 이해

– 체크포인트 2: 퇴직연금 인출 시 세제

– 체크포인트 3: 퇴직금 재원 마련(퇴직연금 vs. 보험상품)

3. 토픽을 마치며 366

topic
24
부부 임원이나 동업 경영자라면 법인 교차계약을 활용하라

1. 토픽 소개 367

2. 실전 화법 368

– 체크포인트 1: 본인 및 배우자 상속세 계산 예시

– 체크포인트 2: 부부 임원 교차 법인계약

– 체크포인트 3: 동업 경영자 교차 법인계약

3. 토픽을 마치며 377

CONTENTS

topic
25
보험계약을 현물배당 하라

1. 토픽 소개 378

2. 실전 화법 379
- 체크포인트 1: 상법상 현물배당 관련 규정
- 체크포인트 2: 현물배당의 절세 효과

3. 토픽을 마치며 387

topic
26
보험료를 손비 처리하면 법인세 이연 효과가 발생한다

1. 토픽 소개 388

2. 실전 화법 389
- 체크포인트 1: 보험료 납입액의 세무 처리
- 체크포인트 2: 보험계약 단계별 회계 처리
- 체크포인트 3: 보험계약 현물지급 시 세무 처리
- 체크포인트 4: 정기보험 납입보험료의 손비 처리

3. 토픽을 마치며 401

topic
27
종신보험 보험차익 비과세를 활용하라

1. 토픽 소개 ········ 402

2. 실전 화법 ········ 403
− 체크포인트 1: 보험차익 비과세 요건 정리
− 체크포인트 2: 정기예금 vs. 종신보험 절세 효과 예시

3. 토픽을 마치며 ········ 411

topic
28
종신보험 3대 플랜을 활용하라

1. 토픽 소개 ········ 412

2. 실전 화법 ········ 413
− 체크포인트 1: 종신보험 3대 플랜의 개요 및 장점
− 체크포인트 2: 3대 플랜의 절세 효과(1) - 세대생략 상속 효과
− 체크포인트 3: 상속받은 보험계약의 평가
− 체크포인트 4: 3대 플랜의 절세 효과(2) - 소득세, 상속세 비과세 효과

3. 토픽을 마치며 ········ 424

머리말

본서는 법인, 그중에서도 특히 비상장 중소기업을 경영하고 있는 오너 CEO 및 이와 관련한 컨설팅 업무를 하는 FP(Financial Planner)를 위한 책이다. 법인을 운영하면서 가장 어렵게 다가오는 것 중 하나가 세금이다. 법인 사업을 영위하면서 부담하는 세금의 종류도 다양하다. 법인세, 부가세, 원천세 외에도 법인 부동산에 대한 취득세와 보유세도 있고, 주주로서 주식을 양도·상속·증여함에 따라 발생하는 양도소득세, 상속세, 증여세도 있다. 그리고 임원으로서 법인에서 받게 되는 급여와 퇴직급여에 대해서는 근로소득세와 퇴직소득세가 과세되며, 주주로서 받는 배당에 대해서는 배당소득세가 과세된다.

이러한 세금들에 대해 미리 절세 플랜을 실행하는 것과 아무런 준비 없이 세금을 내는 것은 상당한 차이가 있다. 예를 들어, 세법상 주식의 평가액이 낮은 시기에 전략적으로 주식증여를 실행하는 것과 증여를 하지 않다가 주식의 평가액이 높은 시기에 상속이 되는 경우의 세금 차이는 상당히 클 수 있다.

이 책을 통해 중소기업 오너에게 빈번하게 발생하는 세무 이슈들을 짚어 보고 평소에 필요한 관리 방안 및 문제점에 대한 해결책을 제시하고자 한다. 본서는 단순히 세법 지식을 전달하기 위한 책이 아니다. 저자들이 현장에서 법인 CEO들을 만나면서 겪어 온 사례들을 화법을 통해 생생하게 전달하여 현실적인 해결책을 제시하고자 하였다.

올해도 변함없이 세법이 개정되었다. '23년부터 적용되는 개정 세법의 주요 내용은 다음과 같으며 본서에 이를 적절히 반영하였다.

〈'23년 개정 세법 주요 내용〉

▫ **법인세 세율 및 과세표준 구간 조정(법인법 §55)**: 과세표준 구간별 세율을 1%p씩 하향 조정
(2억 원 이하 10%-->9%, 2~200억 원 이하: 20%-->19%, 200억~3000억 원 이하: 22%-->21%, 3000억 원 초과: 25%-->24%)

▫ **소득세 과세표준 구간 조정(소득법 §55①)**: 세율 6% 구간을 1,200만 원 → 1,400만 원으로 조정, 세율 15% 구간을 4,600만 원→5,000만 원으로 조정)

▫ **퇴직소득세 근속연수공제 확대(소득법 §48①)**: 근속연수별 연 30만 원~120만 원 공제 → 연 100만 원~300만 원 공제)

▫ **가업상속공제 적용 대상 및 공제한도 등 확대(상증법 §18, 상증령 §15)**: 최대 500억 원 → 600억 원 공제 및 사후관리 완화(7년 → 5년)

▫ **가업승계 증여세 과세특례 한도 확대 등(조특법 §30의6, 조특령 §27의6)**: 최대 500억 원 → 600억 원 공제 및 사후관리 완화(7년 → 5년), 공제금액 5억 원 → 10억 원, 세율은 과세표준 30억 원 → 60억 원까지 10%, 초과분 20% 적용)

▫ **창업자금 증여세 과세특례 확대(조특법 §30의5)**: 공제한도 30억 원 → 50억 원(고용 10명 이상 시 50억 원 →100억 원)

▫ **가업승계 시 상속세 납부유예제도 신설(상증법 §71의2, 상증령 §67의2·68의2 신설)**

▫ **가업승계 시 증여세 납부유예제도 신설(조특법 §30의7, 조특령 §27의7 신설)**

▫ **가업상속 연부연납 확대(상증법 §71, 상증령 §68)**: 20년 또는 10년 거치 후 10년(가업상속재산 비율에 관계없이 적용)

▫ **양도소득세 필요경비 계산 특례 합리화(소득법 §97의2)**: 증여일부터 5년 이내 양도 시 이월과세를 적용하던 것을 10년 이내 양도 시 적용으로 강화

최근 인플레이션과 금리 인상이라는 변수가 기업 경영에 어려움을 주고 있다. 종전 저금리 환경에서 재무구조 개선과 유동성 확보를 적절히 한 기업이라면 충분히 대처가 가능하지만 그렇지 않은 기업들은 큰 어려움을 맞고 있다. 세무 관리도 마찬가지다. 적절한 증여 타이밍을 놓치거나 평소에 이익잉여금 관리에 소홀한 경우 미래에 큰 세금 문제로 다가오게 된다. 지금부터라도 회사의 세무 이슈는 없는지 지속적으로 검토하고 필요 시 전문가와 상의하면서 대처해 나가는 것이 현명한 자세가 아닐까 싶다.

2023년 봄날
저자 권인규, 김봉석

개정 세법 완벽 반영
2023

화법중심 법인 컨설팅 실전 세무
최고의 상담 가이드북
법인 전문 컨설턴트를 위한

1부
기초 지식

Topic 01	법인과 재무제표
Topic 02	세법의 주요 개념
Topic 03	법인세와 소득세 과세체계
Topic 04	상속세와 증여세 과세체계
Topic 05	회사법과 주식회사

topic 01

법인과 재무제표

01 토픽 소개

    중소기업 CEO가 필요로 하는 정보는 회사의 본질적인 영업에서부터 이를 지원하기 위한 재무, 회계, 세무, 노무, 부동산까지 다양하다. 이 중 회계와 세무의 중요성이 특히 두드러진다. 회계는 단순한 장부 기장 목적을 넘어 기업의 건전성과 수익성을 점검하고 개선 방안을 찾기 위한 출발점이다. 회계를 안다는 것은 곧 재무제표를 읽을 수 있다는 뜻이다. 법인의 세무는 회계와 떼어 놓고 생각하기 어렵다. 법인의 세무를 이해하기 위해서라도 회계는 반드시 알아야 한다.

    우리는 사람을 볼 때 가장 먼저 얼굴을 본다. '얼굴'은 사람의 얼이 나타나는 곳이라는 뜻이다. 얼굴을 보면 그 사람의 성격을 어느 정도 읽을 수 있다. 기업을 사람에 비유하자면 재무제표는 기업의 얼굴이다. 재무제표를 분석하면 기업의 최근 재무 상황과 과거 실적 등을 알 수 있다. 기업의 과거와 현재를 파악하면 미래도 조심스럽게 예상해 볼 수 있다.

    FP에게도 재무제표는 중요하다. <u>재무제표를 통해 기업의 현금 보유량, 차입금 현황, 퇴직연금 가입 유무, 유보된 이익(이익잉여금) 규모, 매출과 이익 규모 등 상당히 많은 재무 정보를 파악해 고객에게 도움을 줄 수 있다.</u> 기업을 파악하려면 제대로 읽을 줄 알아야 한다. 재무제표의 종류와 특징 그리고 법인 컨설팅의 여러 주제와 사전 정보 수집 방법 등을 살펴보자.

02 핵심 정리

1. 법인 시장의 이해

『2022 국세통계연보』에 의하면 국내 법인의 숫자는 2016년 726,701개에서 2021년 906,325개로 증가했다. 이 중 대부분의 법인은 비상장법인이며, 유가증권시장 및 코스닥 상장법인은 2천여 개가 있다. 법인의 종류별, 업종별 현황은 다음과 같다.

✓ 회사 종류별 현황

종류	법인 수	비중
주식회사	821,326	90.6%
유한회사	40,187	4.4%
합자회사	3,064	0.3%
합명회사	921	0.1%
비영리법인	38,958	4.3%
외국법인	1,869	0.2%
합계	906,325	100.0%

✓ 업종별 법인 현황

업종	법인 수	비중
서비스업	200,111	22.1%
제조업	177,934	19.6%
도매업	166,691	18.4%
건설업	119,576	13.2%
부동산업	67,998	7.5%
소매업	37,450	4.1%
운수·창고·통신업	40,424	4.5%
금융·보험업	46,406	5.1%

농·임·어업	16,102	1.8%
음식·숙박업	13,848	1.5%
전기·가스·수도업	10,244	1.1%
기타 업종	9,541	1.1%
합계	906,325	100.0%

우리가 흔히 만나게 되는 법인 대부분은 비상장법인이면서 영리법인이다. 영리법인이란 말 그대로 영리를 추구하는 법인이다. 우리가 알고 있는 상법상 회사인 합명회사, 합자회사, 유한회사, 유한책임회사, 주식회사가 이에 속한다(회사 종류별 특징은 본서 '토픽 5' 참조). 한편 비영리법인이란 영리를 추구하지 않는 법인이다. 사단법인이나 재단법인, 의료법인, 학교법인, 사회복지법인, 종교법인, 장학재단법인 등이 이에 속한다. 비영리법인에 관해서는 본서에서 다루는 법인 컨설팅을 적용하기 어려운데, 그 이유는 다음과 같은 차이점 때문이다.

구분	영리법인	비영리법인
영리성 추구 [1]	구성원인 사원이나 주주에게 이익이나 잉여금을 재원으로 배당할 수 있음	이익을 배당할 수 없음 비영리법인도 수익사업을 할 수 있으나, 그 이익을 구성원이 가져갈 수는 없으며 고유 목적을 위해 사용해야 함 비영리법인 임원이나 직원은 단지 급여나 퇴직급여로만 대가를 받을 수 있음
의사 결정 기구	구성원인 주주나 사원이 주주총회(사원총회)를 통해 대표자를 임면함 주요 의사 결정도 주주총회나 이사회를 통해 이루어짐	사원총회(사단법인)나 이사회(재단법인)를 통해 선임된 이사가 법인의 대표권을 행사함

[1] 여기서 말하는 영리는 수익사업을 뜻하는 것이 아니다. 법인 구성원에게 이익을 배당할 수 있는지 없는지로 구분한다.

법인 감독	주식회사는 원칙적으로 감사를 두어야 하지만, 나머지 회사의 경우에는 감사를 두지 않아도 됨	설립 시 정부 허가를 받아야 하며 운영의 감독도 정부가 담당함 만일 정부 소관 부처에서 해당 비영리법인이 제대로 운영되고 있지 않다고 판단하면 재단법인 이사를 해임하고 관선 이사를 파견하여 운영권을 박탈할 수도 있음
세제상 차이	법인 수익에서 비용을 제외한 세전이익에 대해 법에 정해진 방법에 따라 법인세 등을 납부할 의무가 있음	비영리법인은 보통 그 고유 목적이 영리활동을 하는 것이 아니기 때문에 영리법인과 같이 법인세를 납부하지는 않음 다만 목적 실현을 위한 별도 수익사업의 이익에 대해서는 법인세 납부 의무가 있음 이 경우에도 수익사업에서 발생한 이익을 고유 목적 사업 준비금 [2] 으로 설정하면 법인세법상 손비로 인정되어 실제로는 법인세 등을 부담하지 않는 경우가 많음
법인 증여 및 상속	주주(주식회사)나 사원(유한·합명·합자회사의 출자자)의 지분은 상속이 가능함	소유자가 국가이므로 법인을 상속할 수 없음 다만 대표나 이사의 후임자 임면 절차가 정관에 규정되어 있다면 사원총회나 이사회 의결로 대표자를 선임할 수 있음 이 경우에도 특정인을 비영리법인의대표자로 정할 수는 없음 [3]

2 고유 목적 사업 준비금은 비영리법인에만 있는 특유의 손금산입 혜택이다. 수익금을 향후 법인의 고유 목적에 사용할 것이라 설정하면 미리 손비인정을 받을 수 있다. 만일 고유 목적 사업 준비금으로 설정한 금액을 기한 내에 고유 목적에 사용하지 않으면 다시 익금으로 산입하여 법인세가 과세된다.

3 재단법인은 재산을 출연한 사람의 의지에 따라 공익을 목적으로 설립되며 보통 최초 운영권은 재단 설립 시 재산을 출연한 사람이 갖는다. 이후에도 재단의 운영 실권을 갖고 있는 이사장이 후임자를 자신의 자녀로 선임하여 운영권을 넘길 수 있다. 하지만 운영권은 운영할 권한일 뿐 소유권과는 다른 개념이다. 애초에 재단은 개인 소유의 대상이 아니기 때문에 소유권이 상속되지는 않는다.

2. 컨설팅 준비 과정

중소기업 CEO가 필요로 하는 세무와 자금·노무 등의 이슈는 다음과 같다.

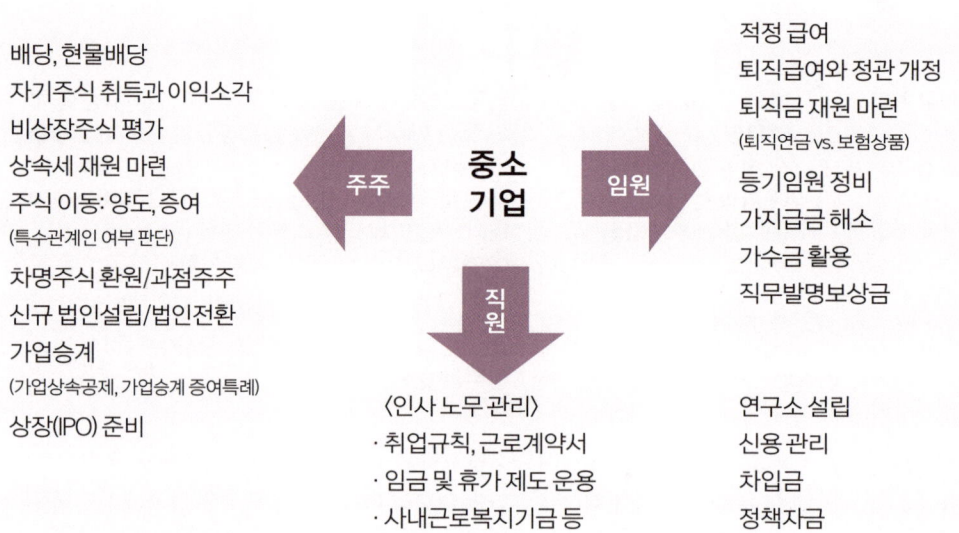

적절한 컨설팅을 위해서는 다음과 같은 사전 준비 과정이 필수다. 먼저 컨설팅의 대상이 될 법인고객이 있어야 한다. 그다음에 법인의 사전 정보를 활용하여 대략적인 현황을 파악하고 상담 방안을 수립한다. 이때 필요한 것이 법인등기사항증명서와 재무제표다. 이후 파악한 정보를 활용하여 초회 상담을 진행하고 정확한 사실관계와 CEO의 니즈를 파악한다. 그리고 니즈에 맞춘 솔루션을 제공하면서 적합한 금융상품을 연계하는 방향으로 컨설팅을 진행한다.

✓ 법인 컨설팅 프로세스

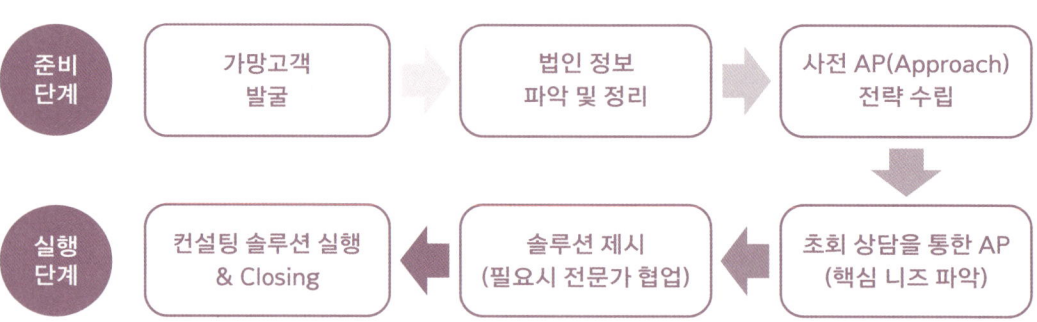

3. 재무 정보의 파악 방법

재무제표와 법인등기사항증명서를 통해 아래 사항을 파악한다면 상담을 효율적으로 준비할 수 있다(재무제표의 세부 항목은 후술하는 내용 참조). 법인등기사항증명서는 인터넷등기소(http://www.iros.go.kr/)에서 열람하거나 발급받을 수 있다.

공개되는 재무 정보의 범위는 법인 형태에 따라 다르다. 상장법인을 포함한 사업보고서 공시 대상 법인은 외부감사를 받은 법인 재무제표 외에도 주주 현황, 사업의 개요와 리스크, 임직원 현황 등 상당히 다양한 정보를 공개한다.

외부감사 대상 법인[4]은 감사를 받은 재무제표와 관련 추가 정보를 볼 수 있다. 사업보고서와 감사받은 재무제표는 금융감독원 공시사이트(dart.fss.or.kr)를 통해 확인 가능하다. 그 외 일반법인은 재무제표가 일반인에게 공시되지는 않는다. 하지만 유료 신용정보회사(예: 크레탑 www.cretop.com) 등을 통해 제공되는 재무 정보를 활용하면 회사의 주요 재무제표와 주주 현황, 기업의 개요 등을 볼 수 있다.

✓ 사업보고서 공시 법인과 외부감사 대상 법인

사업보고서 공시 법인(자본시장법 시행령 제167조)

1. 모든 상장법인
2. 주주 수 500인 이상의 모든 외감법인
3. 전환사채, 신주인수권부사채, 파생결합증권 등을 상장한 법인

외부감사 대상 법인(외감법 제4조)

주식회사	유한회사(*)

1. 주권상장법인(주식회사)
2. 해당 사업연도 또는 다음 사업연도 중에 주권상장법인이 되고자 하는 회사(주식회사)
3. 직전 사업연도 말의 자산 총액이 500억 원 이상인 회사
4. 직전 사업연도의 매출액(직전 사업연도가 12개월 미만인 경우에는 12개월로 환산하며 1개월 미만은 1개월로 본다.)이 500억 원 이상인 회사

---

[4] 개정된 주식회사 등의 외부감사에 관한 법률(2018. 11. 1. 시행)에 의해 공인회계사의 외부감사를 받아야 하는 대상 법인이 확대되었다. 종전에는 주식회사만 해당되었으나, 동 개정으로 일정 요건의 유한회사도 외부감사 대상에 포함되었다.

다음 중 2개 이상 해당되는 주식회사 (외감법 시행령 제5조 제1항)	다음 중 3개 이상 해당하는 유한회사 (외감법 시행령 제5조 제2항)
가) 직전 사업연도 말의 자산 총액이 120억 원 이상 나) 직전 사업연도 말의 부채 총액이 70억 원 이상 다) 직전 사업연도의 매출액이 100억 원 이상 라) 직전 사업연도 말의 종업원(파견근로자, 일용근로자 제외)이 100명 이상	가) 직전 사업연도 말의 자산 총액이 120억 원 이상 나) 직전 사업연도 말의 부채 총액이 70억 원 이상 다) 직전 사업연도의 매출액이 100억 원 이상 라) 직전 사업연도 말의 종업원(파견근로자, 일용근로자 제외)이 100명 이상 마) 직전 사업연도 말의 사원(「상법」 제543조 제2항 제1호에 따라 정관에 기재된 사원을 말한다)이 50명 이상

(*) 2019년 11월 1일 이후 「상법」 제604조에 따라 주식회사에서 유한회사로 조직을 변경한 회사는 등기한 날부터 5년간 주식회사의 외부감사 요건에 따른다.

법인등기사항증명서에는 법인의 사업 목적, 상호, 공고 방법, 회사가 발행할 주식의 총수, 1주의 금액(액면가), 자본금 규모, 종류별(보통주, 우선주 등) 발행주식 수, 임원 현황이 반드시 기재된다. 그 외에 회사 현황에 따라 주식매수선택권, 공동(각자)대표이사, 전환사채, 주주가 주식양도 시 이사회의 승인을 얻도록 하는 규정 등이 기재되는 경우도 있다.

등기부에서 중요한 내용은 임원 및 주식과 관련된 사항이다. 이사와 감사가 누구인지, 회사의 자본금과 발행주식총수는 얼마인지, 최근 3년 내에 증자나 감자를 했는지를 파악할 필요가 있다. 그 밖에 공고 방법은 어떻게 되어 있는지, 주식양도 시 이사회 승인을 받도록 등기되어 있는지 등을 살펴봐야 한다. 이런 항목들은 법인의 정관에 기재되는 사항과 겹치는 경우가 많다. 따라서 정관을 정비할 때는 등기사항을 변경해야 하는지도 꼭 점검해야 한다.

4. 재무제표의 종류

일반적으로 인정된 회계원칙[5]에 따르면 재무제표는 4가지로 분류할 수 있다.

재무상태표	· 회사의 재무상태를 나타냄 · 자산, 부채, 자본(소유주 지분) · 유동성 구분 기준 · 주요 계정과목의 이해 · 이익잉여금 항목(이익준비금)의 이해
손익계산서	· 회사의 경영 성과를 나타냄 · 회사의 매출 규모, 영업이익, 당기순이익
자본변동표	· 자본 각 구성 항목의 기중 변동 내역을 알 수 있음
현금흐름표	· 회사의 현금흐름을 알 수 있음 · 영업활동 현금흐름, 투자활동 현금흐름, 재무활동 현금흐름으로 구성

한편 자본변동표와 유사한 재무제표인 이익잉여금처분계산서도 있다. 이익잉여금처분계산서는 기업회계기준에서 인정하는 재무제표는 아니지만, 세법에서는 법인세 신고서에 첨부하도록 하고 있다. 이익잉여금처분계산서는 자본 항목 중 이익잉여금의 기중 변동 내역을 나타내는 재무제표이며, 이를 통해 기중 배당금 지급 내역을 파악할 수 있다.

---

[5] '일반적으로 인정된 회계원칙(GAAP: Generally Accepted Accounting Principle)'이란 어떤 국가나 사회에서 규격화된 재무제표의 작성을 위해 정한 회계기준을 의미한다. 우리나라에는 상장사와 대형 금융회사에 적용되는 '한국채택 국제회계기준(K-IFRS)'과 그 외의 외부감사 대상 법인에 적용되는 '일반 기업회계기준'이 있다.

5. 재무상태표

재무상태표는 크게 자산과 부채, 자본으로 구성된다.

① 자산: 기업이 소유한 자산이나 권리

② 부채: 기업이 갚아야 할 채무나 의무

③ 자본: 소유주 지분이라고도 하며 자산에서 부채를 차감한 금액

재무상태표에서는 회사가 보유한 현금 유동성, 차입금 규모, 가지급금 존재 유무, 보험가입자산 및 퇴직연금 운용자산, 이익잉여금 규모 등을 중점적으로 보아야 한다. 이슈를 파악해 솔루션을 찾고 금융상품 가입 여력을 효과적으로 파악하기 위해서다.

재무상태표

제OO기 20xx년 12월 31일 현재

주식회사 ABC

구분	부채

I. 유동자산
  1. 당좌자산
    현금성자산, 단기금융상품, 매출채권, (주임종)단기대여금 등
  2. 재고자산
    원재료, 상품, 제품 등
 	
II. 비유동자산
  1. 투자자산
    회원권, 장기금융상품 등
  2. 유형자산
    토지, 건물, 기계장치, 차량운반구 등
  3. 무형자산
    산업재산권, 영업권 등
  4. 기타 비유동자산
    장기금융상품, 임차보증금 등
	I. 유동부채
	  매입채무, 단기차입금,
	  (주임종)단기차입금 등
	II. 비유동부채
	  장기차입금, 퇴직급여 충당부채
	  (퇴직연금 운용자산),
	  임대보증금 등

	자본(소유주 지분)

	I. 자본금
	II. 자본잉여금
	  주식발행초과금,
	  기타 자본잉여금 등
	III. 이익잉여금(결손금)
	  이익준비금, 미처분이익잉여금 등
	IV. 기타포괄손익누계액
	V. 자본조정
	  자기주식, 주식매수선택권 등

✅ 재무상태표 주요 계정 내용

1) 자산 계정

계정명	내용
현금 및 현금성자산	현금 시재(時在) 및 당좌예금·보통예금 등 즉시 현금화할 수 있는 자산 **보유 현금(예금)이 충분한지 검토하여 배당 가능 여부나 금융상품 가입 여력 등을 파악할 수 있음**
단기금융상품	만기 1년 이하의 금융상품: 정기예금, 정기적금, 양도성예금증서(CD), 환매조건부채권(RP), 어음관리구좌(CMA), 신종기업어음(CP), 금전신탁, 초단기수익증권(MMF), 수시입출금식예금(MMDA) 등 **현금화가 쉬운 자산으로서 현금(예금)과 더불어 배당 가능 여부 및 보험 가입 여력 등을 파악할 수 있음**
재고자산	판매 목적으로 보유하는 자산(상품, 제품)과 제작 중인 재고자산, 제품에 투입되기 위한 자산 등 **제조업, 유통업 여부를 알 수 있으며, 재고자산 조작을 통해 종종 분식이 발생하기도 함**
(주임종)단기대여금	회사가 타인에게 금전을 대여한 경우에 발생하는 채권으로서 1년 이내에 회수될 대여금 **영업이나 복리후생 목적으로 발생한 대여금은 일반적으로 단기대여금으로 처리하며, 대표이사나 대주주에 대한 가지급금은 '(주임종)단기대여금'으로 구분하여 처리하기도 함**
장기금융상품	만기 1년 초과 금융상품: 정기예금, 정기적금, 사용이 제한되어 있는 예금(당좌예금) 등 **금융상품 가입 후 세무 관리를 위하여 회계 처리에 대한 지속적인 관리가 필요함**
토지/건물	회사가 사업을 위해 사용하고 있는 부동산 **부동산이 있으면 주식평가 시 부동산 평가차액 반영이 필요함. 유형자산은 보통 금액이 거액이므로 담보된 차입금이 있는 경우가 많고, 이로 인해 영업이익 감소 시에 상환 압력이나 이자율 상승이 발생할 수 있음**
산업재산권 (무형자산)	주로 상표권, 특허권 취득에 소요된 비용 **매입한 특허권은 매입한 가액으로 포함되어 내용연수 동안 상각함. 즉, 회사의 특허권 보유 여부 등을 추정할 수 있는 계정임**

2) 부채 계정

계정명	내용
(주임종) 단기차입금	은행에서 차입한 금액이나 대표이사 등 특수관계자가 법인에 입금한 금액으로 1년 내 상환의무가 있는 금액 주임종 단기차입금은 주주·임원·종업원에게 차입한 금액을 의미하며 흔히 가수금이라고도 함. 가수금이 빈번하게 발생하면 매출 누락으로 의심받을 수도 있음. 가수금은 유동부채보다는 비유동부채(만기 1년 초과)로 차입함으로써 유동비율을 양호하게 할 수 있음
유동성장기부채	장기차입금 중 만기가 1년 이내로 도래한 금액 단기에 상환해야 할 금액이므로 현금성자산 및 단기금융자산, 단기차입금 등과 함께 고려하여 회사의 자금 사정을 가늠해 볼 수 있음
장기차입금	만기 1년 초과 차입금으로서 부동산 담보 차입금이거나 정책자금인 경우가 많음 장기차입금은 당장 문제가 되지는 않으나 매출이 줄거나 손실 발생 시 상환에 어려움을 겪을 수도 있음
퇴직급여 충당부채	임직원 퇴직 시 회사가 지급해야 할 퇴직금. 외감기업은 반드시 퇴직금 추계액 전액을 부채로 계상해야 하지만, 외부감사를 받지 않는 기업은 부채로 계상하지 않거나 적게 계상해도 무방함(세법상 문제 없음) 2016년부터는 퇴직급여 충당부채를 설정하여 비용으로 처리해도 법인의 손금으로 인정받지 못함. 그런데 퇴직부채를 계상하면 부채비율은 더 나빠지기 때문에 대부분 비외감기업은 퇴직급여 충당부채를 계상하지 않음
퇴직연금 운용자산 (퇴직급여 충당부채 차감계정)	퇴직급여제도에는 DB형과 DC형이 있는데, 이 중 확정급여형(DB) 퇴직연금 제도에 가입한 회사의 사외 예치액 즉, DB형 퇴직연금에 가입되어 있음을 알 수 있는 계정임

3) 자본 계정

계정명	내용
자본금	주주가 납입한 출자금 보통 '액면가 x 발행한 주식 총수'로 계산됨. 단, 이익소각을 한 경우에는 '액면가 x 발행한 주식 총수 = 자본금' 등식이 성립되지 않음
주식발행초과금	주주가 납입한 출자금 중 액면가를 초과하여 납입한 금액 주식발행초과금이 있는 회사는 대부분 외부 투자를 받은 경우가 많음. 이때 대부분 액면가보다 높은 금액으로 증자되기 때문에 외부 투자자가 있으면 정관변경이나 소득 설계에 제약이 있는 경우가 많음

이익준비금	현금(현물)배당으로 인해 상법에서 정한 바에 따라 배당액의 1/10 이상을 회사 자본금의 1/2이 될 때까지 적립한 금액 **과거에 이익배당을 한 대략적인 규모를 추산해 볼 수 있음**
미처분이익잉여금 (미처리결손금)	과거 이익으로 누적된 잉여금 중 배당이나 이익준비금, 무상증자 등으로 활용된 금액을 제외하고 남은 금액(반대로 과거에 결손이 누적된 경우에는 '미처리결손금'으로 계상함) **향후 배당 실행 시 배당 가능 규모나 자기주식 취득 가능 금액을 알 수 있음**
자기주식	기업이 발행한 주식을 다시 매입한 금액. 자기주식은 취득원가를 자기주식의 과목으로 해서 (−)자본조정으로 처리함 **소각 목적이면 취득 후 단기간 내에 소각하는 것이 일반적임. 재무제표에 남아 있는 금액은 과거에 일시 보유(양도)목적으로 취득한 경우가 대부분임**

회사의 안정성을 보기 위한 주요 재무분석 지표는 다음과 같다.

- 부채비율 = (총부채 / 총자본) × 100 [6]
- 유동비율 = (유동자산 / 유동부채) × 100 [7]
- 당좌비율 = (당좌자산 / 유동부채) × 100 [8]
- 이자보상배율 = 영업이익 / 이자비용 [9]

회사의 수익성을 보기 위한 주요 재무분석 지표는 다음과 같다.

- 영업이익률 = (영업이익 / 매출액) × 100 [10]
- 자기자본이익률 = (당기순이익 / 자기자본) × 100 [11]
- 총자산이익률 = (당기순이익 / 총자산) × 100 [12]

[6] 부채비율은 채권자 입장에서 기업의 상환 능력을 단순하게 판단하는 가장 일반적인 지표다. 부채비율이 높을수록 채권자는 채권 상환을 받지 못할 위험이 커진다. 일반적인 제조업이나 도소매업 등은 100% 이하로 유지되는 것이 좋으며, 보통 150%가 넘으면 좋지 않다고 판단한다. 다만 업종에 따라 부채비율을 재무 건전성 지표로 활용하는 것이 적절하지 않은 경우도 있다. 예를 들어 금융업이나 조선업, 항공업은 특성상 부채를 많이 활용하여 부채비율이 높게 산출되기 때문에 일률적인 판단은 조심해야 한다.

[7] 유동비율은 기업의 단기 지급 능력을 판단하는 지표다. 보통 200% 이상이면 양호하다고 판단하며, 100% 이하는 좋지 않다고 판단한다.

[8] 당좌비율은 유동비율보다 좀 더 엄격한 유동성 판단 지표다. 당좌자산이란 유동자산 중 재고자산을 제외한 자산으로 현금과 예금, 단기매매증권 등이다. 유동비율의 보조 지표로 활용된다.

[9] 이자보상배율은 차입금을 사용하고 있는 회사에서 중요한 지표 중 하나다. 회사의 영업이익으로 이자비용을 갚을 능력이 있는지를 나타낸다. 비율이 1보다 크면 이자비용을 갚을 능력이 있다고 판단한다. 비율이 1보다 작은 회사는 영업이익으로 이자를 감당할 수 없는 상황이므로 존속 가능성에 의문이 제기된다.

[10] 영업이익률은 매출액에서 매출원가와 판관비를 뺀 영업이익 대비 매출액의 비율이며 기업의 주된 영업창출력을 판단하는 지표다. 영업이익률이 높으면 그만큼 회사가 수익창출력이 좋다는 뜻이다. 영업이익률은 업종에 따라 다르게 나타나는데 대략 제조업은 5% 내외, 도소매업은 2~3% 내외를 평균으로 본다.

[11] 자기자본이익률(ROE)은 주주 입장에서 투입한 자기자본에 대한 이익률을 나타내는 지표다. 자기자본이익률이 높은 회사는 투자자인 주주에게 메리트가 높다고 할 수 있다.

[12] 총자산이익률은 자기자본뿐 아니라 타인자본 투입액까지 포함한 총투입자산에 대한 이익률을 나타내는 지표다.

6. 손익계산서

손익계산서는 일정 기간(보통 1년)의 매출액, 매출원가, 판매비와 관리비, 영업외손익 등 영업 성과를 나타내는 재무제표다. 특히 영업이익은 회사의 본질적인 수익성을 나타내는 중요한 지표다. 손익계산서는 다음과 같이 여러 형태가 있다.

손익계산서
제OO기 20xx년 1월 1일부터 12월 31일까지

손익계산서 1 (제조/도소매업 등)		손익계산서 2 (건설업 등)		손익계산서 3 (서비스업)	
I. 매출액	×××	I. 공사(도급)매출	×××	I. 영업수익	×××
II. 매출원가	×××	II. 공사(도급)원가	×××	(서비스 매출 등)	×××
III. 매출총이익	×××	III. 매출총이익	×××	II. 영업비용	×××
IV. 판매비와 관리비	×××	IV. 판매비와 관리비	×××	(매출총이익 없음)	×××
V. 영업이익	×××	V. 영업이익	×××	III. 영업이익	×××
VI. 영업외수익	×××	VI. 영업외수익	×××	IV. 영업외수익	×××
VII. 영업외비용	×××	VII. 영업외비용	×××	V. 영업외비용	×××
VIII. 세전이익	×××	VIII. 세전이익	×××	VI. 세전이익	×××
IX. 법인세비용 (법인세 등)	×××	IX. 법인세비용 (법인세 등)	×××	VII. 법인세비용 (법인세 등)	×××
X. 당기순이익	×××	X. 당기순이익	×××	VIII. 당기순이익	×××

손익계산서 1(제조/도소매업 등)은 현실에서 가장 많이 활용되는 형식이다. 매출액에서 매출원가(주로 제조와 직접 관련된 원가나 매입한 상품의 원가)를 차감하여 매출총이익을 계산한다. 여기에 판매비와 관리비를 차감하여 영업이익을 산출한다. 그리고 영업이익에서 영업외수익과 영업외손실을 가감하고 법인세를 차감하여 당기순이익을 산출하는 방식이다.

손익계산서 2(건설업 등)는 주로 건설업 같은 수주산업에서 쓰인다. 매출액은 공사매출로 표시되며 매출원가 대신 공사원가를 차감하여 매출총이익을 산출한다. 이하 항목은 손익계산서 1과 같다.

손익계산서 3(서비스업)은 여행 알선업이나 교육서비스업, 게임개발업 등에서 많이 쓰인다. 서비스업은 매출에 직접 대응하는 비용(매출원가)과 간접 대응하는 비용(판매관리비)의 구분이 모호하다는 특징이 있다. 따라서 매출원가와 판매관리비를 구분하지 않고 영업비용으로 나타낸다.

손익계산서 주요 계정

항목	내용
매출	기업의 주된 영업활동에서 창출된 수익(예를 들어 제조업의 경우 자가 제조한 제품을 외부에 판매한 수익을 뜻함) 최근 수년간의 매출 추이를 비교해서 회사의 성장성을 파악해 볼 수 있음
매출원가	매출에 직접 대응하는 비용(예를 들어 제조업의 경우 제품을 만들기 위해 투입된 원료비·노무비·제조경비가 제조원가명세서로 집계된 후 매출원가로 귀속됨) 〈제조원가명세서 주요 계정〉 · 원재료비 · 노무비: 급여, 퇴직급여, 복리후생비 등(생산직 인건비) · 제조경비: 생산과 직접 관련된 자산(공장 건물, 기계장치 등)의 감가상각비, 전력비, (매입)운반비 등
매출총이익	매출에서 매출원가를 차감한 이익으로 기업의 기초적인 이익창출력을 나타냄 매출총이익이 (−)인 회사는 존립 자체에 의문이 생길 수 있음
판매비와 관리비	사무직, 영업직 등 인건비와 판매 부대비용, 각종 관리비용이 포함됨 〈주요 계정〉 · 급여: 사무·관리직, 영업직 급여(대표이사 등 관리임원 급여 포함) · 퇴직급여: 사무직, 영업직 임직원 퇴직금 지급에 소요되는 비용 (외감기업은 기말에 발생주의에 따라 처리하며, 비외감기업은 보통 임직원이 실제 퇴직하는 시점에 현금주의로 회계 처리) · 감가상각비: 임원 차량, 사무용 건물, 비품 등 상각비 · 복리후생비, 지급수수료, 접대비, (매출)운반비 등
영업이익	매출총이익에서 판관비를 뺀 금액으로 기업의 영업창출력을 가늠하는 가장 중요한 지표

영업외수익 영업외비용	본질적 영업활동 외에 발생하는 수익 및 비용으로서 이자수익, 이자비용, 외화환차손익, 법인세 추납액, 잡손익 등이 포함됨. 이자비용이 지나치게 큰 경우는 자금 압박이 있을 수 있음
당기순이익	영업이익에서 영업외손익을 가감한 후 법인세비용까지 차감한 금액으로 기업의 소유주인 주주에게 귀속되는 이익을 의미하며, 재무상태표의 이익잉여금으로 귀속됨

7. 자본변동표, 이익잉여금처분계산서, 현금흐름표

1) 자본변동표

자본변동표는 외부감사를 받는 회사의 재무제표에서만 볼 수 있으며 자본의 각 항목인 자본금, 자본잉여금, 자본조정, 이익잉여금 등의 기중 변동 내역을 나타낸다. 기중에 발생한 배당금이나 자기주식 취득 금액을 파악할 수 있다.

자본변동표
제OO기 20xx년 1월 1일부터 12월 31일까지

과목	자본금	자본잉여금	자본조정	이익잉여금	합계
기초	×××	×××	×××	×××	×××
중간배당				(×××)	(×××)
자기주식 취득			(×××)		(×××)
당기순이익				×××	×××
기말	×××	×××	×××	×××	×××

2) 이익잉여금처분계산서

이익잉여금처분계산서는 자본 항목 중 이익잉여금의 변동과 처분 내역을 나타내는 재무제표다.

이익잉여금처분계산서

제OO기 20xx년 1월 1일부터 12월 31일까지
처분 예정일: 20xx년 3월 31일

과목	금액	
I. 미처분이익잉여금		
1. 전기이월 미처분이익잉여금	×××	
2. 회계변경의 누적효과	×××	
3. 전기오류수정손익	×××	
4. 중간배당금	(×××)	
II. 임의적립금 등의 이입액		×××
III. 이익잉여금 처분액		×××
1. 이익준비금	×××	
2. 배당금		
1) 현금배당	×××	
2) 주식배당	×××	
3. 임의적립금	×××	
IV. 차기이월 미처분이익잉여금		×××

3) 현금흐름표

현금흐름표도 보통 외부감사를 받는 회사의 재무제표에서만 볼 수 있으며 손익계산서의 약점을 보완하기 위한 것이다. 손익계산서는 발생주의에 의해 손익을 파악한다. 발생주의란 실제 현금 입출금이 없더라도 측정 가능하고 실현이 확실한 수익이나 비용을 인식하는 것을 의미한다. 예를 들어 제품을 만들어서 거래처에 인도했다면 아직 대금을 받지 못했더라도 매출이라는 수익으로 인식한다. 그런데 이는 회사의 현금수익을 반영하지 못한다는 한계가 있다.

현금흐름표는 회사 현금흐름의 출처를 영업활동[13], 투자활동[14], 재무활동[15] 등으로 구분하여 파악한다. 이 중 가장 중요한 것은 영업 현금흐름이다.

---

13 영업활동은 회사의 본질이며 기본적인 현금창출력을 나타내기 때문에 기업 가치평가와 신용평가에서 가장 중요한 요소다.
14 투자활동은 금융상품 투자/회수, 유형자산 취득/처분 등을 의미한다.
15 재무활동은 차입금 차입/상환, 사채 발행/상환, 배당금 지급 등을 의미한다.

기업의 가장 본질적인 영업력에 의한 현금흐름이기 때문이다. 아무리 손익계산서상 이익이 났더라도 영업 현금흐름이 (-)라면 이익의 질이 좋다고 보기 어렵다. 이러한 경우의 예로는 외상매출은 크게 늘었지만 회수가 잘 되지 않거나, 재고 생산량은 늘었지만 판매가 잘 되지 않은 경우를 들 수 있다.

현금흐름표
제OO기 20xx년 1월 1일부터 12월 31일까지

과목	금액
I. 영업활동으로 발생한 현금흐름	
1. 당기순이익	×××
2. 현금유출 없는 비용 등 가산	×××
3. 현금유입 없는 수익 등 차감	(×××)
4. 영업활동에 따른 자산부채의 변동	
II. 투자활동으로 발생한 현금흐름	
1. 투자활동 현금유입액	×××
2. 투자활동 현금유출액	(×××)
III. 재무활동으로 발생한 현금흐름	
1. 재무활동 현금유입액	×××
2. 재무활동 현금유출액	(×××)
IV. 현금의 증감(I+II+III)	×××
V. 기초의 현금	×××
VI. 기말의 현금(IV+V)	×××

8. 외감기업 재무제표 vs. 일반기업 재무제표

외부감사를 받은 재무제표와 받지 않은 재무제표 간에는 많은 차이가 있다. 기업회계기준 준수 여부 때문이다. 그 중에서도 특히 다음과 같은 주요 차이점을 염두에 두고 파악하도록 한다.

외부감사를 받는 기업	구분	일반기업(비외감)
재고실사 및 재고자산평가를 통해 일반적으로 적정하게 반영	재고자산	재고수량/단가를 임의로 조작할 가능성이 상대적으로 높음(분식회계)
대손예상액을 합리적으로 추산하여 대손충당금으로 설정	매출채권 등에 대한 대손충당금	보통 충당금을 설정하지 않거나 법인세법에 따라 채권금액의 1% 이하로 설정
(주임종)단기대여금 등의 과목으로 적정하게 계상함	가지급금 (주임종 단기대여금)	가지급금을 재무상태표에 드러내지 않는 경우도 많음 (분식 회계)
장기금융상품으로 표시되며 기말 공정가액으로 평가	법인이 가입한 보험상품	장기금융상품으로 표시되는 것이 원칙이나, 다른 계정으로 표시되는 경우도 있음
퇴직금 추계액(임직원 전원이 퇴사할 경우 기업이 지급할 퇴직금 추산액)을 100% 계상함	퇴직급여 충당부채	퇴직 전에 발생주의에 따라 비용처리 시 법인세 손비 혜택이 없고 부채를 계상할 의무도 없기 때문에 계상하지 않는 경우가 많음

topic
02

세법의
주요개념

01 토픽 소개

세법을 전문적으로 공부하지 않은 독자들이 세금을 어려워하는 이유는 일상생활에서 잘 사용하지 않는 전문용어가 낯설기 때문일 것이다. 우리나라의 조세는 총 25개 세목으로 이루어져 있으며, 국가가 과세권의 주체인 국세 14개와 지방자치단체가 주체인 지방세 11개로 나뉜다. 이 중 국세에 관해 기본적이고 공통적인 사항을 규정하고 있는 법이 국세기본법이다(지방세 기본 사항은 지방세기본법에서 규정).

이번 토픽에서는 <u>세금의 종류, 세금을 부과할 수 있는 기간(제척기간), 세금을 징수할 수 있는 기간(소멸시효), 출자자(과점주주)의 제2차 납세의무, 세금을 잘못 신고했을 때 신고 방법(수정신고, 경정청구, 가산세), 특수관계인의 범위</u> 등 주요 개념을 정리해 보고자 한다.

02 핵심 정리

1. 국세 및 지방세의 종류

국세와 지방세 세목[1] 은 다음과 같다.

구분	세목	개요
국세 (14개 세목)	소득세	개인의 소득에 대한 세금으로 종합소득세, 양도소득세, 퇴직소득세가 있음
	법인세	법인의 소득에 대한 세금으로 각 사업연도 소득에 대한 법인세, 청산소득에 대한 법인세, 토지 등 양도소득에 대한 법인세가 있음
	상속세	피상속인 사망 시 재산의 무상 이전에 따른 세금
	증여세	재산을 다른 사람에게 무상으로 이전함에 따른 세금
	종합부동산세	주택이나 종합 합산되는 토지를 전국 단위로 합산하여 부과하는 보유세
	부가가치세	재화나 용역의 공급에 과세되는 세금(최종 소비자가 부담하나 재화·용역을 공급하는 사업자가 공급받는 자에게서 세금을 거래징수 하여 납부)
	개별소비세	사치성 물품 등 특정 물품(예: 보석, 자동차, 경마장, 골프장, 담배 등)의 소비에 과세되는 세금
	교통·에너지·환경세	휘발유, 경유 등 유제품의 소비에 과세되는 세금
	주세(酒稅)	주류의 소비에 과세되는 세금
	인지세(印紙稅)	국내에서 재산에 관한 권리 등의 창설·이전 또는 변경에 관한 계약서나 이를 증명하는 그 밖의 문서를 작성할 때 과세되는 세금
	증권거래세	주권이나 지분의 양도에 과세되는 세금
	교육세	① 금융업·보험업을 경영하는 자의 수익에 과세되는 세금 ② 개별소비세, 교통·에너지·환경세, 주세에 부가되어 과세되는 세금

1   법인 컨설팅 측면에서 중요한 세법은 증여세, 상속세, 소득세, 법인세 정도를 꼽을 수 있다.

	농어촌특별세	조세 감면액 등에 과세되거나 종합부동산세에 부가되어 과세되는 세금
	관세	해외에서 국내에 반입하는 물품에 과세되는 세금
지방세 (11개 세목)	취득세, 등록면허세, 레저세, 담배소비세, 지방소득세, 주민세, 지방소비세, 재산세, 자동차세, 지역자원시설세, 지방교육세	

2. 제척기간과 소멸시효

1) 제척기간

세금도 일정한 기간이 지나면 부과할 수 없다. 이를 '국세 부과의 제척기간'이라고 하며 다음과 같이 적용된다.

(1) 상속세와 증여세

원칙	국세를 부과할 수 있는 날(신고 기한의 다음 날)부터 **10년**
예외	아래에 해당하면 신고 기한의 다음 날부터 **15년** ① 납세자가 사기, 그 밖의 부정한 행위로 상속세 또는 증여세를 포탈한 경우 ② 상속세 또는 증여세를 신고하지 아니하였거나 허위 또는 누락해 신고한 경우

한편 납세자가 사기, 기타 부정한 행위로 상속세 또는 증여세를 포탈한 금액이 50억 원을 초과하는 일정한 경우[2]에는 당해 재산의 상속 또는 증여가 있음을 안 날부터 1년 이내에 상속세 또는 증여세를 부과할 수 있다.

---

[2] 아래 중 어느 하나에 해당하는 경우를 말한다.
- 제3자 명의로 되어 있는 피상속인 또는 증여자의 재산을 상속인 또는 수증자가 취득한 경우
- 계약에 의하여 피상속인이 취득할 재산이 계약이행 기간 중에 상속이 개시됨으로써 등기, 등록 또는 명의개서가 이루어지지 아니하여 상속인이 취득한 경우
- 국외에 있는 상속재산이나 증여재산을 상속인 또는 수증자가 취득한 경우
- 등기, 등록 또는 명의개서가 필요하지 아니한 유가증권, 서화, 골동품 등 상속재산 또는 증여재산을 상속인이나 수증자가 취득한 경우
- 수증자 명의로 되어 있는 증여자의 「금융실명거래 및 비밀보장에 관한 법률」제2조 제2호에 따른 금융자산을 수증자가 보유하고 있거나 사용, 수익한 경우
- 「상속세 및 증여세법」제3조 제2호에 따른 비거주자인 피상속인의 국내 재산을 상속인이 취득한 경우
- 「상속세 및 증여세법」제45조의2에 따른 명의신탁재산의 증여의제에 해당하는 경우

(2) 상속세 및 증여세 이외의 세목

원칙	신고 기한의 다음 날부터 **5년**(역외거래 및 거래 당사자 양쪽이 거주자인 거래로서 국외에 있는 자산의 매매·임대차, 국외에서 제공하는 용역과 관련된 거래의 경우에는 국세를 부과할 수 있는 날부터 **7년**)
예외	① 납세자가 법정 신고 기한 내에 신고를 하지 아니한 경우에는 신고 기한의 다음 날부터 **7년**(역외거래의 경우 **10년**) ② 사기, 기타 부정한 행위로 국세를 포탈하거나 환급 또는 공제받은 경우에는 그 국세를 부과할 수 있는 날(신고 기한의 다음 날)부터 **10년**(역외거래의 경우 **15년**)

2) 소멸시효

국가에서 세금을 부과(고지)하였으나 납세자에게 재산이 없는 등 여러 사유로 징수할 수 없어 체납세금으로 남아 있는 경우가 있다. 이때 국가가 독촉·교부청구 등 세금을 징수하기 위한 조치를 일정 기간 동안 취하지 않으면 세금을 징수할 권리가 소멸된다. 이를 '국세 징수권의 소멸시효'라고 한다. 국세 징수권은 이를 행사할 수 있는 때부터 5년(5억 원 이상은 10년)간 행사하지 않으면 소멸시효가 완성된다.

(1) 소멸시효의 시작일

국세 징수권의 소멸시효는 다음의 날부터 시작한다.

과세표준과 세액의 신고에 의하여 납세의무가 확정되는 국세(소득세, 법인세, 부가가치세, 개별소비세, 주세, 증권거래세, 교육세)를 신고는 하였으나 납부하지 아니한 세액	**법정 신고 납부기한의 다음 날**
위의 국세로서 무신고 또는 과소신고 한 부분의 세액 및 과세표준과 세액을 정부가 결정함으로써 납세의무가 확정되는 국세(상속세 및 증여세)	**납부고지에 따른 납부기한의 다음 날**
원천징수의무자 또는 납세조합에게서 징수하는 국세의 경우 납부고지를 한 원천징수 세액 또는 납세조합 징수 세액	

(2) 소멸시효의 중단

세무서에서 중간에 납부고지·독촉·교부청구 및 압류 등의 조치를 취하면 그때까지 진행되어 온 시효기간은 효력을 잃는다. 그러면 고지·독촉에 의한 납부기간, 교부청구 중의 기간, 압류 해제까지의 기간이 경과한 때부터 새로이 5년이 지나야 소멸시효가 완성된다.

(3) 소멸시효의 정지

납부기한 등의 연장기간, 분할납부기간, 연부연납기간, 압류·매각의 유예기간, 체납자가 국외에 6개월 이상 계속 체류한 기간, 사해행위 취소소송이나 채권자 대위소송이 진행되는 기간만큼은 시효의 진행이 일시 정지된다. 단 이 경우에는 진행되어 온 시효기간이 사라지지는 않는다. 따라서 정지 사유가 종료되면 나머지 기간이 진행되고, 이전에 지나간 기간과 통산하여 5년이 경과하면 시효가 완성된다.

3. 출자자의 제2차 납세의무

법인의 재산으로 그 법인에 부과되거나 그 법인이 납부할 국세 및 체납처분비에 충당하여도 부족한 경우에는 그 국세의 납세의무 성립일 현재 과점주주는 그 부족한 금액에 대하여 제2차 납세의무를 지게 된다.(국세기본법 제39조)

1) 제2차 납세의무의 요건
(1) 대상 법인

법인에 부과되거나 법인이 납부할 국세 및 체납처분비를 법인의 재산으로 충당할 수 없는 경우이어야 한다. 다만 코스피 및 코스닥에 상장된 법인은 제외된다.

(2) 제2차 납세의무를 지는 출자자

국세의 납세의무 성립일 현재 다음 중 어느 하나에 해당하는 자는 부족한 금액의 제2차 납세의무를 부담한다.

① 무한책임사원
② 주주 또는 유한책임사원 1명과 그의 특수관계인으로서 소유 주식 합계 또는 출자액 합계가 해당 법인의 발행주식총수 또는 출자총액의 100분의 50을 초과하면서 그에 관한 권리를 실질적으로 행사하는 자들(이들을 '과점주주'라 함)

2) 제2차 납세의무의 한도

무한책임사원은 부족한 금액의 제2차 납세의무를 지므로 납세의무의 한도가 없다. 하지만 과점주주는 부족한 금액을 법인의 발행주식총수(의결권 없는 주식은 제외) 또는 출자총액으로 나눈 금액에 해당 주주가 실질적으로 권리를 행사하는 주식 수(의결권 없는 주식은 제외) 또는 출자액을 곱하여 산출한 금액을 한도로 한다.(국세기본법 제39조)

과점주주의 납세의무 한도 = 징수 부족액 × 과점주주의 소유 주식 수 / 발행주식총수

---

4. 수정신고, 기한후신고, 경정청구

1) 수정신고

납세자는 세법에 따라 정해진 세금을 신고해야 한다. 그런데 정당한 세액에 미달하게, 혹은 결손금액 또는 환급세액을 초과해 신고하는 경우가 있다. 이처럼 원천징수의무자의 정산 과정 중 누락, 세무조정 과정 중 누락 등 대통령령으로 정하는 사유로 불완전한 신고를 했을 경우(국세기본법 제45조의2에 따라 경정 등의 청구를 할 수 있는 경우는 제외함) 세무서에서 결정 또는 경정하여 통지하기 전까지 수정신고를 할 수 있다. 수정신고 제도는 납세자에게 스스로 신고 내용을 바로잡을 수 있는 기회를 주어 가산세 부담이나 조세범 처벌 등 불이익을 줄이는 효과가 있다.

만약 법정 신고 기한 경과 후 2년 이내에 수정신고를 하면 과소신고·초과환급신고·영세율 과소신고가산세를 감면받을 수 있다.(단, 경정이 있을 것을 미리 알고 제출한 경우는 제외) 2년이 지난 후라도 세무서에서 결정 또는 경정하여 통지하기 전까지는 수정신고를 할 수 있지만, 가산세는 감면되지 않는다.

2) 기한후신고

납세자가 법정 신고 기한까지 과세표준신고서를 제출하지 않은 경우 관할 세무서장이 세법에 따라 해당 국세의 과세표준과 세액을 결정하여 통지하기 전까지 기한 후 과세표준신고서를 제출할 수 있다. 기한후신고서를 제출하거나 혹은 기한후신고를 하고 추가로 수정신고서를 제출한 경우 관할 세무서장은 세법에 따라 신고일부터 3개월 이내에 해당 국세의 과세표준과 세액을 결정 또는 경정하여 신고인에게 통지해야 한다.

기한후신고를 하면 법정기한 내에 신고하지 않은 것이므로 원칙적으로는 무신고가산세를 부담해야 한다. 하지만 법정 신고 기한부터 6개월 이내에 기한후신고를 하면 무신고가산세를 감면받을 수 있다.

3) 경정청구

수정신고와는 반대로 신고(기한후신고 및 수정신고 포함)를 했으나, 정당하게 신고해야 할 금액보다 많이 신고했거나 결손금액 또는 환급세액을 적게 신고한 경우가 있다. 이때는 법정 신고 기한 경과 후 5년 이내에 관할 세무서장에게 정정하여 결정 또는 경정해 줄 것을 청구할 수 있다. 그리고 결정 또는 경정에 따라 증가된 과세표준 및 세액에 대해서는 해당 처분이 있음을 안 날(처분 통지를 받은 때에는 그날)부터 90일 이내(법정 신고 기한이 지난 후 5년 이내에 한함)에 경정을 청구할 수 있다.

다만 다음 경우에는 그 사유가 발생한 사실을 안 날부터 3개월 이내에 경정청구를 할 수 있다.(후발적 경정청구 사유)

① 최초의 신고·결정 또는 경정에서 과세표준 및 세액의 계산 근거가 된 거래 또는 행위 등이 그에 관한 소송의 판결에 의해 다른 것으로 확정된 때
② 소득, 그 밖의 과세물건의 귀속을 제3자에게로 변경시키는 결정 또는 경정이 있을 때

③ 조세조약의 규정에 의한 상호 합의가 최초의 신고·결정 또는 경정의 내용과 다르게 이루어진 때
④ 결정 또는 경정으로 해당 조치의 대상이 되는 과세기간 외의 과세기간에 대하여 최초에 신고한 국세의 과세표준 및 세액이 세법에 따라 신고해야 할 과세표준 및 세액을 초과한 때
⑤ 위와 유사한 대통령령으로 정하는 사유가 당해 국세의 법정 신고 기한이 지난 후에 발생한 때

경정청구를 하려면 경정청구 기한 내에 경정청구서를 제출하면 된다. 경정청구를 받은 세무서장은 청구를 받은 날부터 2개월 이내에 처리 결과를 통지해야 한다.

5. 가산세

국세기본법상 가산세는 크게 무신고가산세, 과소신고가산세, 납부불성실가산세, 원천징수납부불성실가산세가 있다. 가산세를 항목별로 정리하면 다음과 같다.

1) 가산세 요약

종류	요건	내용
무신고 가산세	법정 신고 기한 내 신고하지 않은 때	**(ㄱ) 부정 무신고** 무신고 납부세액의 40%(부정 국제 거래는 60%)와 수입금액의 0.14% 중 큰 금액 **(ㄴ) 일반 무신고** 무신고 납부세액의 20%와 수입금액의 0.07% 중 큰 금액
과소신고 · 초과환급 가산세	납부할 세액을 적게 신고하거나 환급세액을 초과해서 신고한 때	**(ㄱ) 부정행위로 인한 과소신고** 과소신고 납부세액의 40%(부정 국제 거래는 60%)와 수입금액의 0.14% 중 큰 금액 + (과소신고 납부세액 등 − 부정 과소신고 납부세액 등) × 10% **(ㄴ) 일반 과소신고** 과소신고 납부세액의 10%

납부지연 가산세	세액을 납부하지 않았거나 부족하게 납부한 때 또는 세액을 초과로 환급받은 때	미납부세액 또는 초과환급세액의 0.022% × 미납(초과환급)일수
원천징수납부 등 불성실 가산세	납부기한 내에 납부하지 않았거나 부족하게 납부한 때	①과 ②를 합한 금액(10% 한도) ① 미납금액 × 0.022%[3] × 미납일수(미납부금액의 10% 한도) ② 미납부금액의 3%

2) 부정행위의 의미

무신고가산세 및 과소신고·초과환급가산세 적용 시 부정행위는 조세범처벌법 제3조 제6항 각호의 어느 하나에 해당하는 행위로 조세의 부과와 징수를 불가능하게 하거나 현저히 곤란하게 하는 적극적인 행위를 말한다.

① 이중장부 작성 등 장부의 거짓 기장
② 거짓 증빙 또는 거짓 문서의 작성 및 수취
③ 장부와 기록의 파기
④ 재산의 은닉, 소득·수익·행위·거래의 조작 또는 은폐
⑤ 고의로 장부를 작성하지 않거나 비치하지 않는 행위 또는 계산서, 세금계산서, 계산서합계표, 세금계산서합계표의 조작
⑥ 「조세특례제한법」 제5조의2 제1호에 따른 전사적 기업자원관리 설비의 조작 또는 전자세금계산서의 조작
⑦ 그 밖에 위계(僞計)에 의한 행위 또는 부정한 행위

---

[3] 2022년 2월 15일 이후의 기간분에 적용되는 율임

3) 가산세의 배제와 감면

(1) 가산세의 배제

가산세 부과 시 국세기본법 시행령 제2조에 따른 기한 연장의 사유가 있거나 납세자가 의무 불이행에 정당한 사유[4]가 있는 경우에는 가산세를 부과하지 않는다.

(2) 가산세의 감면

다음 사유에 해당하면 가산세액에서 일정 부분을 감면한다.

① 수정신고의 경우

과세표준신고서를 법정 신고 기한까지 제출한 자가 법정 신고 기한이 지난 후 수정신고를 하면 과소신고·초과환급신고가산세의 일정 비율을 감면한다. 단, 과세표준과세액을 경정할 것을 미리 알고 과세표준수정신고서를 제출한 경우는 제외한다.

구분	가산세 감면율
법정 신고 기한이 지난 후 1개월 이내에 수정신고를 한 경우	해당 가산세액의 90%
법정 신고 기한이 지난 후 1개월 초과 3개월 이내에 수정신고를 한 경우	해당 가산세액의 75%
법정 신고 기한이 지난 후 3개월 초과 6개월 이내에 수정신고를 한 경우	해당 가산세액의 50%
법정 신고 기한이 지난 후 6개월 초과 1년 이내에 수정신고를 한 경우	해당 가산세액의 30%
법정 신고 기한이 지난 후 1년 초과 1년 6개월 이내에 수정신고를 한 경우	해당 가산세액의 20%
법정 신고 기한이 지난 후 1년 6개월 초과 2년 이내에 수정신고를 한 경우	해당 가산세액의 10%

---

[4] ① 납세자가 화재, 전화(戰禍), 그 밖의 재해를 입거나 도난을 당한 경우
② 납세자 또는 그 동거가족이 질병이나 중상해로 6개월 이상의 치료가 필요하거나 사망하여 상중(喪中)인 경우
③ 정전, 프로그램의 오류나 그 밖의 부득이한 사유로 한국은행(그 대리점을 포함한다) 및 체신관서 정보통신망의 정상 가동이 불가능한 경우
④ 금융회사 등(한국은행 국고 대리점 및 국고 수납 대리점인 금융회사 등만 해당한다) 또는 체신관서의 휴무나 그 밖의 부득이한 사유로 정상적인 세금 납부가 곤란하다고 국세청장이 인정하는 경우
⑤ 권한 있는 기관에 장부나 서류가 압수 또는 영치된 경우
⑥ 「세무사법」 제2조 제3호에 따라 납세자의 장부 작성을 대행하는 세무사(같은 법 제16조의4에 따라 등록한 세무법인을 포함한다) 또는 같은 법 제20조의2에 따른 공인회계사(「공인회계사법」 제24조에 따라 등록한 회계법인을 포함한다)가 화재, 전화, 그 밖의 재해를 입거나 도난을 당한 경우
⑦ 그 밖에 제1호, 제2호 또는 제5호에 준하는 사유가 있는 경우

② 기한후신고의 경우

과세표준신고서를 법정 신고 기한까지 제출하지 않은 자가 법정 신고 기한이 지난 후 기한후신고를 하면 무신고가산세의 일정 비율은 감면한다. 단, 과세표준과 세액을 결정할 것을 미리 알고 기한 후에 과세표준신고서를 제출한 경우는 제외한다.

구분	가산세 감면율
법정 신고 기한이 지난 후 1개월 이내에 기한후신고를 한 경우	해당 가산세액의 50%
법정 신고 기한이 지난 후 1개월 초과 3개월 이내에 기한후신고를 한 경우	해당 가산세액의 30%
법정 신고 기한이 지난 후 3개월 초과 6개월 이내에 기한후신고를 한 경우	해당 가산세액의 20%

6. 특수관계인의 범위

세법에서는 특수관계인의 범위를 정해 규제하고 있다. 특수관계란 거래 및 행위에서 거래 당사자의 일방 또는 쌍방의 이익을 위해 정상적인 차원의 경제적 합리성을 결여하고 특수한 영향과 자극을 상호 간에 줄 수 있는 관계를 말한다. 즉, 조세부담을 줄이기 위해 상호 영향을 주며 정상 거래가 성립되기 어려운 관계를 말한다.[5]

세법상 특수관계인의 범위는 기본적으로 국세기본법에서 정하고 있다. 또한 소득세법과 법인세법, 상속세 및 증여세법에서도 필요에 따라 각각 범위를 규정하고 있다. 특히 상속세 및 증여세법은 타 세법보다 범위를 더 확대해서 규정하고 있다.

'특수관계인'이란 본인과 다음의 어느 하나에 해당하는 관계에 있는 자를 말한다. 이 경우 이 법 및 세법을 적용할 때 본인도 그 특수관계인의 특수관계인으로 본다.(국세기본법 제2조 제20호, 국세기본법 시행령 제1조의2)

---

[5] 예를 들어 부자(父子)지간에 자산을 시가보다 낮거나 높은 가격으로 양도하거나 자녀가 최대주주로 있는 법인에 자산을 증여해도 법적으로는 문제가 없다. 하지만 이러한 거래를 용인하면 조세 회피가 매우 용이해진다. 따라서 세법에서는 특수관계인 간에 이러한 거래를 한 경우에 과세할 수 있도록 규정하고 있다.(토픽 16 체크포인트 1, 토픽 22 체크포인트 2 참조)

1) 친족 관계

구분	친족의 범위
친족	① 4촌 이내의 혈족(2023년 3월 1일부터 변경 적용. 종전 6촌 이내 혈족) ② 3촌 이내의 인척(2023년 3월 1일부터 변경 적용. 종전 4촌 이내 인척) ③ 배우자(사실상의 혼인관계에 있는 자 포함) ④ 친생자로서 다른 사람에게 친양자로 입양된 자 및 그 배우자·직계비속 ⑤ 혼외 출생자의 생부, 생모(본인의 금전이나 그 밖의 재산으로 생계를 유지하는 사람 또는 생계를 함께하는 사람으로 한정) (2023년 3월 1일부터 새로이 적용)

2) 경제적 연관 관계

구분	경제적 연관 관계의 범위
① 고용관계	임원과 그 밖의 사용인
② 생계 연관 관계	본인의 금전이나 그 밖의 재산으로 생계를 유지하는 자
③ 생계를 함께하는 친족	① 또는 ②의 자와 생계를 함께하는 친족

3) 경영 지배 관계

구분	경영 지배 관계의 범위
본인이 개인인 경우	가) 본인이 직접 또는 그와 친족관계, 경제적 연관 관계에 있는 자를 통하여 법인의 경영에 지배적인 영향력을 행사하고 있는 경우 그 법인 나) 본인이 직접 또는 그와 친족관계, 경제적 연관 관계, 가목의 관계에 있는 자를 통하여 법인의 경영에 지배적인 영향력을 행사하고 있는 경우 그 법인
본인이 법인인 경우	가) 개인 또는 법인이 직접 또는 그와 친족관계, 경제적 연관 관계에 있는 자를 통하여 본인인 법인의 경영에 지배적인 영향력을 행사하고 있는 경우 그 개인 또는 법인 나) 본인이 직접 또는 그와 경제적 연관 관계, 가목의 관계에 있는 자를 통하여 어느 법인의 경영에 지배적인 영향력을 행사하고 있는 경우 그 법인 다) 본인이 직접 또는 그와 경제적 연관 관계, 가목 또는 나목의 관계에 있는 자를 통하여 어느 법인의 경영에 지배적인 영향력을 행사하고 있는 경우 그 법인 라) 본인이 「독점규제 및 공정거래에 관한 법률」에 따른 기업집단에 속하는 경우 그 기업집단에 속하는 다른 계열회사 및 그 임원

위의 경영 지배 관계 사례에서 다음 구분에 따른 요건에 해당하면 법인 경영에 지배적인 영향력을 행사하고 있는 것으로 본다.

(1) 영리법인
- 법인의 발행주식총수 또는 출자총액의 100분의 30 이상을 출자한 경우
- 임원 임면권 행사, 사업 방침 결정 등 법인 경영에 사실상 영향력을 행사한다고 인정되는 경우

(2) 비영리법인
- 법인 이사의 과반수를 차지하는 경우
- 법인 출연재산(설립을 위한 출연재산만 해당)의 100분의 30 이상을 출연하고 그중 1인이 설립자인 경우

4) 특수관계인 범위 판단 시 유의 사항

'특수관계인'의 범위는 개별 세법마다 다르게 규정하고 있다. 따라서 실무상 특수관계 여부를 판단할 때는 거래 당사자의 형태에 따라 해당 세법을 반드시 검토해야 한다. 각 세법에서 특수관계인의 범위를 규정하는 세법 조문은 다음과 같다.

구분	특수관계인의 범위
국세기본법	국세기본법 시행령 제1조의2
소득세법	소득세법 시행령 제98조 제1항(국세기본법 준용)
법인세법	법인세법 시행령 제2조 제5항
상속세 및 증여세법	상속세 및 증여세법 시행령 제2조의2

topic
03

법인세와 소득세 과세체계

01 토픽 소개

중소기업 CEO의 절세 설계를 위한 세금 분야는 주로 법인세, 소득세, 상속·증여세로 연결된다. 법인 측면에서는 법인세가 중요하겠지만, CEO 개인 측면에서는 소득 설계, 상속·증여 설계가 더욱 중요하다. 임원의 급여 설계, 퇴직금 설계, 배당 설계와 더불어 이익소각 등이 소득 설계와 관련된 주제다.

법인의 소득에 법인세가 과세되듯 개인의 소득에는 소득세가 과세된다. 법인의 소득은 포괄주의[1] 방식을 채택하고 있어서 순자산증가설을 따른다. 그래서 원천에 관계없이 법인의 순자산이 늘어나면 소득으로 간주해 과세한다. 반면 개인의 소득은 열거주의[2]를 따르므로 소득세법에서 열거된 소득만 과세한다.

---

1 포괄주의 과세: 원천에 관계없이 법인에 이익이 발생하여 순자산이 증가한다면 과세하는 것을 의미한다. 따라서 포괄주의를 순자산증가설이라고도 한다. 예를 들어 제조기업이 제조 활동을 통해 창출한 이익뿐만 아니라 유형자산을 매각하거나 금융상품에 가입해서 발생한 이익 등 모든 이익에 과세한다는 뜻이다.

2 열거주의 과세: 법에서 정한 이익에만 과세한다는 입장이다. 이를 소득원천설이라고도 한다. 따라서 개인의 소득 중 열거된 소득 외에는 과세할 수 없다. 예를 들어 개인이 쓰던 스마트폰을 타인에게 매각하여 차익이 발생한다 해도 소득세법에 열거되어 있지 않으므로 소득세가 과세되지 않는다.

법인을 경영하는 CEO 입장에서 살펴보자. 사업을 통해 벌어들이는 소득은 일단 법인에 귀속된다. CEO는 법인에서 급여와 퇴직금, 배당 등의 소득을 받는다. 먼저 원천에 관계없이 법인이 벌어들인 소득에는 법인세가 부과된다. 예를 들어 제조업을 영위하는 법인이라면 제품을 만들어 고객에게 판매하고 판매 대금을 수령한다. 판매 대금에서 제조에 소요된 원가와 판매관리비 등을 빼고 남은 것이 법인의 소득이며 여기에 법인세율을 곱해 법인세가 과세된다. 한편 CEO는 매월 급여를 받으면서 근로소득세를 부담하고, 배당을 받으면 배당소득세를 부담한다. 나중에 퇴직하여 퇴직금을 받으면 퇴직소득세를 부담한다.

절세가 가능한 소득 설계를 위해 반드시 알아야 할 내용들을 살펴보자.

02 핵심 정리

1. 법인세 vs. 소득세

법인세와 소득세는 벌어들인 소득에 부과하는 세금이라는 공통점이 있다. 하지만 다음과 같은 차이점도 있다.

구분	법인세	소득세
과세 방식	순자산증가설에 따라 법인의 순자산이 증가하면 원칙적으로 과세	소득세법에서 열거한 소득에만 과세(즉, 열거하지 않은 소득은 비과세)
필요경비 (손비)	실제 발생한 경비 중 수익에 대응하거나 업무와 관련성 있는 통상적인 비용을 수익에서 차감함	사업소득 등 일부 소득에만 필요경비가 인정됨. 근로소득이나 연금소득에는 법에서 정한 소득공제를 적용함
과세기간	법령이나 법인의 정관(定款) 등에서 정하는 1회계기간(1년을 초과하지 못함)	매년 1월 1일~12월 31일 (단, 사망한 자는 1월 1일부터 사망한 날, 비거주자가 된 자는 1월 1일부터 출국일까지임)

세율	9~24% 누진세율	6~45% 누진세율 (단, 양도소득세율은 이와 다르게 적용되는 경우가 있음)
납세지 (관할세무서)	법인의 등기부에 따른 본점이나 주 사무소의 소재지	주소지(주소지가 없으면 거소지)

[법인세율 [3]]

과세표준	세율
2억 원 이하	9%
2억 원 초과~200억 원 이하	19%
200억 원 초과~3,000억 원 이하	21%
3,000억 원 초과	24%

[소득세 기본세율 [4]]

과세표준	세율
1,400만 원 이하	6%
1,400만 원 초과~5,000만 원 이하	15%
5,000만 원 초과~8,800만 원 이하	24%
8,800만 원 초과~1.5억 원 이하	35%
1.5억 원 초과~3억 원 이하	38%
3억 원 초과~5억 원 이하	40%
5억 원 초과~10억 원 이하	42%
10억 원 초과	45%

소득세 기본세율은 종합소득, 퇴직소득, 양도소득에 일반적으로 적용되는 누진세율을 의미한다. 기본세율이 적용되지 않는 경우는 양도소득세 중 주식양도에 대한 세율과 부동산 양도에 대한 중과세율이 있다. 한편 법인세와 소득세가 과세되는 소득에는 지방소득세[5]가 별도로 부과된다.

---

3 개정 법인세율은 2023. 1. 1. 이후 개시하는 사업연도부터 적용된다.(종전 세율에서 각각 1%p씩 하향 조정)
4 개정 소득세 과세표준 구간은 2023. 1. 1. 이후 개시하는 과세기간부터 적용된다.(종전 과세표준구간 1,200만 원 → 1,400만 원, 4,600만 원 → 5,000만 원으로 개정)
5 지방소득세는 종전에는 법인세나 소득세 결정세액의 10%를 부과하는 형태였으나, 2014년부터는 별도의 과세표준과 세율 구조를 갖고 있는 독립세다. 세부담 면에서는 종전과 큰 차이가 없으므로 대략 법인세나 소득세 산출세액의 10%라고 이해해도 좋다.

2. 법인세 과세체계와 세무조정

1) 법인세 과세체계

법인의 소득에 대한 법인세는 아래와 같이 산출된다.

구분	내용
결산서상 당기순이익 (+)익금산입/손금불산입 (−)손금산입/익금불산입	손익계산서상 당기순이익 회계와 세법의 차이를 세무조정(과세이익을 늘림) 회계와 세법의 차이를 세무조정(과세이익을 줄임)
(=)각사업연도소득 (−)이월결손금	과거 15년 내에 발생한 결손금을 당기 과세이익에서 차감
(=)과세표준 (×)세율	9~24% 누진세율
(=)산출세액 (−)세액감면 (−)세액공제 (+)가산세 (+)감면분 추가납부세액	산출세액이 있는 경우 세액에서 차감(이월되지 않음) 산출세액 여부와 관계없이 세액에서 차감(이월공제 가능) 세액공제/감면에 대한 사후관리 요건 위배 시 이자 성격 납부액
(=)총부담세액	

2) 세무조정

결산서상 당기순이익과 법인세법상 각 사업연도의 소득금액 차이를 조정하는 과정이다.

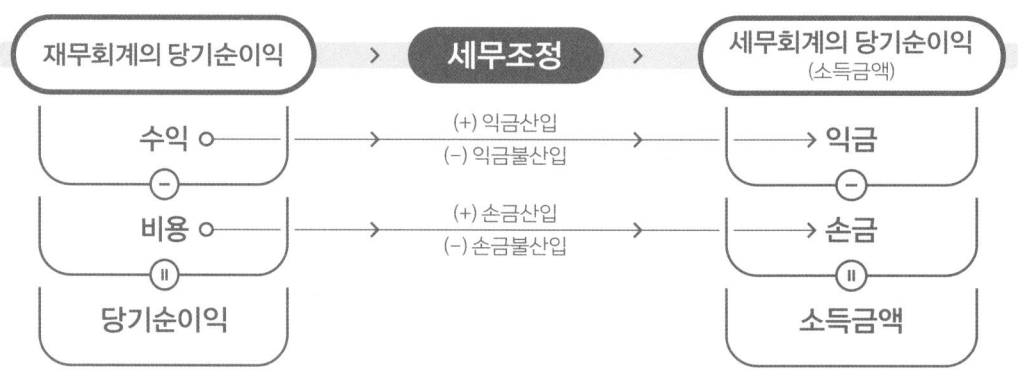

[세무조정 사례]

A 법인의 회계상 당기순이익은 4억 원이며 세무조정 사항은 다음과 같다고 하자.
1. 퇴직연금 불입액 2천만 원 손금산입
2. 접대비 한도 초과액 5백만 원 발생
3. 업무무관경비 5백만 원 손금불산입
4. 가지급금 인정이자 3백만 원 익금산입
5. 업무무관자산 관련 이자비용 2백만 원 손금불산입

이때 법인세를 과세하기 위한 세무상 이익(이를 '각사업연도소득'이라고 함)은 다음과 같은 과정을 거쳐 산출된다.

(단위: 천 원)

손익계산서상 당기순이익	금액		세무조정	법인세법상 각사업연도소득
매출	2,000,000			2,000,000
(-)매출원가	1,200,000			1,200,000
(=)매출총이익	800,000			800,000
(-)판매비와 관리비				-
1. 급여	300,000			300,000
2. 퇴직급여	15,000	1)	20,000	35,000
3. 복리후생비	50,000			50,000
4. 접대비	20,000	2)	(-)5,000	15,000
5. 출장비	10,000	3)	(-)5,000	5,000
(=)영업이익	405,000			395,000
(+)영업외수익(이자수익)	-	4)	3,000	3,000
(-)영업외비용(이자비용)	5,000	5)	(-)2,000	3,000
(-)법인세 등	-			-
(=)당기순이익	400,000			395,000

위 사례에서 A 법인의 각사업연도소득은 3.95억 원이며 산출세액은 다음과 같이 계산된다.(단, A 법인은 이월결손금 1억 원이 있다고 가정)

(단위: 천 원)

항목	금액
(=)각사업연도소득	395,000
(-)이월결손금	(-)100,000
(=)과세표준	295,000
(×)세율	19%
(-)누진공제액	(-)20,000
(=)산출세액	36,050

그다음으로 A 법인이 받는 세액감면 및 공제가 다음과 같다고 하자.

- 중소기업 특별 세액감면으로 산출세액의 20%(7,210천 원)를 감면받음
- 연구인력 개발비 세액공제를 3,200천 원 적용받음

세액감면과 공제를 적용한 후 A 법인이 부담할 법인세는 다음과 같다.(최저한세는 고려하지 않음)

(단위: 천 원)

항목	금액
(=)산출세액	36,050
(-)세액감면	(-)7,210
(-)세액공제	(-)3,200
(+)가산세	-
(+)감면분 추가납부세액	-
(=)총부담세액	25,640

3. 주요 법인세 세액공제

법인세법이나 조세특례제한법에서는 다양한 세액감면과 세액공제를 규정하고 있다. 하지만 그 내용을 일일이 숙지하기보다는 최신 이슈를 이해하는 것이 중요하다. 특히 기업 부설 연구소나 연구 전담 부서가 있다면 연구인력 개발비 세액공제가 적용되며, 고용 인원이 늘었다면 고용증대 관련 세액공제가 적용된다. 주요 내용 몇 가지만 살펴보자.

1) 연구인력 개발비 세액공제

구분	내용
관련 법령	조세특례제한법 제10조
대상 기업	연구개발 관련 기업 부설 연구소나 전담 부서를 두고 있는 기업
세액공제 내용	1. 해당 연도에 발생한 신성장·원천기술 연구개발비 × (가목의 비율 + 나목의 비율) 　가. 기업 유형에 따른 비율 　　　중소기업: 30%, 코스닥 상장 중견기업: 25%, 그 밖의 경우: 20% 　나. 해당 연도 매출에서 신성장·원천기술 연구개발비가 차지하는 비율 × 3 　　　[단, 10%(코스닥 상장 중견기업은 15%)를 한도로 함] 2. 그 외의 경우 　가. 해당 연도에 발생한 일반 연구인력 개발비가 직전 과세연도에 발생한 일반 연구인력 개발비를 초과하면 그 초과 금액의 25%(중견기업 40%, 중소기업 50%) 　나. 해당 과세연도에 발생한 일반 연구인력 개발비 × 다음의 비율 　　　1) 중소기업: 25% 　　　2) 중견기업: 8% 　　　3) 대기업: 해당 과세연도의 수입금액에서 일반 연구인력 개발비가 차지하는 비율 × 50%(2%를 한도로 함)
공제 대상 비용	부설 연구소나 전담 부서 인력의 인건비(퇴직소득은 제외) 부설 연구소 등에서 연구용으로 사용하는 견본품, 부품, 원재료 구입비 등 부설 연구소 등에서 직접 사용하기 위한 연구 시험용 시설 위탁 연구개발 비용(대학, 국공립 연구기관 등에 위탁) 국내외 전문 연구 기관 또는 대학 등에의 위탁 교육 훈련비(전담 인원에 한함)
최저한세[6]	비적용
농어촌 특별세	비과세

---

[6] 법인세 계산 시 각종 세액공제 및 감면을 받은 후 세액이 최저한세에 미달하면 그 미달분은 감면하지 않고 세금을 납부하도록 하는 것이다. 현재 중소기업의 최저한세 세율은 7%(중소기업 졸업 후 5년간은 8~9% 적용)이며, 일반 법인은 10~17%이다. 예를 들어 중소기업인 A 법인의 세전 과세 이익이 10억 원이라면 이 기업의 최저한세는 10억 원의 7%인 7천만 원이다. 따라서 A 법인이 공제 및 감면을 받아 납부할 세액이 5천만 원이 되었더라도 2천만 원은 공제 및 감면을 배제하여 최소한 7천만 원의 법인세를 납부해야 한다.

2) 고용유지 중소기업 등에 대한 과세특례

구분	내용
관련 법령	조세특례제한법 제30조의3
대상 기업	2023년 12월 31일이 속하는 과세연도까지 다음 요건을 모두 충족하는 중소기업 1. 해당 과세연도의 임금 총액을 상시근로자(해당 과세연도 중에 근로관계가 성립한 상시근로자는 제외)의 근로시간 합계로 나눈 1인당 시간당 임금이 직전 과세연도에 비하여 감소하지 않음 2. 해당 과세연도의 상시근로자 수가 직전 과세연도의 상시근로자 수와 비교하여 감소하지 않음 3. 해당 과세연도의 상시근로자(해당 과세연도 중에 근로관계가 성립한 상시근로자 제외)의 1인당 연간 임금 총액이 직전 과세연도에 비하여 감소함
세액공제 내용	1. 기업에 대한 지원 다음 산식에 따라 계산한 금액을 법인세(개인사업자는 소득세) 산출세액에서 공제한다. 세액공제 금액 = ① + ②(각 해당 금액이 음수인 경우에는 0으로 봄) ① (직전 과세연도 상시근로자 1인당 연간 임금 총액 − 해당 과세연도 상시근로자 1인당 연간 임금 총액) × 해당 과세연도 상시근로자 × 10% ② (해당 과세연도 상시근로자 1인당 시간당 임금 − 직전 과세연도 상시근로자 1인당 시간당 임금 × 105%) × 해당 과세연도 전체 상시근로자의 근로소득 합계 × 15% 2. 상시근로자에 대한 지원 2023년 12월 31일이 속하는 과세연도까지 다음 산식에 따라 계산한 금액을 해당 과세연도의 근로소득 금액에서 공제한다.(1천만 원 한도, 1천만 원 초과 금액은 없는 것으로 함) 공제하는 금액 = (직전 과세연도의 해당 근로자 연간 임금 총액 − 해당 과세연도의 해당 근로자 연간 임금 총액) × 50%
최저한세	적용
농어촌 특별세	비과세

3) 통합 고용 세액공제

구분	내용
관련 법령	조세특례제한법 제29조의 8
대상 기업	소비성 서비스업을 제외한 모든 기업이 해당 과세연도의 상시근로자 수가 직전 과세연도의 상시근로자의 수보다 증가한 경우
세액공제 내용 ('23년 개정 적용)	해당 과세연도와 해당과세연도의 종료일부터 1년(중소기업 및 중견기업의 경우에는 2년)이 되는 날이 속하는 과세연도까지 소득세 또는 법인세에서 공제 (단위: 만 원) 	구분	중소기업 수도권	중소기업 지방	중견기업	대기업
---	---	---	---	---
청년 외 상시근로자	850	950	450	
청년 등 상시근로자	1,450	1,550	800	400 | 〈추가공제〉 정규직 전환, 육아휴직 복귀자 인원 X 공제액 (단위: 만 원) | 구분	공제액 중소기업	공제액 중견기업
---	---	---
정규직 전환자(1년)	1,300	900
육아휴직 복귀자(1년)	1,300	900	
사후관리	통합 고용 세액공제의 경우 공제 후 2년 이내에 상시근로자 수가 감소하는 경우 공제금액 상당액을 추징 추가공제의 경우 전환일 또는 복귀일로부터 2년 이내 해당 근로자와의 근로관계 종료시 공제금액 상당액 추징 ※ '23년 및 '23년 과세연도분에 대해서는 기업이 '통합 고용 세액공제'와 기존 '고용증대 및 사회보험료 세액공제' 중 선택하여 적용 가능(중복 적용 불가)
최저한세	적용
농어촌 특별세	과세(공제세액의 20%)

4. 소득세법상 과세되는 소득의 종류

소득 구분	세 구분	내용
종합소득	이자소득	예적금 이자, 채권 이자, 저축성 보험차익 등
	배당소득	법인에서 받는 배당, 집합투자기구(펀드)에서의 이익 등
	사업소득	개인이 사업 활동에서 벌어들인 소득, 부동산 임대업자의 임대소득
	근로소득	급여 생활자가 회사에서 받는 소득
	연금소득	공적연금(국민연금/공무원연금/사학연금/군인연금 등), 퇴직연금, 세제적격 연금저축에서 받는 연금
	기타소득	위 5가지 이외에 법에서 기타소득으로 열거한 소득(복권당첨소득, 현상금/포상금, 저작권 수입, 산업재산권이나 영업권 등의 양도 대가, 일시적인 강연료나 문예창작소득, 고용관계가 없이 제공한 인적용역 대가, 종교인 소득 등)
양도소득(분류과세)		부동산, 주식 등의 양도차익에 대한 세금
퇴직소득(분류과세)		퇴직금 수령액에 대한 세금

5. 비과세, 분리과세, 분류과세, 종합과세

구분	개요
비과세	소득세법상 열거되지 않은 소득은 과세 대상 소득이 아니므로 신고 의무도 없음 예〉1세대 1주택자 주택 양도소득세 비과세, 일정 보험차익 비과세
분리과세	원천징수를 통해 납세의무가 종결되는 것을 뜻함. 원천징수 세율은 소득 종류마다 다르게 세법에 규정되어 있음 예〉연 2천만 원 이하의 이자/배당소득, 연 1,200만 원 이하의 사적연금소득(퇴직연금 및 연금저축에서 받는 연금소득을 의미함), 연간 300만 원 이하의 기타소득금액, 복권당첨소득, 일용근로자의 근로소득 등
분류과세	종합소득 6가지에 포함되지 않는 퇴직소득과 양도소득에 대해 각각 해당 소득만으로 과세표준을 산정하여 세금을 부과하는 것을 뜻함
종합과세	종합소득 6가지 종류를 합산하여 하나의 과세표준으로 세금을 부과하는 것을 뜻함(다만 분리과세 되는 소득은 제외하고 합산)

여기서 소득은 총수입금액 개념이며, 소득금액은 소득에서 필요경비나 소득공제를 차감한 금액(순소득 개념)을 말한다.

예〉 일시적인 강연을 하고 세전 강연료 1천만 원의 소득이 발생한 경우

기타소득 총수입금액	10,000천 원
(−)기타소득 필요경비(60%)	6,000천 원
(=)기타소득금액	4,000천 원

6. 소득세 과세체계: 종합소득, 퇴직소득, 양도소득

1) 종합소득

다음 6가지 소득을 인별로 합산하여 과세한다.

이자소득	배당소득	근로소득	사업소득	연금소득	기타소득
	(+)배당가산액[7]	(−)근로소득공제	(−)필요경비	(−)연금소득공제	(−)필요경비
(=)이자소득금액	(=)배당소득금액	(=)근로소득금액	(=)사업소득금액	(=)연금소득금액	(=)기타소득금액

```
(=)종합소득금액(6가지 소득금액 합산)
(−)종합소득공제          : 기본공제, 추가공제, 연금보험료공제 등
(=)과세표준
(×)세율                 : 6~45% 누진세율(주1)
(−)누진공제액(주1)
(=)산출세액
(−)세액공제              : 특별세액공제(보장성보험료, 교육비, 의료비, 기부금),
                          연금계좌 세액공제, 배당세액공제, 근로소득세액공제 등
(=)결정세액
(+)지방소득세
(=)총부담세액
```

---

[7] 배당가산액(Gross-up): 법인이 벌어들인 소득에는 법인세가 과세되며, 법인세를 내고 난 세후이익은 이익잉여금으로 누적된다. 이익잉여금을 재원으로 해서 주주에게 분배하는 것이 배당이다. 이 과정에서 배당소득세가 과세되면 법인세와 소득세의 이중과세 문제가 발생한다. 이를 조정하기 위한 제도가 Gross-up인데, 실제 부담한 법인세율과 관계없이 11%를 가산한다. 다만 모든 배당소득에 배당가산액이 적용되지는 않으며, 국내 법인으로부터 받은 배당소득(금융소득 2천만 원 초과분)으로서 법인세가 과세된 금액을 재원으로 하는 배당에만 적용된다.

(주1) 소득세 기본세율 및 누진공제액

과세표준	세율	누진공제액
1,400만 원 이하	6%	-
1,400만 원 초과~5,000만 원 이하	15%	126만 원
5,000만 원 초과~8,800만 원 이하	24%	576만 원
8,800만 원 초과~1.5억 원 이하	35%	1,544만 원
1.5억 원 초과~3억 원 이하	38%	1,994만 원
3억 원 초과~5억 원 이하	40%	2,594만 원
5억 원 초과~10억 원 이하	42%	3,594만 원
10억 원 초과	45%	6,594만 원

예를 들어 과세표준이 2억 원이라면 38% 구간이다. 따라서 산출세액은 2억 원×38% - 1,994만 원(누진공제액) = 5,606만 원이 된다. 또한 소득세 외에 2억 원 x 3.8% - 199.4만 원 = 5,606천 원의 지방소득세가 과세된다.

2) 퇴직소득

퇴직소득은 장기간 근속하며 누적된 퇴직금을 일시에 받는 특징이 있다. 따라서 종합소득세 방식으로 과세하면 높은 누진세율이 적용되는 문제가 있기 때문에 세법에서도 근속연수를 고려하여 근로소득세와 비슷한 세금이 산출되도록 별도의 과세 구조를 두고 있다.

2022년 말 세법 개정 시 퇴직소득과 관련한 내용도 개정되었는데 아래와 같이 근속연수별 공제금액을 확대하여 퇴직자의 세부담이 경감되는 효과가 있다.

종전		개정	
○퇴직소득 근속연수공제액		○퇴직소득 근속연수공제액 확대 (소득세법 §48①)	
근속연수	공 제 액	근속연수	공 제 액
5년 이하	30만 원×근속연수	5년 이하	100만 원×근속연수

6~10년	150만 원+50만 원 ×(근속연수-5년)	6~10년	500만 원+200만 원 ×(근속연수-5년)
11~20년	400만 원+80만 원 ×(근속연수-10년)	11~20년	1,500만 원+250만 원 ×(근속연수-10년)
20년 초과	1,200만 원+120만 원 ×(근속연수-20년)	20년 초과	4,000만 원+300만 원 ×(근속연수-20년)

〈적용시기〉 2023.1.1.이후 퇴직분부터 적용

[퇴직소득세 계산 예시]

〈가정〉 근속연수 20년, 퇴직소득 4억 원, 2023년 말에 퇴직 시 퇴직소득세

항목	금액	
1. 퇴직소득	400,000,000	
2. 근속연수공제	40,000,000	(주1)
3. 환산 급여[(1 - 2) × 12배 / 근속연수]	216,000,000	
4. 환산 급여별 공제	113,900,000	(주2)
5. 퇴직소득 과세표준(3 - 4)	102,100,000	
6. 환산 산출세액(5 × 세율)	20,295,000	
7. 퇴직소득 산출세액(6 × 근속연수 / 12배)	33,825,000	

(주1) 근속연수공제

근속연수	공제액
5년 이하	100만 원 x 근속연수
5년 초과~10년 이하	500만 원 + 200만 원 x (근속연수 - 5년)
10년 초과~20년 이하	1,500만 원 + 250만 원 x (근속연수 - 10년)
20년 초과	4,000만 원 + 300만 원 x (근속연수 - 20년)

(주2) 환산 급여별 공제

근속연수 환산 급여	공제액
8백만 원 이하	환산 급여의 100%
8백만 원 초과 ~7천만 원 이하	800만 원 + (8백만 원 초과분의 60%)
7천만 원 초과~1억 원 이하	4,520만 원 + (7천만 원 초과분의 55%)
1억 원 초과~3억 원 이하	6,170만 원 + (1억 원 초과분의 45%)
3억 원 초과	1억 5,170만 원 + (3억 원 초과분의 35%)

위 사례에서는 20년 근속하고 4억 원을 받았으므로 근속연수당 퇴직소득은 2천만 원이다. 사례에서 퇴직소득세 실효세율은 약 8.5%(=33,825천 원 / 400,000천 원)로 산출되는데, 퇴직소득 세부담은 근로소득 세부담보다는 낮은 편이다.

[근로소득세 예시]

총급여액 2.4억 원, 종합소득공제 1천만 원 가정 시

(단위: 천 원)

항목	금액	비고
근로소득	240,000	
(-)근로소득공제	17,550	
(=)근로소득금액	222,450	
(-)종합소득공제	10,000	
(=)과세표준	212,450	
(×)세율	38%	
(-)누진공제액	19,940	
(=)산출세액	60,791	지방소득세는 고려하지 않았음

위 사례에서 근로소득세 실효세율은 약 25.3%(=60,791천 원 / 240,000천 원)로 퇴직소득세보다 세부담이 높음을 알 수 있다.

3) 양도소득

양도소득은 개인이 소득세법에서 열거하는 과세 대상 자산을 양도할 때 발생하는 소득이다. 여기서 양도란 유상 매매뿐 아니라 자산의 교환, 현물출자, 수용, 경매, 공매, 위자료, 대물변제, 부담부증여(채무 해당분)도 해당한다. 효과적인 법인 컨설팅을 위해서는 주로 주식 관련 양도소득세를 잘 이해해야 한다.

구분	내용
과세 대상 자산	토지, 건물, 부동산에 관한 권리(입주권, 분양권, 지상권, 전세 권 등), 주식 또는 출자지분, 파생상품(코스피 200 선물, 코스피 200 옵션 등), 기타자산(특정주식(*1), 사업용 고정자산과 함께 양도하는 영업권, 특정시설물 이용권, 회원권 등)
과세 대상 주식 또는 출자지분	1. 상장주식(대주주에 한함)(*2) 2. 모든 비상장주식

주식 또는 출자지분 양도 시 세율 (지방소득세 별도)	1. 중소기업 소액주주: 10%
	2. 비중소기업 소액주주: 20%
	3. 중소기업 및 비중소기업 대주주
	  - 3억 원 이하분: 20%
	  - 3억 원 초과분: 25%(2020. 1. 1. 양도분부터)
	4. 1년 내 단기 양도(비중소기업 대주주에 한함): 30%

(*1) 특정주식

특정주식은 두 가지로 구분(편의상 특정주식 A와 B로 구분)되며 각 요건을 충족하면 주식 양도소득세율 대신 소득세 기본세율(6~45% 누진세율)이 적용된다.

	특정주식 A	특정주식 B
업종	제한 없음	골프장, 스키장, 휴양콘도미니엄 중 어느 하나에 해당하는 업을 직접 경영 또는 임대하는 사업 영위 법인
부동산 비율 (전체 자산 대비)	50% 이상	80% 이상
지분율 비중	본인 및 특수관계인 지분 50% 이상	제한 없음
양도 비율	3년간 50% 이상 양도 시 적용	1주만 양도해도 적용

(*2) 대주주의 범위(소득세법 시행령 제157조④, 제167조의8①)

구분	지분율 요건	주식가액 요건
코스피 상장법인	본인 (및 특수관계인) 지분 합계가 1% 이상	시가 10억 원 이상
코스닥 상장법인	본인 (및 특수관계인) 지분 합계가 2% 이상	시가 10억 원 이상
코넥스 상장법인, 비상장법인	본인 및 특수관계인 지분 합계가 4% 이상	시가 10억 원 이상

※ 코스피, 코스닥 상장법인 대주주 판단 시 합산 범위
  ① 최대주주인 경우: 배우자, 직계존비속, 4촌 이내 혈족, 3촌 이내 인척, 친생자로서 다른 사람에게 친양자로 입양된 사람 및 그 배우자·직계비속, 주주 1인이 「민법」에 따라 인지한 혼인 외 출생자의 생부나 생모, 본인 등과 경제적 연관 관계 또는 경영 지배 관계가 있는 법인(법인세법 시행령 제43조 제8항)의 보유 주식 합산
  ② 최대주주가 아닌 경우: 본인 지분으로만 판단(2023년 1월 1일 양도분부터 적용하며, 그 전 양도분은 종전과 같이 특수관계인 지분을 포함해서 판단함)
※ 대주주 판단시점: 직전 연도 말 기준으로 대주주로 판단되면 그다음 연도에는 대주주로 본다. 그리고 당해 연도 중에 새롭게 대주주가 된 경우에는 그 시점부터 당해 연도 말까지는 대주주로 본다.

주식 양도소득세의 계산 구조는 다음과 같다.

주식 100주를 주당 1백만 원에 양도, 취득가액은 주당 1만 원

(단위: 천 원)

구분	금액	비고
양도가액	100,000	
(-)취득가액 등 필요경비	1,350	증권거래세 350천 원 포함 (*1)
(=)양도소득금액	98,650	
(-)기본공제	2,500	연간 2,500천 원 공제
(=)과세표준	96,150	
(×)세율	20%	대주주 세율(지방소득세 별도)
(=)산출세액	19,230	

(*1) 증권거래세는 유상 양도일 때 발생하며, 양도자가 양도가액의 0.35%(2023. 1. 1. 이후 양도분 기준)를 부담한다.

7. 4대보험료(2023년 기준)

구분	고용보험	산재보험	국민연금	건강보험
사업주	1.15~1.75%	0.7~18.6% (업종별 상이)	4.5%	3.545%
근로자	0.9%	-	4.5%	3.545%
합계	2.05~2.65%	0.7~18.6%	9%	7.09% *
상한선	없음	없음	보수월액 553만 원	보수월액 110,332,300원

* 건강보험료 외에 건강보험료의 12.81%(2023년 기준)를 노인장기요양보험료로 부담함

건강보험료율 + 노인장기요양보험료율 = **총급여액의 약 7.998%**

위 표에서 보듯 건강보험료는 월 소득 상한선이 매우 높다. 법인의 임원인 CEO는 고용보험이나 산재보험에 가입할 필요는 없지만 국민연금과 건강보험에는 의무적으로 가입해야 한다. 그런데 국민연금에 비해 건강보험은 월 소득 상한액이 매우 높다. 따라서 CEO의 급여와 배당을 설계할 때 건강보험료 부담이 증가하는 점을 고려해야 한다. 한편 급여소득이 있는 CEO가 배당을 연간 2,000만 원을 초과해서 받으면 추가 건강보험료(소득 월액 보험료)가 부과된다.

소득 월액 보험료(2023년 기준)

소득 월액 보험료 = 소득 월액 × 소득 평가율 × 건강보험료율
① 소득 월액 = [연간 보수 외 소득 - 2,000만 원('22년 6월 이전에는 3,400만 원)] ÷ 12월
② 소득 평가율: 사업·이자·배당·기타소득(100% 반영), 연금·근로소득
   (50% 반영, '22년 6월 이전에는 30% 반영)
③ 건강보험료율: 2023년 기준 약7.998%(노인장기요양보험료 포함)

(출처: 국민건강보험공단 홈페이지)

종전에는 분리과세 되는 이자/배당소득(연 2천만 원 이하 금융소득)은 소득 평가 대상에서 제외하였다. 하지만 2020년 7월부터 연 1천만 원 초과 금융소득과 주택임대소득도 건보료 부과 대상이 되었는데 임대 수입에서 필요경비와 기본공제를 제외한 소득금액에 보험료를 부과한다. 주택임대소득을 예로 들어보면, 임대소득자가 임대사업자 등록을 한 경우에는 연 1,000만 원을 초과한 수입금액(총수입금액)부터 부과하고, 임대사업자 등록을 하지 않은 경우에는 연 400만 원을 초과한 수입금액부터 부과한다.

[사례] 배당소득에 대한 소득 월액 보험료

> 법인을 운영하는 CEO인 B씨는 월 급여 1천만 원을 받고 있다. B씨가 배당 1억 원을 받는 경우 2023년 기준 보수 월액 보험료와 소득 월액 보험료는?

(해설)
1. 보수 월액 보험료(월급여에 대한 보험료)
① 건강보험료 = 1천만 원 x 3.545% = 354,500원
② 노인장기요양보험료 = 354,500원 x 12.81% = 45,410원

2. 소득 월액 보험료(배당소득에 대한 추가보험료)
① 건강보험료 = [(108,800천 원 *- 20,000천 원) x 7.09%] ÷ 12 = 524,660원
　*배당소득금액 = 1억 원 + (1억 원-2천만 원) x 11%(gross-up) = 108,800천 원
② 노인장기요양보험료 = 524,660원 x 12.81% = 67,200원

topic
04

상속세와 증여세 과세체계

01 토픽 소개

상속세와 증여세는 재산이 무상으로 이전될 때 부과되는 세금이다. 법인 주식이나 부동산 등 본인의 재산을 자녀에게 물려주려는 CEO나 고액자산가에게는 매우 중요한 세금이라 할 수 있다. 게다가 상속세와 증여세는 다른 세금에 비해 세율이 높기 때문에 고객들의 절세 니즈는 갈수록 높아지고 있다.

그중에서도 특히 상속세는 미리 준비해야 한다. <u>막상 상속이 개시되면 상속세를 줄일 수 있는 방법이 별로 없기 때문</u>이다. 준비되지 않은 상속이 발생하면 거액의 세금 때문에 난감한 상황에 처할 수 있다. <u>최근에는 고액의 상속세를 줄이기 위한 목적으로 증여가 많이 늘어나는 추세다. 하지만 사전증여 등의 방법으로 상속에 대비한다고 해도 상속세 재원을 마련하는 전략은 여전히 필요</u>하다.

법인 CEO 입장에서는 법인의 주식 가치 상승에 따라 상속세가 커질 수 있다는 점을 염두에 두고 절세 방안을 모색해야 한다. 또한 법인 고객과 상담하는 FP는 민법상 상속 관련 내용과 더불어 상속세와 증여세 과세체계까지 숙지해야 원활한 상담이 가능하다.

02 핵심 정리

1. 상속 관련 민법 주요 내용

1) 상속순위

현행 민법에서는 직계비속, 직계존속, 형제자매, 4촌 이내 방계혈족, 배우자에게 상속권을 부여하고 있다. 민법상 상속 순위는 다음과 같으며 동 순위자가 2인 이상이면 공동상속인이 된다.

구분	상속인
1순위자	직계비속(가장 촌수가 가까운 자)
2순위자	직계존속(가장 촌수가 가까운 자)
3순위자	형제자매
4순위자	4촌 이내 방계혈족

※ 배우자는 1순위자와 동 순위가 되며, 1순위자가 없으면 2순위자와 동 순위가 됨. 1, 2순위자가 모두 없으면 단독상속인이 됨

2) 상속분

상속분은 전체 상속재산의 승계 비율을 의미하며 지정상속분, 법정상속분, 대습상속분이 있다.

(1) 지정상속분

피상속인이 유언으로 상속분을 지정한 경우 이에 따른다. 다만 유류분에 반하는 지정을 했다면 침해받은 유류분 권리자는 반환을 청구할 수 있다.

※ 유류분 반환청구권
　피상속인의 유언에 따라 법정상속분보다 현저히 적게 재산을 받은 상속인은 아래 일정 비율에 따른 재산의 반환을 유증받은 자 등에게 청구할 수 있다. 다만 사전에 증여받은 자에게는 유증을 반환받은 후가 아니면 반환청구를 할 수 없다.
　- 직계비속 및 배우자: 법정상속분의 1/2
　- 직계존속 및 형제자매: 법정상속분의 1/3

(2) 법정상속분

피상속인의 유언이 없었다면 민법에서 정한 법정상속분에 따른다. 동 순위의 상속인은 균분으로 하되, 배우자의 상속분은 직계비속 또는 직계존속 상속분에 50%를 가산한다.

※ 특별수익자의 상속분
특별수익자(증여나 유증을 받은 자)의 상속분은 본인의 법정상속분에서 생전 증여가액과 유증가액을 차감한 만큼만 인정된다.

※ 기여분제도
공동상속인 중에 피상속인의 재산 유지와 증가에 특별한 기여를 했거나 피상속인을 부양한 사람이 있다면 피상속인의 재산가액에서 기여 상속인의 기여분을 공제한 나머지 재산을 가지고 상속분을 계산한다.

(3) 대습상속분

상속인이 될 직계비속 또는 형제자매가 상속 개시 전에 사망하거나 결격[1]이 된 경우에는 그의 직계비속과 배우자가 공동상속인이 된다.

3) 상속재산의 분할

상속이 개시되면 피상속인의 재산은 일단 상속인들의 공유 재산이 되며, 상속재산의 분할을 통해 그 귀속이 확정된다. 분할 방법은 다음과 같다.

분할 방법	내용
유언에 따른 분할	피상속인은 유언으로 상속재산의 분할 방법을 정하거나 이를 정할 것을 제3자에게 위탁할 수 있다.
협의에 따른 분할	유언으로 분할 방법이 지정되지 않았다면 공동상속인 간의 협의에 따라 상속재산을 분할할 수 있다. 분할 협의에는 공동상속인 전원이 참여해야 한다. 공동상속인 중에 미성년자가 있다면 특별대리인이 선임되어 미성년자를 대리한다.
조정이나 심판에 따른 분할	공동상속인 간에 분할 협의가 성립되지 않으면 각 공동상속인은 가정법원에 분할을 청구할 수 있다.

---

1 법정상속 결격사유(민법 제1004조)
  ① 고의로 직계존속, 피상속인, 그 배우자 또는 상속의 선순위나 동 순위에 있는 자를 살해하거나 살해하려 한 자
  ② 고의로 직계존속, 피상속인과 그 배우자에게 상해를 가하여 사망에 이르게 한 자
  ③ 사기 또는 강박으로 피상속인의 상속에 관한 유언 또는 유언의 철회를 방해한 자
  ④ 사기 또는 강박으로 피상속인의 상속에 관한 유언을 하게 한 자
  ⑤ 피상속인의 상속에 관한 유언서를 위조·변조·파기 또는 은닉한 자

4) 상속의 승인과 포기

(1) 단순승인

피상속인의 재산에 대한 권리와 의무를 무제한으로 승계하는 상속 형태다. 상속인이 한정승인이나 상속포기를 하지 않고 3개월이 지나면 단순승인으로 본다.

(2) 한정승인

상속으로 취득할 재산의 한도 내에서 피상속인의 채무와 유증 변제를 조건으로 상속을 승인하는 것을 말한다.

(3) 상속포기

피상속인의 재산에 대한 권리와 의무를 승계하지 않는 의사 결정을 말한다.

☞ 토픽 22 체크포인트 1 참조

2. 상속세와 증여세 비교

상속세는 피상속인의 사망으로 재산이 이전될 때 부과되는 세금이다. 그리고 증여세는 증여자가 생전에 수증자에게 재산을 물려줄 때 내는 세금이다. 상속세와 증여세는 재산의 무상 이전에 세금을 부과한다는 측면에서 유사하지만, 다음과 같은 차이점도 있다.

	상속세	증여세
이전 시기	피상속인의 사망	생전
과세 방식	유산세 방식 (피상속인(망자)의 재산 총액을 기준으로 과세하는 것을 의미함. 즉, 재산을 상속받은 사람별로 과세하지 않고 물려준 사람을 기준으로 과세함)	유산취득세 방식 (재산을 받은 사람을 기준으로 받은 재산에만 과세하는 것을 의미함. 따라서 증여하는 사람의 재산이 많더라도 실제 증여한 재산이 적으면 증여세는 그 증여재산에 해당하는 세율이 적용됨. 결과적으로 상속세보다 낮은 세율로 증여할 수 있음)

	상속세	증여세
재산평가	1) 원칙: 시가 2) 시가 불분명 시: 세법에서 정한 보충적 평가액	좌동
주요 공제	· 배우자공제: 5~30억 원 · 일괄공제: 5억 원 · 금융재산공제: 순 금융재산의 20% 　(순 금융재산이 2천만 원 이하면 전액 　공제, 한도: 2억 원)	· 배우자공제: 6억 원 · 직계비속(성년): 5천만 원 　(미성년은 2천만 원) · 직계존속: 5천만 원 · 기타 친족: 1천만 원
납세의무자	상속인(연대납세의무)	수증자

상속세와 증여세의 세율은 다음과 같이 동일하다.

과세표준	세율	누진 공제액(단위: 천 원)
1억 원 이하	10%	-
1억 원 초과~5억 원 이하	20%	10,000
5억 원 초과~10억 원 이하	30%	60,000
10억 원 초과~30억 원 이하	40%	160,000
30억 원 초과	50%	460,000

3. 상속세 과세체계

1) 상속세 과세 대상 및 신고 기한

피상속인	과세 대상	신고 기한
거주자	국내외 모든 상속재산	상속 개시일이 속한 달의 말일부터 6개월
비거주자[2]	국내 모든 상속재산	상속 개시일이 속한 달의 말일부터 9개월

2　거주자는 상속 개시일 현재 국내에 주소를 두거나 국내에 거소를 둔 기간이 183일 이상인 자를 말하며, 거주자에 해당하지 않으면 비거주자로 본다.

2) 상속세 계산 구조

상속세의 구체적인 계산 구조는 다음과 같다.

구분	내용
상속재산가액	민법상 상속재산, 간주상속재산(퇴직금, 보험금, 신탁재산) 상속재산은 시가로 평가하며 시가가 없는 경우에는 보충적 평가 방법을 적용함
(+)추정상속재산	일정 금액을 초과한 재산 종류별 처분액(현금 인출액), 채무부담액
(=)총상속재산가액	
(−)과세제외재산	금양(禁養)임야 등 가액, 문화재가액 공익법인 출연재산가액, 공익신탁 재산가액
(−)공과금, 장례비, 채무	
(+)사전증여재산 등	상속인(상속인이 아닌 자)에게 10년(5년) 내 증여한 재산, 가업승계 특례증여재산(조특법 제30조의6), 창업자금 특례증여재산(조특법 제30조의5)
(=)상속세 과세가액	
(−)상속공제	기초공제, 배우자공제, 그 밖의 인적공제, 일괄공제 등
(−)감정평가수수료	500만 원 한도로 상속재산 평가에 소요된 비용
(=)과세표준	
(×)세율	10~50% 초과누진세율
(=)산출세액	
(+)세대생략 가산액	30% 할증(미성년자가 20억 원을 초과하여 받은 경우는 40%)
(=)산출세액	
(−)세액공제	증여세액공제 외국납부세액공제 단기재상속세액공제 문화재 등 징수유예세액 신고세액공제
(=)결정세액	
(+)가산세	신고불성실가산세, 납부지연가산세
(=)총결정세액	
(−)분납, 연부연납, 물납세액	
(=)고지세액	

3) 간주상속재산

(1) 생명보험금 및 손해보험금: 피상속인 사망으로 받는 보험금 중 피상속인이 보험료를 부담한 것

상속재산으로 보는 보험금 = 보험금 수령액 × (피상속인이 부담한 보험료 합계액
÷ 피상속인의 사망 시까지 불입된 보험료 합계액)

---

(2) 신탁재산: 피상속인이 위탁자로서 신탁한 재산가액이나 피상속인이 타인에게서 신탁의 이익을 받을 권리를 소유하고 있는 경우 그 가액

(3) 퇴직금: 피상속인의 사망으로 지급될 퇴직금, 공로금, 연금 등의 가액은 상속재산에 포함됨(단, 국민연금법 등 각종 법령에 따른 유족연금, 유족일시금, 재해보상금 등은 포함되지 않음)

4) 추정상속재산

추정상속재산은 상속세를 줄이려는 목적으로 상속에 임박해서 재산을 처분하거나 숨기는 걸 막기 위한 제도이다. 구체적으로는 상속 개시일 이전에 재산 종류[3] 별로 일정 금액(1년 이내 2억 원, 2년 이내 5억 원) 이상의 재산을 처분(인출)한 경우 또는 채무를 부담하는 경우에 해당 자금의 용도를 객관적으로 입증하지 못하면 이를 상속재산에 합산한다.

다만 처분(인출) 재산액이나 채무부담액 중 객관적으로 입증하지 못한 금액이 아래 ①, ② 중 작은 금액보다 적으면 상속세 과세가액에 산입하지 않는다.

① 재산 처분(현금 인출) 및 채무부담액의 20%
② 2억 원

---

3   여기서 재산 종류별이란 ① 금융재산(현금, 예금, 유가증권), ② 부동산 및 부동산에 관한 권리, ③ 기타재산 각각을 의미한다.

5) 과세제외자산

아래 재산은 상속세 과세가액에 산입하지 않는다.

① 국가, 지자체, 공공단체 등에 유증한 재산

② 문화재보호법에 의한 국가 지정 문화재와 동법에 의한 보호구역 안의 토지

③ 금양임야와 묘토 등
  - 피상속인이 제사를 주재하고 있던 선조의 분묘에 속한 9,900㎡ 이내 금양임야
  - 분묘에 속하는 1,980㎡ 이내의 묘토인 농지
  - 족보 및 제구(1천만 원 한도)

④ 사내근로복지기금, 우리사주조합 등에 유증한 재산

⑤ 피상속인 또는 상속인이 상속세 신고 기한까지 공익법인에 출연한 재산
    다만 내국법인의 의결권이 있는 주식을 10% 초과하여 출연한 경우(출연받은 주식 등의 의결권을 행사하지 않으며, 자선·장학 또는 사회복지를 목적으로 하는 경우에는 20%)에는 그 초과하는 가액을 상속세 과세가액에 산입한다.

⑥ 신탁법 규정에 따른 공익신탁을 통해 공익법인에 출연하는 재산가액

6) 공과금, 장례비, 채무

① 공과금: 상속 개시일 현재 피상속인이 납부할 의무가 있었고 상속인에게 승계된 조세·공공요금 등(단, 상속인 귀책사유로 발생한 가산금, 가산세, 벌금 등 제외)

② 장례비: 시신 안치 비용, 묘지 구입비, 비석 구입비 등 장례에 직접 소요된 비용
  - 장례에 직접 소요된 비용(봉안시설, 자연 장지 비용 제외): 최소 500만 원(증빙이 없는 경우)~최대 1천만 원(증빙으로 확인되는 경우) 공제
  - 봉안시설, 자연 장지 비용: 증빙으로 확인되는 금액을 500만 원 한도로 공제

③ 채무: 피상속인이 변제할 의무가 있는 채무를 공제하며, 아래 서류로 입증해야 함
  - 국가·지자체·금융기관 채무는 당해 기관에서 발급한 채무 확인 서류
  - 사인(私人)에 대한 채무: 채무부담 약정서, 채권자 확인서, 담보 및 이자 지급에 대한 증빙 등 객관적 채무부담 사실을 입증할 수 있는 서류

7) 사전증여재산

상속 개시일을 기준으로 상속인에게 10년 이내에 증여한 재산과 상속인 외의 자(손자, 며느리, 사위 등)에게 5년 이내 증여한 재산은 상속재산에 합산한다. 상속포기를 한 상속인의 증여재산도 상속세 과세가액에 합산한다. 상속인이 아닌 영리법인, 비영리법인, 기타 단체 등이 증여받은 재산도 상속재산에 합산한다. 단, 공익법인이 증여받은 재산은 합산하지 않는다.

그 외 합산과세 하지 않는 증여재산은 다음과 같다(상증법 제13조 제3항).

① 전환사채 등의 주식전환 등에 따른 이익 증여(상증법 제40조)
② 주식 등의 상장에 따른 이익 증여(상증법 제41조의3)
③ 합병에 따른 상장 등 이익 증여(상증법 제41조의5)
④ 타인의 기여에 의한 재산 가치 증가분의 증여(상증법 제42조의3)
⑤ 명의신탁 재산의 증여의제(상증법 제45조의2)
⑥ 특수관계 법인과의 거래를 통한 이익 증여(상증법 제45조의3)
⑦ 특수관계 법인에게서 제공받은 사업 기회로 발생한 이익 증여(상증법 제45조의4)

한편, 증여받을 당시 부담한 증여세는 증여세액공제 항목으로 상속세 산출세액에서 공제한다.

8) 상속공제

(1) 기초공제: 2억 원을 공제함 [4]
(2) 배우자공제: 배우자공제는 최소 5억 원에서 최대 30억 원까지 가능하다. 구체적으로 보면 다음과 같다.

※ 배우자 상속공제액 = MAX[5억 원, 30억 원을 한도로 MIN=(ㄱ. 배우자가 실제 상속받은 금액 [5], ㄴ. 배우자의 법정상속분)

[사례] 상속재산은 140억 원, 상속인은 배우자와 자녀 2명이 있고 배우자가 실제로는 25억 원을 상속받은 경우 배우자공제 금액은?

(해설)
배우자의 법정상속분은 1.5이고, 자녀들은 각각 1이 된다.
배우자의 법정상속 금액 = 140억 원 × 1.5 / (1.5 + 1 + 1) = 60억 원이다. 최대 30억 원까지만 공제되므로 30억 원과 실제 상속받은 25억 원 중 적은 금액인 25억 원이 공제된다.

(3) 그 밖의 인적공제

자녀공제: 자녀 수 × 5천만 원

미성년자공제: 미성년자 수 × (1천만 원 × 19세가 될 때까지의 연수)

연로자공제: 65세 이상 연로자 수 × 5천만 원

장애인공제: 장애인 수 × (1천만 원 × 기대여명 연수)

(4) 일괄공제[6]: (기초공제 + 그 밖의 인적공제) 금액이 5억 원보다 적으면 일괄공제 5억 원을 적용함

(5) 금융재산 상속공제: 금융재산 상속공제는 다음과 같다.

순 금융재산가액	금융재산 상속공제액
2천만 원 이하	전액
2천만 원 초과~1억 원 이하	2천만 원
1억 원 초과~10억 원 이하	순 금융재산가액 × 20%
10억 원 초과	2억 원(최대 한도)

그 외에도 가업상속공제(☞ 토픽 16 참조), 영농상속공제, 재해손실공제, 동거주택상속공제 등이 있다.

---

[4] 비거주자는 기초공제만 적용하며, 그 외 다른 공제는 적용받을 수 없다.
[5] 배우자가 상속받은 재산가액에서 배우자가 승계한 채무 및 공과금을 차감한 가액을 의미한다. 이때 과세가액에 산입되는 추정상속재산과 배우자가 받은 사전증여재산은 포함되지 않는다.
[6] 일괄공제를 적용받으면 기초공제와 그 밖의 인적공제는 적용받을 수 없다.

9) 상속공제 종합 한도

 기초공제, 배우자공제, 그 밖의 인적공제 등 상속공제 금액이 아래 한도를 초과하면 한도액 범위 내에서 공제한다. 이는 본래의 상속인이 상속 개시일 현재 실제 물려받을 재산을 한도로 해서 상속공제를 해 주겠다는 의미다. 한편 상속세 과세표준이 50만 원 미만이면 상속세를 과세하지 않는다.

상속공제 한도액 = 상속세 과세가액 − 상속인이 아닌 자에게 유증한 가액 − 상속인의 상속 포기로 후순위 상속인이 상속받은 가액 − 상속재산에 가산한 증여재산의 증여세 과세표준

---

10) 세액공제

(1) 증여세액공제

상속재산에 가산한 증여재산에 대해 증여 당시의 증여세 산출세액 상당액을 공제[7] 한다.

(2) 단기재상속공제

상속 개시 후 10년 이내에 재상속이 개시되면 상속세 산출세액에서 일정률(10~100%)을 공제한다.

(3) 신고세액공제

상속세를 신고 기한 내에 신고하면 상속세 산출세액에서 3%를 공제한다.

11) 가산세(증여세도 동일)

(1) 무신고가산세: 산출세액의 20%(단, 부정행위에 의한 무신고 시에는 산출세액의 40%)

(2) 과소신고(초과환급)가산세: 미달 산출세액의 10%(단, 부정행위에 의한 과소신고 시에는 미달 산출세액의 40%)

(3) 납부지연가산세: 미납세액 또는 과소납부세액 × 법정납부기한의 다음 날부터 납부일까지의 기간(납부고지일부터 납부고지서에 따른 납부기한까지의 기간은 제외) × 일 0.022%[8] (연 환산 이자율 8.03%)

12) 분납, 연부연납, 물납 [9]

(1) 분납: 신고납부세액이 1천만 원을 초과하면 아래 금액을 납부기한 경과 후 2개월 이내에 분납할 수 있다.

납부할 세액	분납 가능 세액
1천만 원~2천만 원 이하	1천만 원을 초과한 세액
2천만 원 초과	납부세액의 1/2 이하 금액

(2) 연부연납: 신고납부세액이 2천만 원을 초과하는 경우 연부연납을 신청하여 허가를 받으면 납세담보를 제공하는 조건으로 10년[10] 간 나누어 낼 수 있다.(가업상속재산이라면 최대 20년 동안 연부연납 가능) 연부연납을 한 금액에는 가산이자[11] 를 더하여 납부해야 한다.

(3) 물납: 일정 요건[12] 을 충족하면 상속세를 현금 대신 부동산, 주식 등으로 낼 수 있다.

---

7   증여세액공제는 아래 금액을 한도로 적용한다.
    ① 수증자가 상속인이나 수유자일 경우
   공제한도= 상속인·수유자별 각각의 상속세 산출세액 × (상속재산에 가산한 증여재산 각자의 증여세 과세표준 / 상속인·수유자별 각각의 상속세 과세표준)
    ② 수증자가 상속인이나 수유자가 아닌 경우
   공제한도 = 상속세 산출세액 × (상속재산에 가산한 증여재산의 증여세 과세표준 / 총상속세 과세표준)
8   '22년 2월 15일 이후 기간분부터 적용함(종전에는 일 0.025%)
9   증여세는 분납과 연부연납은 가능하지만, 물납은 불가함
10 2022년 1월 1일 이후 상속 개시분부터 종전 5년에서 10년으로 연장함
11 2023. 3. 20. 이후 연 2.9% 적용(상증령 제69조 제1항). 가산금 납부의 대상이 되는 기간 중에 가산이율이 1회 이상 변경된 경우 그 변경 전의 기간에 대해서는 변경 전의 가산율을 적용하여 계산한 금액을 각 회분의 분할납부 세액에 가산함(상증령 제69조 제2항)
12 요건(모두 충족 필요): 상속재산 중 부동산과 유가증권의 가액이 1/2 초과 + 상속세 납부세액이 2천만 원 초과 + 신고 기한 또는 고지서상 납부기한까지 물납을 신청하여 허가를 받을 것 + 상속세 납부세액이 상속재산가액 중 예적금 등 금융재산의 가액을 초과할 것

13) 상속세 납세의무(연대납세의무)

상속인 또는 수유자 각자가 납부할 상속세액은 상속인별 상속세 과세표준 상당액 비율에 따라 안분하여 부담한다. 다만 상속인과 수유자는 다음 금액 범위에서 다른 상속인 등이 납부하지 않은 상속세를 연대납부 할 의무가 있다.

연대납부 의무액 = 상속으로 받은 재산 총액 − 상속 부채 − 상속세액(가산세 등 포함)

---

4. 증여세 과세체계

1) 증여세 계산 구조

증여세의 구체적인 계산 구조는 다음과 같다.

구분	내용
증여재산가액	시가로 평가하며 시가가 없다면 보충적 평가 방법을 적용함
(−)비과세재산, 불산입재산	
(−)채무액	부담부증여의 경우 당해 채무부담액을 증여재산가액에서 차감함
(+)증여재산 가산액	
(=)증여세 과세가액	
(−)증여재산공제	
(−)재해손실공제 등	재해손실공제, 감정평가수수료
(=)증여세 과세표준	
(×)세율	10~50% 초과누진세율
(=)산출세액	
(−)세액공제	납부세액공제, 신고세액공제 등
(+)가산세	신고불성실가산세, 납부지연가산세(상속세와 동일)
(=)납부세액	분납, 연부연납 가능

2) 증여세 과세제외재산

① 이혼 시 재산분할로 취득한 재산, 위자료

※ 재산분할로 지급한 재산에는 양도소득세가 과세되지 않지만, 위자료로 지급한 재산에는 위자료 지급자에게 양도소득세가 과세됨

② 상속세 신고 기한 이내에 협의분할 또는 재분할로 취득한 재산

③ 상속회복청구 소송의 법원 확정판결로 상속인 및 상속재산에 변동이 있는 경우 등

④ 증여받은 재산의 반환(현금 제외) 및 재증여 여부

반환 기간	당초 증여	반환(재증여)
신고 기한 내	과세제외	과세제외
신고 기한 경과 후 3개월 이내	과세	과세제외
신고 기한 경과 후 3개월 초과	과세	과세

3) 비과세 증여재산

① 국가나 지자체로부터 증여받은 재산

② 국가 지자체, 공공단체가 증여받은 재산

③ 우리사주조합, 사내근로복지기금 등이 증여받은 재산

④ 우리사주조합원 소액주주의 시세차익(주식 취득가액과 시가와의 차액)

⑤ 장애인이 증여받은 신탁의 이익(한도 5억 원)

⑥ 장애인을 보험금 수령인으로 하는 보험으로서 연간 4천만 원 이내의 금액

4) 공익법인 등이 출연받은 재산의 과세가액 불산입

공익법인 등이 출연받은 재산의 가액은 증여세 과세가액에서 제외한다. 단, 출연받은 주식과 출연자가 출연할 당시 해당 공익법인 등이 보유하고 있는 동일한 내국법인의 주식 지분율이 10%(의결권을 행사하지 않고 자선·장학 또는 사회복지를 목적으로 하는 경우 20%)를 초과하면 그 초과하는 가액은 증여세 과세가액에 산입한다.

5) 증여재산 가산액

과거 10년 내 동일인[13]에게 증여받은 재산은 금번 증여재산가액에 합산한다.

6) 증여재산공제

증여하는 대상에 따라 아래와 같이 공제한다.

증여자	증여재산공제액
배우자	6억 원
직계존속[수증자의 직계존속과 혼인 (사실혼은 제외) 중인 배우자를 포함]	5천만 원
직계비속 (수증자와 혼인 중인 배우자의 직계비속을 포함)	5천만 원 (미성년 자녀가 증여받는 경우는 2천만 원)
기타 친족(6촌 이내의 혈족, 4촌 이내의 인척)	1천만 원

증여재산공제는 상기 그룹별로 10년마다 해당 금액을 다시 받을 수 있다. 예를 들어 성년 손자가 5년 전에 조부에게 1억 원을 증여받고, 이번에 부친에게 2억 원을 증여받는다면 5년 전 증여 때 5천만 원이 공제되었기 때문에 이번에는 더 이상 공제받을 금액이 없다.

---

13 부와 모에게서 증여받은 재산은 동일인에게 받은 재산으로 보아 합산하여 증여세를 과세한다.

7) 세액공제

(1) 납부세액공제

증여세 과세가액에 가산한 증여재산가액에 대하여 납부하였거나 납부할 증여세액(증여 당시의 해당 증여재산의 증여세 산출세액)은 아래 항목 중 적은 금액을 증여세 산출세액에서 공제한다.

① 가산한 증여재산의 증여세 산출세액

② 공제한도 = 합산과세한 증여세 산출세액 × 가산한 증여재산의 과세표준 /당해 증여재산가액과 가산한 증여재산가액의 합계액에 대한 과세표준

(2) 신고세액공제

증여세를 신고 기한 내에 신고하면 산출세액에서 세액공제·감면세액과 징수유예세액을 뺀 금액을 기준으로 3%를 공제한다.

8) 분납, 연부연납

(1) 분납

상속세와 마찬가지로 신고납부세액이 1천만 원을 초과하면 아래 금액을 납부기한 경과 후 2개월 이내에 분납할 수 있음

- 납부세액이 1천만 원~2천만 원 이하: 1천만 원 초과 금액
- 납부세액이 2천만 원 초과: 납부세액의 1/2 이하 금액

(2) 연부연납

증여세 신고납부세액이 2천만 원을 초과하는 경우 연부연납을 신청하여 허가를 받으면 납세담보를 제공하는 조건으로 5년간 나누어 낼 수 있음(가산이자 부담)

5. 재산 평가 방법

1) 원칙

재산은 시가(時價)로 평가한다. '시가'란 불특정 다수인 사이에 자유로이 거래가 이

루어지는 경우에 통상 성립된다고 인정되는 가액을 말한다.

시가의 예: 상속 개시일 전후 6월(증여는 증여일 전 6월, 후 3월) 이내의 아래 가액

(1) 당해 재산 매매가액
(2) 당해 재산 감정가액
(3) 당해 재산 수용/경매/공매가액
(4) 유사 재산 매매사례가액(상속세 또는 증여세 신고 기한 이내에 신고한 재산은 평가 기간 이내 신고일까지 있는 유사 매매사례가액으로만 평가)

2) 시가가 없는 경우

세법상 정해진 방법(이를 '보충적 평가 방법'이라고 함)으로 평가한다.

재산의 종류	보충적 평가 방법
토지	「부동산 가격공시에 관한 법률」에 따른 개별공시지가
건물	신축 가격, 구조, 용도, 위치, 신축 연도 등을 고려하여 매년 1회 이상 국세청장이 산정·고시하는 가액
오피스텔 및 상업용 건물	국세청장이 토지와 건물에 대해 일괄하여 산정·고시한 가액
주택	「부동산 가격공시에 관한 법률」에 따른 개별주택가격 및 공동주택가격
임대차계약이 체결된 재산	보충적 평가액과 임대보증금 환산 가액(임대보증금 + 연간 임대료 합계 ÷ 0.12) 중 큰 금액
상장주식	평가기준일 전후 각 2개월 동안 공표된 매일의 거래소 최종 시세가액의 평균액
비상장주식	순자산가치와 순손익가치의 가중평균액 ☞ 더 자세한 내용은 '토픽 14 체크포인트 1' 참조
저당권 등이 설정된 재산의 평가 특례	아래 금액 중 큰 금액 ① 당해 재산이 담보하는 채권액이나 전세금, 임대보증금 등 ② 시가(시가가 없으면 보충적 평가액)

6. 상속세 절세 방안

어떻게 해야 상속세를 줄일 수 있을까? 앞서 살펴본 상속세와 증여세의 과세체계 및 계산 구조를 이해하고 미리 준비한다면 가능하다. 지금부터는 절세를 위한 몇 가지 기본 전략을 살펴보자.

1) 10년 단위로 나누어 증여하라

증여세는 당해 증여재산과 직전 10년 이내에 증여한 재산을 합산하여 계산한다. 또한 상속 개시 10년(상속인이 아닌 자에게 증여한 재산은 5년) 전에 증여한 재산은 상속세 계산 시에 합산하지 않는다. 따라서 10년 단위로 계획을 세워 미리미리 증여한다면 상속세와 증여세를 동시에 절세할 수 있다. 또한 상속재산에 합산되더라도 증여 당시의 가액으로 인정되기 때문에 가치가 꾸준히 상승하는 재산이라면 증여 후 10년 내에 상속이 개시되더라도 절세 효과가 있다.

2) 수증자를 분산하여 증여하라

증여세는 수증자별로 받은 재산에 과세한다. 따라서 한 자녀에게만 몰아주기보다는 골고루 나누어 주고, 사위(며느리)나 손자에게도 분산해서 증여하면 효과적이다.

3) 수익가치가 높거나 저평가된 재산을 증여하라

(1) 수익가치가 높은 재산의 예
배당을 받을 수 있는 주식, 임대수익률이 높은 상가 등
(2) 저평가된 재산의 예
향후 시세차익이 기대되는 부동산, 기업가치 상승이 예상되는 주식 등

4) 세대생략 증여를 활용하라

손자에게 증여하는 세대생략 증여는 일반 증여세에 30%(미성년자가 증여받은 재산이 20억 원을 초과하면 40%)를 가산해 부과한다. 그럼에도 불구하고 증여세나 취득세

를 한 번만 내면 되기 때문에 절세 효과가 크다.

[예시] 세대생략 증여의 절세 효과

시가 5억 원의 상가를 성년 손자에게 증여하는 경우
vs.
동 상가를 아들에게 증여 후 아들이 다시 손자에게 증여하는 경우

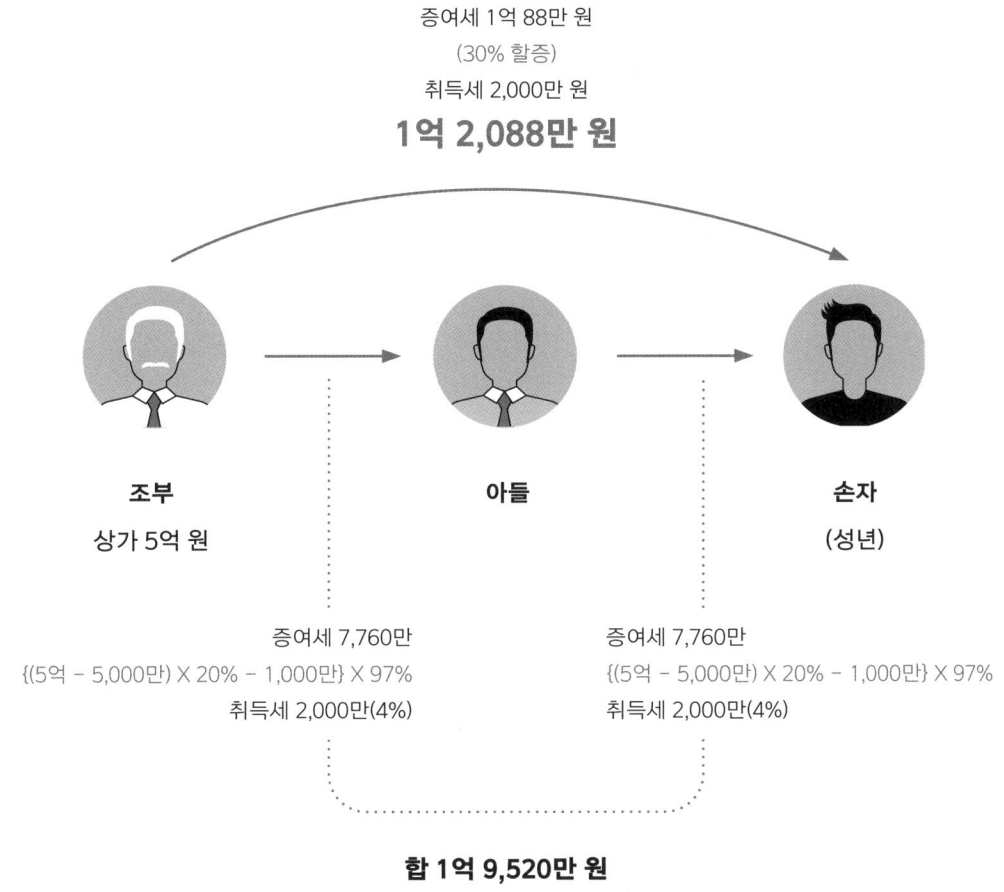

결과적으로 세대생략증여가
7,432만원 유리함

5) 부담부증여를 활용하라

임대보증금을 낀 임대 부동산을 증여하면 증여재산가액에서 채무인 임대보증금을 빼 주는 대신 채무양도분에 대해서는 양도소득세가 부과된다. 이를 부담부증여(**負擔附贈與**)라고 하는데 순수 증여에 비해 절세 효과가 발생하는 경우가 많다.

[부담부증여 예시]

부동산 시가 8억 원, 담보된 채무액(대출금) 2억 원, 취득가액 4억 원(15년 보유)인 상가가 있다.
이 부동산을 자녀에게 증여하고자 한다. 단순증여와 부담부증여 중 어떤 방법이 좋을까?

(1) 단순증여 하는 경우

증여세	금액(단위: 천 원)
증여재산가액	800,000
(−)증여재산공제	50,000
(=)증여세 과세표준	750,000
(×)세율	30%
(−)누진 공제액	60,000
(=)산출세액	165,000
(−)신고세액공제(3%)	4,950
(=)납부세액	160,050

(2) 부담부증여 하는 경우

① 증여세(부동산가액에서 채무부담액을 뺀 금액에 대해 증여세 부담)

증여세	금액(단위: 천 원)
증여재산가액	600,000
(−)증여재산공제	50,000
(=)과세표준	550,000
(×)세율	30%

(−)누진 공제	60,000
(=)산출세액	105,000
(−)신고세액공제(3%)	3,150
(=)납부세액	101,850

② 양도소득세(채무부담액을 유상 이전으로 보아 양도소득세 부담)

양도소득세	금액(단위: 천 원)	비고
양도 대가	200,000	
(−)필요경비	100,000	4억 원 × (2억 원 / 8억 원) [취득가액×(담보채무액/증여재산가액)]
(=)양도차익	100,000	
(−)장기보유특별공제	30,000	15년 보유 30%
(=)양도소득금액	70,000	
(−)양도소득기본공제	2,500	
(=)과세표준	67,500	
(×)세율	6~24%	
(=)산출세액	10,440	
(+)지방소득세	1,044	
총부담세액	11,484	

부담부증여 시 세액 합계 = 101,850천 원 + 11,484천 원 = 113,334천 원(단순증여 시에 비해 세금 46,716천 원 감소)

6) 생명보험을 활용하라

상속세는 원칙적으로 상속이 개시된 달의 말일부터 6개월 이내에 신고와 납부를 완료해야 한다. 그런데 상속재산 중 상당 부분이 부동산이나 비상장주식인 경우가 많다. 이러한 재산은 환금성이 떨어지기 때문에 상속세 금액이 크면 납부할 돈이 없어 곤란에 처할 수 있다.

이때 종신보험이 충분히 가입되어 있다면 고민을 덜 수 있다. 생명보험(종신보험이나 정기보험)은 피보험자 사망 시 보험금이 지급되기 때문에 충분히 가입해 둔다면 상속세 납부를 위해 재산을 처분하거나 대출을 받지 않아도 된다. 아무리 사전증여를 잘 하더라도 재산 규모가 크면 어느 정도의 상속세는 피할 수 없다. 그래서 종신보험을 적절히 활용해 상속세 납부 재원을 마련해 두면 도움이 된다.

특히 아래와 같이 상속인이 될 배우자나 자녀 명의로 가입할 수 있다면 상속재산에서도 제외되므로 더 효과적이다.

[계약자/수익자 관계별 보험금과 상속·증여세 과세]

계약자(*)	피보험자	수익자	피보험자 사망 시 보험금의 상속·증여세 과세
본인	본인	자녀	상속세
본인	배우자	자녀	증여세
배우자	본인	배우자	세금 없음
자녀	본인	자녀	세금 없음

(*) 계약자인 자녀나 배우자가 자금 출처를 증빙할 수 있는 소득으로 보험료를 불입할 능력이 있는 경우에 한함. 만약 불입 능력이 없다면 상속재산에 포함됨

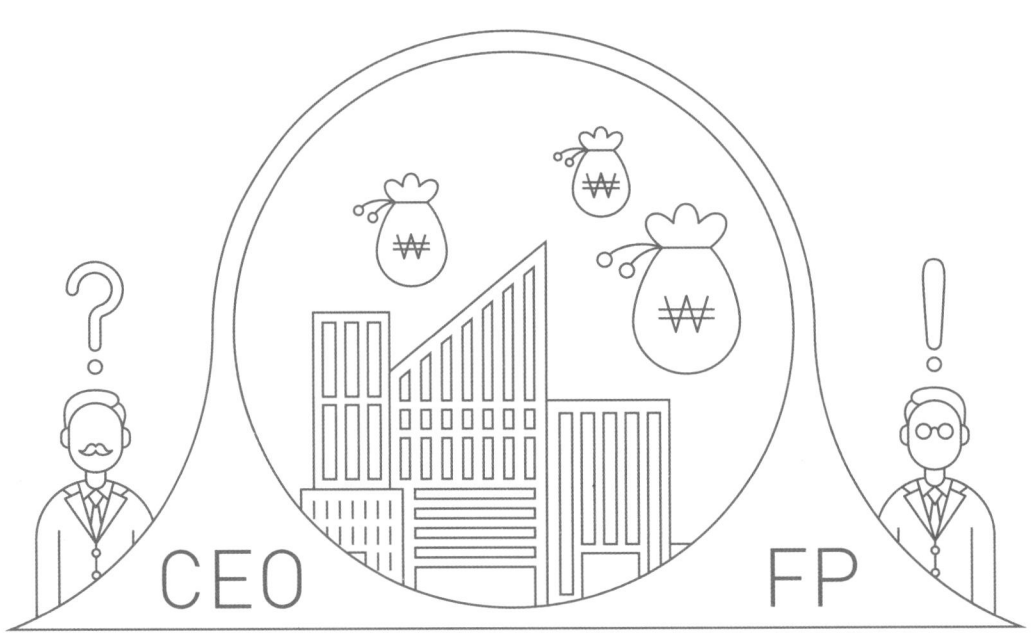

topic
05

회사법과
주식회사

01 토픽 소개

영리법인과 관련한 가장 대표적인 법은 「상법」이다. 상법은 총 6편[1] 으로 구성되어 있다. 우리가 흔히 회사법이라고 부르는 것은 상법 '제3편 회사'를 의미한다. 회사법을 알아야 하는 이유는 주식회사 기관의 종류와 역할을 이해해야 회사의 각종 의사결정 주체와 법률행위상 필요 요건을 제대로 파악할 수 있기 때문이다. 이를 통해 법인의 정관 등 규정 정비도 적절하게 할 수 있고 각종 법무 및 세무 실행과 관련한 상법상 절차도 준수할 수 있다.

특히 <u>회사설립, 법인전환, 정관변경, 배당 실행, 이사 및 감사의 선임과 해임, 임원보수의 결정, 자기주식 취득, 유상증자(감자) 등은 컨설팅 과정에서 빈번하게 발생하는 사항들이니 관련 내용을 충분히 숙지</u>해야 한다. 회사법에 나와 있는 요건과 절차를 준수하지 않으면 실행이 무효가 되거나 세무적으로 문제가 되는 경우가 생길 수 있다. 따라서 대표적 회사 형태인 주식회사를 중심으로 각 회사의 종류와 특징을 충분히 숙지해야 한다.

---

1   1편 총칙, 2편 상행위, 3편 회사, 4편 보험, 5편 해상, 6편 항공운송으로 되어 있다. 그중에서 '3편 회사'는 상법 제1조부터 제935조 가운데 제169조부터 제637조의2까지를 구성할 정도로 많은 비중을 차지하고 있다.

02 핵심 정리

1. 상법상 회사의 종류와 특징

1) 회사별 개요

상법의 회사 편(제3편)은 1장 통칙, 2장 합명회사, 3장 합자회사, 3장의2 유한책임회사, 4장 주식회사, 5장 유한회사, 6장 외국회사, 7장 벌칙으로 구성되어 있다. 회사 편에서도 가장 많은 비중을 차지하고 있는 것이 주식회사다. 그만큼 주식회사는 현대 법인 중 가장 대표적인 형태이며 소유와 경영이 분리되도록 회사 내에 주주총회, 이사회, 감사와 같은 여러 기관을 두는 특징이 있다.

주식회사 외에도 합명회사, 합자회사, 유한책임회사, 유한회사까지 총 5개의 회사 형태가 있는데 주식회사보다는 기관이 덜 분화되어 있다. 합명회사는 개인사업자와 비슷하게 인적 요소가 가장 강하다. '합자회사→유한책임회사→유한회사→주식회사' 순으로 인적 요소가 점점 약해지는 대신 내부 기관에 의한 의사 결정이 이루어지는 시스템적 요소가 강하다고 볼 수 있다.

회사 형태별 특징을 요약하면 다음과 같다.

구분	합명 회사	합자 회사	유한책임 회사	유한 회사	주식 회사
사원의 종류	무한책임 사원	무한책임사원/ 유한책임사원	유한책임사원	유한책임사원	주주
사원의 책임	직접, 연대, 무한책임	· 무한책임사원: 직접, 연대, 무한 · 유한책임사원: 직접, 유한	간접, 유한책임	유한책임	간접, 유한책임
사원 지위의 양도	다른 사원의 동의	· 무한책임사원: 다른 사원 전원의 동의 · 유한책임사원: 무한 책임사원 전원의 동의	다른 사원 전원의 동의(단, 업무를 집행 하지 않는 사원은 업무집행사원[2] 전원의 동의 필요)	원칙적 자유 (정관으로 제한 가능)	원칙적 자유 (정관으로 제한 가능)

사원 수	2인 이상	무한책임사원, 유한책임사원 각 1인 이상	유한책임사원 1인 이상	유한책임사원 1인 이상	주주 1인 이상
업무 집행자	사원(社員)[3]	사원 (단, 회사대표권은 무한책임사원)	사원 또는 사원 아닌 자	이사(이사가 수인인 경우 대표이사를 정해야 함)	이사회, 대표이사
의사 결정 방법	두수(頭數)주의	두수(頭數)주의	두수(頭數)주의	지분주의 (정관으로 달리 정할 수 있음)	지분주의
정관 변경 요건	총사원의 동의	총사원의 동의 (정관으로 달리 정할 수 있음)	총사원의 동의 (정관으로 달리 정할 수 있음)	특별결의 (총사원 반수 이상 참석 + 총사원 의결권 3/4이상 동의)	특별결의 (총주식 1/3 이상 출석 및 출석 주식 수 2/3 이상 동의)

합명회사와 합자회사에만 있는 무한책임사원의 책임은 다음과 같다.

(1) 직접책임

사원이 회사 채무를 직접 책임진다는 의미다. 단, 회사의 재산으로 완전히 변제할 수 없는 경우에 한해 2차적으로 책임을 진다는 점에서 일반적인 직접책임과는 차이가 있다.

(2) 연대책임

사원 각자가 채권자에게 회사 채무 전액을 책임진다는 의미다.

(3) 무한책임

자신이 출자한 가액을 초과하여 채무가 소멸할 때까지 책임진다는 의미다.

한편 무한책임사원은 재산 외에 노무나 신용출자도 허용된다.

---

2 유한책임회사의 업무집행사원은 주식회사의 이사와 유사한 기능을 담당하며, 정관으로 사원 또는 사원이 아닌 자를 업무집행자로 정해야 한다.(상법 제287조의12 제1항) 1명 또는 둘 이상의 업무집행자를 정한 경우에는 각 업무집행자가 회사 업무를 집행할 권리와 의무가 있다.(상법 제287조의12 제2항 전단)

3 여기서 '사원'이란 출자자를 의미한다. 주식회사에서는 출자자가 주식을 소유하므로 주주라고 부르지만, 그 외 다른 형태의 회사에서는 '사원'이라는 용어를 사용한다.

2) 합명회사

합명회사는 법인 가운데 인적 요소가 가장 강한 형태다. 법적 책임 면에서는 개인사업자에 가깝다. 회사 채무에 무한·직접책임을 부담하기 때문이다.

합명회사는 상법상 회사에 해당하지만, 내부적으로는 조합의 성질을 갖는다. 이에 따라 합명회사의 내부 관계에 관한 정관이나 상법에 다른 규정이 없으면 조합에 관한 민법 규정을 준용한다.(상법 제195조) 즉, 합명회사의 내부 관계에 관한 상법 규정은 원칙적으로 임의규정이므로 상법 규정과 다르게 정관에서 정하는 것도 허용된다.

3) 합자회사

합자회사는 1명 이상의 무한책임(無限責任)사원과 1명 이상의 유한책임(有限責任)사원으로 구성된 회사를 말한다.(상법 제268조)

무한책임사원은 회사에 대하여 출자의무를 부담할 뿐만 아니라 회사 채권자에게 직접 연대하여 무한의 책임을 부담한다. 유한책임사원은 회사 채권자에게 재산출자의 가액을 한도(상법 제279조)로 직접 연대하여 책임을 부담한다.

합자회사는 무한책임사원이 있다는 점에서 합명회사와 같지만, 유한책임사원이 있다는 점에서 합명회사와 구별된다. 따라서 상법에서 합자회사에 관해 특별히 규정하고 있는 사항을 제외하고는 합명회사에 관한 규정을 그대로 준용한다.(상법 제269조)

4) 유한책임회사

유한책임회사는 회사의 형태를 취하면서도 내부적으로는 사적자치가 폭넓게 인정되는 조합의 성격을 갖고, 외부적으로는 사원의 유한책임이 확보되는 기업 형태에 대한 수요를 충족하기 위해 도입되었다.

유한책임회사의 출자자인 사원은 직접 경영에 참여할 수 있으며, 자신이 출자한 투자액을 한도로 법적인 책임을 부담한다. 유한책임회사는 2011. 4. 14. 개정상법에서 도입되었다. 고도의 기술을 보유하고 있지만, 초기 상용화에 어려움을 겪는 청년 벤처나 사모(私募)투자펀드 등에 적합한 유형이다. 또한 기존의 주식회사나 유한회사보다 좀 더 간편하게 회사를 설립하고 운영하는 데 유용하다.

구분	내용
사원 구성	간접·유한책임을 지는 사원으로 구성
기관 구성 및 사원의 책임	기관 구성이 필요 없다는 점은 합명회사와 유사함 출자금액을 한도로 책임진다는 점은 유한회사와 유사함 (합명회사와 유한회사의 중간형태)
외부감사 대상 여부	유한책임회사와 합명회사, 합자회사는 외부감사를 받을 의무가 없음

5) 유한회사

유한회사는 1인 이상의 사원으로 구성된다. 유한회사의 사원은 회사 채권자에게 직접적인 책임을 부담하지 않고 자신이 출자한 금액을 한도로 간접·유한책임을 진다.(상법 제553조) 유한회사는 주식회사에 비해 설립 절차가 비교적 간단하고 사원총회 소집 절차도 간소하다는 특징이 있다.

유한회사의 조직 형태는 주식회사와 유사하지만, 이사회가 없다. 대신에 사원총회에서 업무 집행 및 회사 대표를 위한 이사를 선임한다. 선임된 이사는 정관 또는 사원총회의 결의로 특별한 정함이 없으면 각각 회사의 업무를 집행하고 회사를 대표하는 권한을 가진다.(상법 제561조, 제562조 및 제547조 참조)

6) 주식회사

주식회사는 현재 우리나라 회사 가운데 약 95%를 차지할 만큼 보편적인 형태이며, 1인 이상의 사원(주주)으로 구성된다. 주식을 단위로 자본이 구성되고, 주주가 유한책임을 부담한다. 주식회사의 주주는 회사 채권자에게 아무런 직접책임을 부담하지 않는다. 다만 자신이 가진 주식의 인수가액 한도 내에서 간접·유한의 책임을 진다.(상법 제331조)

주식회사는 주주라는 다수의 이해당사자가 존재하므로 의사 결정 기관으로 주주총회를 두어 정기적으로 소집해야 한다. 업무집행기관으로는 이사회 및 대표이사를 두어 회사 업무를 집행한다. 또한 이사의 직무집행을 감사하고 회사의 업무와 재산 상태를 조사하기 위해 감사(또는 감사위원회)를 둔다.

가장 보편적인 회사 형태인 주식회사와 유한회사의 특징을 비교하면 다음과 같다.

(1) 공통점

항목	내용
간접·유한책임	회사 채무에 대해 직접책임을 부담하지 않으며, 자신이 출자한 금액만큼만 책임을 진다.
서면결의 가능	유한회사에서도 결의의 목적 사항에 대한 총사원의 서면동의가 있는 경우 서면에 의한 결의로서 사원총회 결의를 갈음할 수 있다.(상법 제 577조 제3항)
1좌(1주)당 금액	유한회사의 1좌당 금액은 100원 이상, 주식회사의 1주당 액면가액도 100원 이상으로 한다.

(2) 차이점

항목	유한회사	주식회사
이사회 및 감사	유한회사는 이사가 업무를 집행하고 이사회를 두지 않으며 이사 임기에도 제한이 없다. 또한 감사를 두지 않아도 된다.(임의 기관)	원칙적으로 이사회와 감사는 필요 상설기관이다. 다만 자본금 10억 원 미만의 소규모 주식회사는 이사회와 감사를 두지 않을 수 있다. 또한 이사와 감사의 임기를 상법에서 규정하고 있다.
의결권	각 사원은 출자 1좌마다 1개의 의결권이 원칙이나, 정관 규정으로 다르게 정할 수 있다. 단, 일부 사원에게 의결권을 전혀 주지 않을 수는 없다.	주주평등원칙에 따라 1주당 1의결권이 부여된다. 단, 무의결권주에는 의결권이 부여되지 않는다.
사원(주주) 총회 결의 요건	- 보통결의: 총사원 의결권 과반수 출석 및 그 의결권의 과반수 - 특별결의: 총사원의 반수 이상 출석(두수주의) 및 총사원 의결권의 3/4 이상 - 특수결의: 총사원 동의 [4]	- 보통결의: 총주식 1/4 이상의 출석 및 출석 주식 수 과반 - 특별결의: 총주식 1/3 이상의 출석 및 출석 주식 수 2/3 이상 - 특수결의: 총주주 동의
기타	사채발행이 불가하며 대차대조표 공고 의무가 없다.	사채, 전환사채, 신주인수권부사채 발행이 가능하며 대차대조표를 일간지에 공고할 의무가 있다.

4 유한회사는 총사원의 일치에 의한 총회 결의로 주식회사로 조직을 변경할 수 있다. 다만 회사는 그 결의를 정관으로 정하는 바에 따라 사원총회 특별결의로 할 수 있다.(상법 제607조)

본서에서는 대표적 회사 형태인 주식회사를 중심으로 살펴본다.

2. 주식회사 설립 절차

1) 설립 방법

(1) 발기설립: 1명 또는 여러 명이 모여서 주식을 모두 인수해 회사를 간편하게 설립하는 방식

(2) 모집설립: 주식 일부는 발기인이 인수하고 나머지는 주주들을 모집하여 설립하는 방식

발기설립 방법이 많이 활용되므로 이하에서는 발기설립 위주로 서술한다.

2) 발기설립 절차

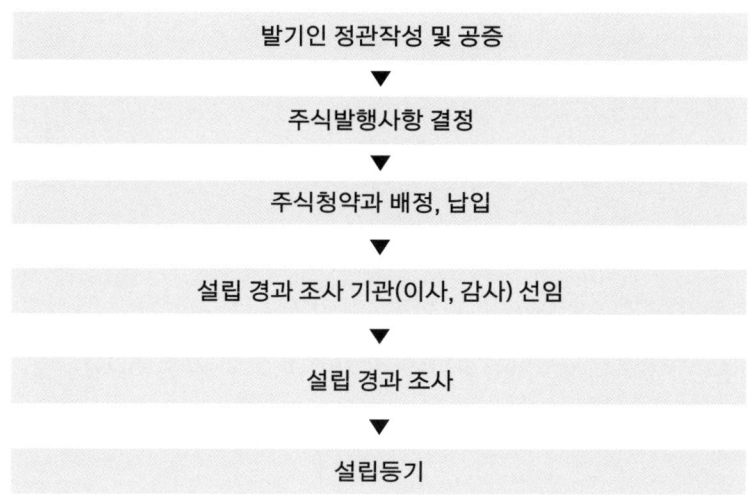

(1) 발기인의 정관작성

주식회사 설립 시 정관(원시정관)의 절대적 기재 사항[5]에는 아래와 같이 8가지가 있다.(상법 제289조 제1항)

---

5 절대적 기재 사항이란 정관에 반드시 기재되어야 하는 사항이며, 이를 누락하면 정관이 무효가 된다. 이에 비해 상대적 기재 사항은 정관에 없어도 되지만, 그 사항이 정관에 기재되면 상법에 따라 그대로 효력이 생기는 사항이다. 한편 임의적 기재 사항은 상법에 규정된 사항은 아니지만, 회사가 자체적으로 정한 사항이다.('토픽 08 체크포인트 1' 참조)

① 목적

② 상호

③ 회사가 발행할 주식의 총수

④ 액면주식의 경우 1주당 금액

⑤ 회사가 설립 시 발행하는 주식의 총수

⑥ 본점 소재지

⑦ 회사의 공고 방법

⑧ 발기인의 성명, 주민등록번호, 주소

(2) 주식발행사항 결정

회사가 설립 시 발행하는 주식의 종류와 수를 정해야 한다. 액면주식을 액면가보다 큰 금액으로 발행할 때는 그 수와 금액을 정해야 한다. 무액면주식을 발행할 때는 주식의 발행가액과 그중 자본금으로 계상하는 금액을 정관 또는 발기인 전원의 동의로 정해야 한다.(상법 제291조)

(3) 설립 경과 조사

발기인은 주식인수 대금 납입 후 이사와 감사를 선임한다. 선임된 이사와 감사는 설립 경과를 조사해 발기인에게 보고한다. 상법 제298조 제2항에 따라 발기인이었던 자는 조사 보고 업무를 할 수 없으므로 발기인이 아닌 자를 이사나 감사로 선임해야 한다.

(4) 설립등기

회사는 설립등기에 의하여 성립한다.(상법 제172조) 설립 절차가 종료되면 설립등기를 해야 한다. 발기설립의 경우 이사·감사의 조사 보고가 종료된 날로부터 2주 내에 등기해야 한다.

3) 설립등기 사항(상법 제317조 제2항)

✓ 목적, 상호, 회사가 발행할 주식의 총수, 액면주식의 경우 1주의 금액, 본점 소

재지, 회사의 공고 방법
- ✓ 자본금의 액
- ✓ 발행주식총수, 그 종류와 각 주식의 내용과 수
- ✓ 주식양도 시 이사회 승인을 얻도록 한 경우 그 규정
- ✓ 주식매수선택권을 부여하도록 정한 때에는 그 규정
- ✓ 지점의 소재지
- ✓ 회사의 존립기간 또는 해산사유를 정한 때에는 그 기간 또는 사유
- ✓ 전환주식을 발행한 경우 제347조에서 정한 사항
  (1. 주식을 다른 종류의 주식으로 전환할 수 있다는 뜻, 2. 전환 조건, 3. 전환으로 인하여 발행할 주식의 내용, 4. 전환청구기간 또는 전환의 기간)
- ✓ 공동대표이사 또는 각자대표이사를 정한 경우 그 규정
- ✓ 명의개서대리인을 둔 경우 그 상호와 본점 소재지
- ✓ 감사위원회를 설치한 경우 감사위원회 위원의 성명과 주민등록번호

3. 주식(株式)

1) 주주의 지위(주주권)

(1) 자익권: 출자금에 대한 수익을 얻을 수 있는 권리와 출자금의 회수를 위한 권리
예> 이익배당청구권(상법 제462조, 제462조의3), 신주인수권(상법 제418조)

(2) 공익권: 경영 참여를 위한 권리와 경영 감독을 위한 권리
예> 의결권(상법 제368조~369조), 주주제안권(상법 363조의2), 집중투표 청구권(상법 382조의2), 각종 소권(설립무효의 소 등)

2) 주주평등원칙

주주평등원칙은 보유한 주식 수에 따라 평등한 대우를 받는 것을 뜻한다. 즉, 주식평등의 원칙이라고도 할 수 있으며, 이를 위배한 업무집행은 무효다. 다만 이러한 위반행위로 손해를 입은 주주가 승인하면 예외적으로 유효가 된다.(대법원 1980. 8. 26.

선고, 80다1263판결)

예외적으로 회사가 보유한 자기주식에는 배당권이나 의결권 등 주주의 권리가 부여되지 않는다.

3) 종류주식

이익배당, 잔여재산분배, 주총 의결권 행사, 상환 및 전환에 대해 다른 정함이 있는 주식을 종류주식이라고 한다. 실무에서는 주로 이익배당 우선주나 상환우선주[6], 전환우선주[7] 등의 형태로 많이 활용하고 있다. 우선주도 발행 계약에 따라 의결권을 갖는 경우도 있다. 종류주식을 발행하려면 반드시 정관에 규정이 있어야 한다.

구분	내용
종류주식 종류	· 이익배당에 관한 종류주식(상법 제344조의2 제1항) · 잔여재산분배에 관한 종류주식(상법 제344조의2 제2항) · 의결권의 배제·제한에 관한 종류주식(상법 제344조의3 제1항) 구 상법에서는 무의결권주를 이익배당 우선주에 한해서만 인정했다. 하지만 2011. 4. 14. 개정상법에서는 정관에 조건을 정하면 의결권을 배제한 종류주식을 이익배당 우선주가 아니더라도 발행할 수 있도록 했다.
종류주주 총회	회사가 정관을 변경해 특정 종류주식 주주에게 손해를 미치는 경우에는 주주총회 결의 이외에 그 종류주식의 주주총회 결의가 있어야 한다.(상법 제435조 제1항)
의결권 제한 주식의 발행 한도	의결권을 배제 또는 제한한 종류주식의 총수는 발행주식총수의 1/4을 초과하지 못한다.(상법 제344조의3)
상환주식	정관이 정하는 바에 따라 주주가 회사에 상환을 청구할 수 있는 종류주식이다.(상법 제345조 1항) 상환주식은 현금 지급 또는 유가증권이나 그 밖의 자산으로 상환할 수 있으나, 배당가능이익을 초과해 상환할 수 없다.(상법 제345조 제4항)
전환주식	정관이 정하는 바에 따라 주주의 주식을 다른 주식으로 전환할 수 있는 주식이다.(상법 제346조 1항) 전환으로 인해 종류주식 자본금 변경이 발생하며 전환일이 속한 달의 말일로부터 2주 내에 변경등기가 필요하다.

---

6   본래 주주에게는 주식의 출자금을 상환받을 수 있는 권리가 부여되지 않는다. 하지만 상환우선주의 경우에는 주주가 출자금 상환을 받을 수 있는 권리가 부여된다.

7   전환우선주는 보통주로 전환할 수 있는 권리가 부여된 주식이다. 상환권과 전환권이 모두 부여된 상환전환우선주 형태로도 많이 활용된다.

4. 주주(株主)

1) 주식양도의 자유

주식회사의 주식은 원칙적으로 자유롭게 양도할 수 있다. 다만 회사는 정관으로 정하는 바에 따라 발행하는 주식의 양도에 관하여 이사회의 승인을 받도록 할 수 있다.(상법 제335조 제1항)

2) 주권불소지제도

기명주식의 주주가 주권 보유를 원하지 않을 때 그 주권을 회사가 발행하지 않거나 회사 부담으로 은행이나 신탁회사에 기탁할 수 있도록 한 제도다. 주주 입장에서는 주권 장기 보유에 따른 도난이나 분실을 방지할 수 있다. 회사 입장에서도 주권 발행 경비 절감과 사무 간소화라는 이점이 있다. 정관에 별다른 규정이 없다면 주권불소지제도를 채택한 것으로 간주한다. 하지만 회사 정관에 주권불소지제도를 채택하지 않는다는 내용을 규정하면 실물 주권을 발행하는 것이 원칙이다.

3) 주주명부와 명의개서

주주명부와 사채원부는 본점에 비치해야 한다. 만약 명의개서대리인을 두었다면 주주명부나 사채원부, 그 복사본을 명의개서대리인의 영업소에 비치할 수 있다.(상법 제396조 제1항)

구분	내용
명의개서의 의의	주식이 양도된 경우 양수인의 성명과 주소 등을 주주명부에 기재하는 것을 말한다. 명의개서의 청구는 회사 또는 명의개서대리인에게 한다. (상법 시행령 제8조) 명의개서대리인으로는 한국예탁결제원, 하나은행, 국민은행이 있다.
명의개서의 대항력	기명주식의 이전은 명의개서를 하지 않으면 회사에 대항하지 못한다. (상법 제337조 제1항)

4) 기준일과 주주명부폐쇄(상법 제354조)

구분	내용
기준일	권리자인 주주를 정하는 기준이 되는 날을 의미한다. 즉, 주주총회 전에 기준일을 정하여 기준일 현재 주주인 자가 주주총회에서 의결권을 행사한다.
주주명부폐쇄 (주식명의개서의 정지)	주주총회를 앞두고 기준일 이후 일정 기간 동안 주주명부 기재 사항의 변경을 정지하는 것이다. 이 기간에는 명의개서가 불가하며, 회사는 기준일 시점에 주주명부에 기재된 사람을 권리자로 인정한다. 주주명부폐쇄 기간은 3개월 이내로 한다. 최근에는 주주명부폐쇄 기간을 지나치게 길게 잡아 투자자의 권리행사를 제약하는 문제점이 지적되고 있다. 예를 들어 주주명부폐쇄 기간에는 주식을 담보로 한 담보대출이나 신탁재산의 표시, 말소 등의 권리행사가 어렵다. 따라서 실무에서도 이를 단축하거나 폐지하는 추세다.

아래는 상장사인 하나금융지주가 기준일과 주주명부폐쇄를 공시한 사례다.
(공시일: 2022년 6월 15일)

✓ 현금·현물배당을 위한 주주명부폐쇄(기준일) 결정

1. 배당구분		중간(분기)
2. 주주명부폐쇄(기준일)	시작일	
	종료일	
	기준일	2022-06-30
3. 주주명부폐쇄(기준일) 목적		권리주주 확정
4. 이사회 결의일(결정일)		-
사외이사 참석 여부	참석(명)	-
	불참(명)	-
감사(사외이사가 아닌 감사위원) 참석 여부		-
5. 기타 투자 판단과 관련한 중요 사항		(1) 당사 정관 제44조(중간배당)에 의거한 권리주주 확정을 위한 건입니다. * 정관 제44조(중간배당) ① 이 회사는 관련 법규에 따라 6월 30일을 기준일로 하여 이사회 결의로서 중간배당을 할 수 있다. 중간배당은 금전으로 한다. (2) 주주명부폐쇄 없이 기준일만으로 권리주주를 확정합니다. (3) 중간배당 실시 여부 및 배당액 등은 추후 이사회에서 결의 후 공시 예정입니다.
	※ 관련 공시	-

5. 주식회사의 기관

1) 주주총회

주주들로 구성되며 이사·감사를 선임하고, 회사의 구조 변경(정관, 합병 등 실체적 구조 변경)과 법소정의 주요 사항에 관한 의사 결정을 하는 필요 상설 기관이다.(상법 제361조)

구분	내용
소집권자	· 원칙: 이사회가 소집한다(상법 제362조). 단, 이사가 1인인 소규모 회사는 이사가 소집한다. · 예외: 지분율 3/100 이상의 소수 주주(상법 제366조) (상장회사는 15/1000 지분으로 가능, 상법 제542조), 감사(상법 제412조의3, 415조의2), 법원의 명령(상법 제467조)
소집 시기 (상법 제365조)	· 정기총회: 매년 1회 일정한 시기에 소집한다. 실무에서는 보통 결산일로부터 3월 이내에 개최한다. · 임시총회: 필요시 수시로 소집할 수 있다.
소집 장소 (상법 제364조)	정관에 다른 정함이 없으면 본점 소재지나 인접한 곳에서 소집해야 한다. ※ 소집 장소가 현저한 괴리가 있거나 소집 장소로 부적당한 경우에는 결의취소의 소 원인이 될 수 있다.(판례)
소집 통지 (상법 제363조)	· 주총 2주 전에 서면으로 통지서를 발송(등기우편)하거나 각 주주의 동의를 받아 전자문서로 통지할 수 있다. · 단, 의결권이 없는 주주에게는 소집 통지를 할 필요가 없다. · 소집 통지가 주주의 주소에 3년간 도달하지 않은 경우 해당 주주에 대한 소집 통지를 생략할 수 있다.
주주총회 결의 요건 (상법 제368조)	· 보통결의: 총주식 1/4 이상 및 출석 주식 수 과반의 동의 · 특별결의: 총주식 1/3 이상 및 출석 주식 수 2/3 이상의 동의 · 특수결의: 총주주 동의
주요 특별결의사항 (상법 제374조)	· 중요한 영업의 양도와 양수 · 중요 재산의 처분: 고정자산 처분은 이사회 결의로 족하나, 회사 존립의 기초가 되는 유일 고정(유형, 무형)자산의 처분은 특별결의사항임(판례) · 중요 재산의 담보제공 · 영업 전부의 임대, 영업 전부의 경영위임, 타인과 손익 전부를 함께하는 계약
의결권이 제한 되는 주식 (상법 제369조)	· 자기주식 · 의결권이 배제되거나 제한된 종류주식 · 피참가회사 소유 참가회사 주식(10% 초과 피투자회사 소유 투자회사 주식) · 감사 선임 시 3/100을 초과하는 주주의 그 초과 주식 · 특별이해관계인[8]의 주식

2) 이사회

주주총회에서는 보통결의에 의해 원칙적으로 3명[9] 이상의 이사를 선임해야 하며, 그 이사들로 구성된 의사 결정 기관을 이사회라고 한다. 이사회는 상법이나 정관에서 주주총회의 권한으로 정한 사항을 제외하고 주식회사 대부분의 중요한 업무집행에 관한 의사 결정권을 갖는 필요 상설 기관이다.(상법 제399조 제1항)

구분	내용
소집권자 (상법 제390조)	소집은 각 이사가 한다. 하지만 이사회의 결의로 소집할 이사를 정한 때에는 그 이사가 소집한다.
소집 절차 (상법 제390조)	회일 1주일 전에 각 이사와 감사에게 통지하며, 이 기간은 정관으로 단축할 수 있다. 또한 이사와 감사 전원의 동의가 있으면 소집 절차를 생략하고 언제든지 회의를 개최할 수 있다.
소집 시기와 장소	상법에는 주주총회와 달리 이사회 소집 장소에 관한 명문 규정은 없다. 다만 합리적 이유나 이사들의 동의 없이 일부 이사의 참석이 현실적으로 어려운 장소를 택하면 위법하다고 본다. 예를 들어 반대 의견 이사들이 해외 출장인 틈을 타서 소집하거나, 대표이사가 출장 중일 때 대표이사 해임 결의를 하면 무효가 된다.(대법 1988. 3. 22. 선고, 85누884판결)
이사회 결의 요건	이사 과반 출석 및 출석 이사 과반의 찬성이 필요하다.(상법 제391조) 이 비율은 정관 규정으로 높일 수 있으나(상법 제386조 제1항 단서), 완화할 수는 없다 (대법 1995. 4. 11. 선고, 94다33903판결)
이사의 임기 (상법 383조)	3년을 초과할 수 없다. 다만 정관으로 임기 중의 최종 결산기에 관한 주주총회 종결에 이르기까지 연장할 수 있다.[10] 한편 임기가 끝나기 이전이라도 이사가 사임하면 임기가 종료된다.

---

8   특별이해관계인이란 주주총회에서 의결권 행사 시 개인적, 경제적 이해관계를 갖는 당사자를 말한다. 예를 들어 영업양도나 경영위임 등에서 상대방이 되는 주주를 뜻한다.
9   자본금 10억 원 미만 주식회사는 특례 규정에 의해 이사를 1명이나 2명만 둘 수 있다. 이때는 이사회를 구성하지 않는다.
10 예를 들어 12월 말 법인이 2021년 3월 20일 정기주총에서 이사를 선임하였고, 이사의 임기가 3년이라면 원칙적인 퇴임 시기는 2024년 3월 20일이다. 하지만 정관으로 임기 중의 최종 결산기에 관한 정기주주총회의 종결에 이르기까지 연장한 경우에, 만일 2023년도 결산기에 관한 정기주총 시기가 2024년 3월 27일이라면 이날까지 임기가 연장된다.

이사의 상법상 책임은 다음과 같다.

항목	내용
회사에 대한 손해배상책임	회사에 대한 손해배상책임을 진다.(상법 제399조) 이사의 회사에 대한 책임은 총주주 동의로 면제할 수 있다.(상법 제400조) 정관으로 정하는 바에 따라 이사가 원인된 행위를 한 날 이전의 최근 1년간 보수액의 6배를 초과하는 금액에 대해서는 책임을 면제할 수 있다. 다만, 이사가 고의 또는 중대한 과실로 손해를 발생시킨 경우와 상법 제397조(경업금지), 제397조의2(회사의 기회 및 자산의 유용 금지) 및 제398조(이사 등과 회사 간의 거래)에 해당하는 경우에는 그러하지 아니하다. (상법 제400조)
회사에 대한 자본충실책임	신주발행 후 변경등기가 있은 후에 미인수 주식이 있다면 이사가 이를 인수한 것으로 본다.(상법 428조)
제3자에 대한 손해배상책임	이사가 고의 또는 중대한 과실로 그 임무를 게을리한 때에는 제3자에 대해 연대하여 손해를 배상할 책임이 있다.(상법 제401조)
소멸시효	이사의 책임은 10년의 소멸시효로 소멸한다.(대법원 2006. 8. 25. 선고, 2004다24144)

3) 대표이사

대표이사는 회사를 대표하고 업무를 집행하는 권한을 가진 이사이며, 주식회사의 필요 상설 기관이다. 단, 자본금 10억 원 미만인 소규모 주식회사는 이사를 1명이나 2명만 둘 수 있는데, 이 경우에는 이사회가 성립되지 않으므로 대표이사를 선임하지 않아도 된다.

구분	내용
대표이사의 선임	이사회에서 한다. 하지만 정관으로 주주총회에서 선정할 것을 정할 수 있다.(상법 제389조①)
대표이사의 권한	주총과 이사회에서 결의된 사항을 집행할 권한이 있고, 그 밖의 일상적인 사항에 독자적인 업무집행 권한이 있다. 비일상적이고 중요한 의사 결정(예: 고가의 고정자산 처분, 타인에게 거액 자산 증여 등)은 대표이사가 단독으로 결정하거나 집행할 수 없다.
수인의 대표이사	공동대표이사나 각자대표이사를 둘 경우 그 사항을 등기해야 한다(상법 317조②10). 이를 등기하지 않으면 선의의 제3자에게 대항하지 못한다.

4) 감사 [11]

구분	내용
감사의 임기	감사의 임기는 취임 후 3년 내의 최종 결산기에 관한 정기총회의 종결 시까지로 한다.(상법 제410조) 예를 들어 12월 말 법인의 2021년 3월 20일 정기주총에서 선임된 감사의 임기 종료일은 선임일로부터 3년이 지난 2024년 3월 20일 이내 최종 결산기(2023년 사업연도)에 관한 정기주총 종결 시까지이다. 따라서 만일 이 회사가 2024년 3월 15일에 주총을 한다면 이날이 임기 종료일이 된다.
감사의 겸업 금지	감사는 회사 및 그 자회사의 이사 또는 사용인의 직무를 겸하지 못한다.(상법 제411조)
감사위원회	감사위원회는 이사회 내에 두는 위원회의 일종이며, 상법에 따라 감사 대신 감사위원회를 둘 수도 있다. 감사위원회를 두려면 정관에 규정이 필요하고, 감사위원회를 둔다면 감사는 둘 수 없다(상법 제415조의2). 최근 연도 말 자산 총액이 2조 원 이상인 상장회사는 필수적으로 감사위원회를 두어야 한다.(상법 시행령 제37조)

6. 이사와 감사의 보수

이사의 보수총액은 반드시 정관이나 주주총회의 결의에 의하여야 한다.(상법 제388조) 이를 대표이사에게 일임할 수 없다. 다만 주주총회에서 결의된 이사 보수총액의 범위 내에서는 개별 이사의 보수를 이사회에서 정할 수 있다.

감사의 보수도 이사와 마찬가지로 정관이나 주주총회의 결의에 의해 보수총액을 결정해야 한다.(상법 제415조) 감사의 개별 보수는 이사회에서 결정할 수 있다. 감사의 독립성과 중립성을 보장하기 위해 감사의 보수는 이사의 보수와는 별도로 결정해야 한다.

---

11 소유와 경영이 분리된 주식회사에서 대부분의 업무에 관한 의사 결정과 집행은 그 대리인(Agent)인 경영자(이사회 및 대표이사)를 통해 이루어진다. 그래서 경영자(Agent)의 경영활동을 감시하기 위해 감사를 두도록 하고 있다. 다만 예외적으로 정관이 정한 바에 따라 감사에 갈음하는 감사기관으로서 감사와 감사위원회 중 어느 하나만을 선택하여 둘 수 있다. 특히 대규모 상장회사는 감사위원회가 필수 사항이다. 다만 대부분의 비상장 중소기업은 소유와 경영이 일치하는 경우가 많아 감사의 기능이 형식적이다. 한편 자본금 10억 원 미만인 소규모 주식회사는 감사를 두지 않아도 된다.(상법 제409조 제4항)

7. 자본금 10억 원 미만 소규모 주식회사의 특례

회사의 자본금이 10억 원 미만인 회사는 아래와 같은 특례를 적용할 수 있다.

① 원시정관 공증 생략 가능
② 발기설립 시 출자 납입금보관증명서를 잔고증명서로 대체 가능(비용 절감)
③ 이사를 3인 이상 두지 않을 수 있음
④ 감사를 두지 않을 수 있음
⑤ 주주총회 소집 절차 간소화(주총 10일 전 통지 가능)
⑥ 주주총회 서면결의 가능(주주 전원이 동의하면 소집 절차 없이 주주총회를 개최할 수 있고, 서면결의로 주주총회의 결의를 갈음할 수 있음)

8. 유한회사 주요 사항

1) 유한회사의 설립 절차

정관작성 → 사원 확정(별도 절차는 필요 없음) → 출자 이행 → 기관 구성

2) 유한회사 정관의 절대적 기재 사항

① 목적
② 상호
③ 사원의 성명, 주민번호, 주소
④ 자본금 총액
⑤ 출자 1좌의 금액
⑥ 각 사원의 출자 좌수
⑦ 본점 소재지
⑧ 정관은 공증을 받아야 효력이 인정되며, 위 항목 중 6번을 제외한 나머지는 등기사항이다.

3) 출자는 재산출자만 가능하다.(노무, 신용출자 불가)

4) 유한회사의 기관

구분	내용
유한 회사의 특징	· 의사 결정 기관: 사원총회가 유일함 · 이사회가 없음 → 이사가 회사의 업무집행권을 가지며 회사의 대표기관 역할을 함 · 감사는 필요 상설 기관이 아님(임의 기관)
이사	· 이사는 회사를 대표한다(상법 제562조 제1항). · 이사가 수인인 경우에 정관에 다른 정함이 없으면 대표할 이사를 선정해야 한다(상법 제562조 제2항). · 회사의 업무집행, 지배인의 선임과 해임, 지점의 설치·이전·폐지 등의 결정은 이사 과반수의 결의에 의한다(상법 제564조 제1항).
사원총회	가) 결의 사항에 제한이 없어 회사의 모든 사항에 관한 의사 결정을 함 나) 소집 절차와 결의 방법에 탄력성이 있음 　· 사원총회 소집권자는 원칙적으로 이사임(상법 제571조 제1항) 　· 하지만 임시총회는 감사도 소집 가능함(상법 제571조 제1항 단서) 　· 사원총회 1주 전에 각 사원에게 서면으로 통지함. 각 사원 동의가 있으면 전자문서로 통지할 수 있음. 총사원 동의 시 소집 절차 생략 가능함(상법 제573조) 다) 결의 방법 　· 보통결의: 의결권 과반수 출석 및 그 의결권의 과반수(상법 제574조) 　· 특별결의: 총사원의 반수 이상(성립 정족수) 및 총사원 의결권의 3/4 이상(상법 제585조 제1항) 　· 특수결의: 총사원의 동의 라) 서면결의 　서면결의도 사원총회의 결의와 동일한 효력을 갖는 것으로 본다(상법 제577조 제3항).
의결권	원칙적으로 1좌 1의결권인 지분주의에 의하나 인적요소를 가미하여 정관으로 다르게 정할 수 있다.
정관 변경	사원총회 특별결의 필요(상법 제584조): 총사원 반수 이상 참석 + 총사원 의결권 3/4 이상 동의 자본금 총액은 정관의 절대적 기재 사항이므로 자본금 감소와 증가 모두 정관변경이 필요함

위와 같이 유한회사는 주식회사에 비해 구조가 단순하며, 용어에서도 다소 차이가 있다. 이사회가 없고 이사가 업무집행을 담당하며 감사도 필요 없다. 그리고 주식 대신에 출자 좌수, 주주 대신에 사원, 주주총회 대신에 사원총회가 있다. 그리고 특별결의 요건의 차이와 사채발행이 불가하다는 점 등이 특징이다.

따라서 정관에 규정되는 사항에 차이가 발생하지만, 그 외에는 주식회사와 공통점이 많다. 몇 가지 차이점만 이해한다면 충분할 것이다.

개정 세법 완벽 반영
2023

법인 컨설팅 실전 세무
화법중심 최고의 상담 가이드북
법인 전문 컨설턴트를 위한

2부
실전 화법

Topic 06	CEO 급여와 퇴직금부터 점검하라
Topic 07	법인의 정관을 정비하라
Topic 08	배당을 적절히 활용하라
Topic 09	이익소각으로 이익잉여금을 해소할 수 있다
Topic 10	가지급금은 충분한 시간을 갖고 해소하라
Topic 11	특허권 양수도는 신중하게 활용하라
Topic 12	자본준비금 감액배당을 활용하라

소득 설계 편   주식 이동 편   법인전환 편   부동산 법인 편

topic 06

CEO 급여와 퇴직금부터 점검하라

01 토픽 소개

　법인의 임원(CEO)은 근무하는 대가로 급여와 퇴직금을 받을 수 있으며, 주식을 보유했다면 배당을 받을 수도 있다. 그중에서도 급여는 가장 기본적인 소득이다. 회사에서 일하는 대가로 매월 받을 수 있는 소득이기 때문이다. 그런데 여전히 많은 CEO들이 급여의 중요성을 간과하고 있다. 매월 받는 소득이라 너무 익숙해서일 수도 있고 급여에서 차감되어 나가는 소득세, 건강보험료, 국민연금보험료 등이 너무 빤하게 보이기 때문일 수도 있다.

　하지만 이는 CEO 개인의 입장에서만 본 것이다. CEO는 개인으로 보면 한 명의 임원이지만 넓게 보면 법인의 오너 경영자인 경우가 많다. 법인 입장에서는 CEO에게 지급하는 급여를 비용으로 처리할 수 있다. 법인에 충분한 수익 창출력과 지급 능력이 있다면 가장 큰 기여를 하는 CEO에게 더 많은 급여를 정당하게 지급할 수 있다. 법인의 이익 규모를 고려해 적절하게 인상된 급여를 책정하면 법인 입장에서도 법인세를 절감할 수 있다.

　<u>급여 인상으로 마련한 자금은 출처가 합법적이므로 개인 부동산 등 자산을 구입할 때 소득 증빙으로 활용할 수 있으며, 세무조사 가능성도 줄일 수</u> 있다. 만일 <u>가지급금</u>

이 있는 CEO라면 인상된 급여로 가지급금을 상환할 수도 있다. 무엇보다 급여 인상은 CEO가 큰 리스크 없이 쉽게 활용할 수 있는 방법이기 때문에 소득 설계의 출발이라 할 수 있다.

한편 퇴직금은 예전부터 CEO의 적법한 절세 수단 가운데 하나로 활용되어 왔다. 소득세법상 한도 내 퇴직금은 퇴직소득으로 분류과세 되어 다른 종합소득과 합산되지 않기 때문에 근로소득으로 받는 것보다 세금을 줄일 수 있다. 또한 퇴직소득에는 건강보험료도 부과되지 않는다. 최근에는 세법상 퇴직소득 한도가 축소되었지만, 세금 설계에서 여전히 중요한 위치를 차지한다.

02 실전 화법

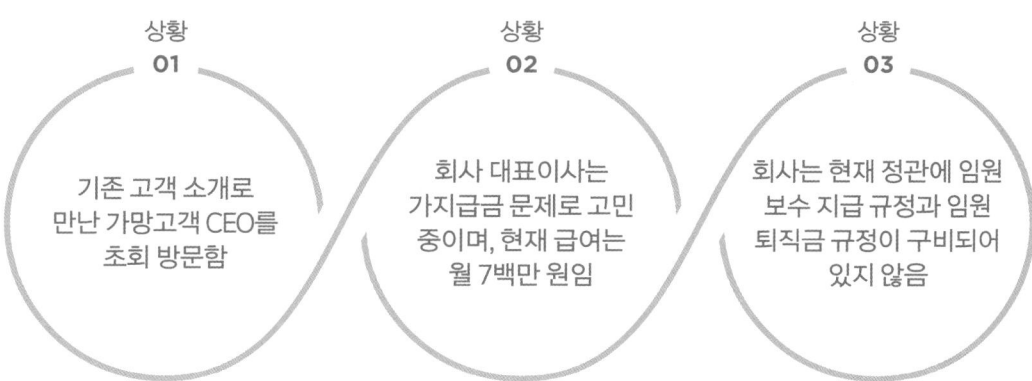

상황 01: 기존 고객 소개로 만난 가망고객 CEO를 초회 방문함

상황 02: 회사 대표이사는 가지급금 문제로 고민 중이며, 현재 급여는 월 7백만 원임

상황 03: 회사는 현재 정관에 임원 보수 지급 규정과 임원 퇴직금 규정이 구비되어 있지 않음

FP: 대표님 안녕하십니까? 홍길동 사장님께 소개받은 ○○○ FP입니다. 이렇게 만나 뵙게 돼서 반갑습니다.

안녕하세요. 홍 사장한테 이야기 들었습니다. 여기까지 오시느라 고생하셨습니다.

CEO

FP: 아닙니다. 제가 저번에 홍길동 사장님께 가장 친하게 지내시는 분을 소개해 달라고 부탁드렸더니 첫 번째로 대표님을 말씀해 주셨습니다. 홍 사장님과 각별한 친분이 있다고 들었습니다.

네, 예전에 젊을 때 같은 직장에서 근무해서 지금도 친하게 지내고 있습니다.

그러시군요. 오늘 제가 방문드린 이유는 사장님께서 회사를 경영하시는 과정에 도움이 될 만한 정보를 드리기 위해서입니다. 실은 제가 오늘 뵙기 전에 홍 사장님에게 대표님께서 세금 문제로 고민이 있으시다고 들었습니다.

최근에 매출이 많이 늘고 이익도 많아지다 보니 법인세는 많이 나오는데 비용 처리를 할 부분이 생각보다 많지 않네요. 그렇다고 억지로 비용을 늘리거나 매출을 줄일 수도 없는데, 혹시 무슨 좋은 방법이라도 있나요?

네. 제가 중소기업을 하시는 대표님들을 고객으로 많이 모시고 있는데요. 많은 대표님들이 같은 고민을 하고 계십니다. 대표님의 법인은 연간 순이익이 5억 원 이상 된다고 알고 있는데요. 대표님 급여는 얼마로 책정하고 계신지요?

사실 그동안 평생 회사만 보고 살다 보니 아직도 제 월급은 7백만 원 정도입니다. 그동안 번 돈은 전부 회사에 재투자하면서 지금껏 키워 왔습니다. 세무사한테 문의해 봤는데 급여를 인상해 봐야 소득세로 나가는 금액도 만만치 않은 것 같아서요.

네. 그럼 대표님은 배당이나 퇴직금을 활용하는 방법은 알고 계신지요?

지인들이 배당을 활용한다는 얘기를 들은 적은 있습니다. 퇴직금도 절세에 도움이 된다는 정도는 알고 있습니다.

그러시군요. 먼저 급여부터 차근차근 설명드리겠습니다. 제가 아는 법인 대표님이 한 분 계신데요.

FP 운영하시는 사업이 잘되어서 상당한 금액의 특별 상여금을 받아 아파트를 구입하셨다고 하더라고요. 그런데 최근에 법인이 세무조사를 받는 과정에서 특별 상여금이 문제가 되어 거액의 세금을 추징당하셨다고 합니다.

아니, 상여금으로 처리하면서 근로소득세를 냈을 텐데 왜 문제가 되지요?
CEO

FP 세법상 사전에 이사회나 주주총회에서 승인받은 구체적이고 명확한 임원 개인별 상여금 지급 기준이 없으면 임원의 특별 상여금을 법인의 비용으로 처리할 수 없습니다. 평소에 월정 급여를 적절하게 받으셨으면 그 돈으로 아파트를 구입하시는 데 문제가 없었을 텐데, 그분도 평소에 급여를 적게 받으시다 보니 갑자기 자금이 필요해서 상여금으로 처리했다가 문제가 발생한 경우입니다.

만약 급여를 갑자기 대폭 인상해도 문제가 될까요?
CEO

FP 그 부분도 조심하실 필요가 있습니다. 국세청 보도자료를 근거로 말씀드리면 대표님 급여가 법인의 영업이익에서 차지하는 비중과 규모, 다른 임원들과의 급여 격차, 동종 업계 대표님들의 급여 수준 등을 종합적으로 고려해서 급여가 너무 많다고 판단되면 과다 경비로 인정되어 손비 부인이 될 가능성이 있습니다. 따라서 평소에 적절한 수준의 급여를 책정하시는 것이 무엇보다 중요합니다.

각 법률상 임원의 보수

1. 민법

임원과 회사의 관계는 근로관계가 아니라 위임관계임

위임관계에서 수임자인 임원은 별도 약정이 없는 한 위임인인 회사에게 보수를 청구할 수 없음(민법 제686조)

2. 상법

이사의 보수는 정관에 그 액을 정하지 아니한 때에는 주주총회의 결의로 이를 정한다.(상법 제388조)

감사의 보수도 마찬가지로 주주총회 결의로 정해야 함(상법 제415조)

3. 세법

① 임원의 보수는 정관이나 주주총회, 이사회 등에서 결의된 것에 한해 적법한 보수로 인정함

② 임원의 급여 지급 기준이 정관에 정해지지 않은 경우에는, 해당 임원의 등기 여부에 불구하고 주주총회·사원총회 또는 이사회 중 선택된 기관에서 결정된 급여 지급 기준에 의하는 것임(법인46012-398, 2002. 07. 18.)

③ 법인이 임원에게 지급하는 상여금 중 정관·주주총회·사원총회 또는 이사회의 결

의에 의하여 결정된 급여 지급 기준에 의하여 지급하는 금액을 초과하여 지급한 경우 그 초과 금액은 손금에 산입하지 아니한다.(법인세법 시행령 제43조②)

④ 법인이 지배주주 등(특수관계에 있는 자를 포함한다. 이하 이 항에서 같다.)인 임원 또는 직원에게 정당한 사유 없이 동일 직위에 있는 지배주주 등 외의 임원 또는 직원에게 지급하는 금액을 초과하여 보수를 지급한 경우 그 초과 금액은 손금에 산입하지 아니한다.(법인세법 시행령 제43조③)

○ 조심-2018-서-2802(2018. 11. 20.)

[제목] 쟁점 상여금을 법인세법 시행령 제43조 제1항의 이익처분에 의하여 지급하는 상여금으로 보아 손금불산입 하여 과세한 처분의 당부

[요지] 쟁점 상여금을 지급하기 불과 2일 전에 임시주주총회 회의록을 공증받았으므로 사전에 상여금 지급 기준을 정하고 있었다고 보기 어려운 점, 청구 법인들은 대표이사에게 쟁점 상여금을 지급하고 두 달 이내에 폐업한 점 등 사실상 이익처분을 한 것으로 보이므로 처분청이 쟁점 상여금을 손금불산입 하여 법인세를 과세한 처분은 잘못이 없음

○ 과다 급여 여부 판단 시 고려 요소

① 해당 보수가 법인의 영업이익에서 차지하는 비중과 규모
② 다른 임원들 또는 동종 업계 임원들의 보수와 현저한 격차 유무
③ 정기적·계속적으로 지급될 가능성
④ 보수의 증감 추이 및 법인의 영업이익 변동과의 연관성
⑤ 다른 주주들에 대한 배당금 지급 여부
⑥ 법인의 소득을 부당하게 감소시키려는 주관적 의도 여부

(출처: 국세청 2021. 4. 27. 보도자료, 대법원 2017년 9월 21일 선고, 2015두60884판결)

급여 인상을 진지하게 고려해야 한다는 말씀이군요.

 네, 대표님처럼 급여 수준이 법인 이익에 비해 낮은 편이면 당장은 적은 세금으로 별문제가 없어 보일 수 있습니다. 하지만 이는 아까 말씀드린 것처럼 기업의 세무 리스크로 다가올 수 있습니다. 또한 이로 인한 기업가치의 상승으로 미래에 높은 상속세까지 부담하셔야 합니다. 다시 말씀드리면 당장은 다소 세금을 더 내시더라도 장기적인 관점에서 더 큰 절세를 할 수 있도록 급여 수준을 우선적으로 검토하실 필요가 있습니다.

그런데 급여를 올리면 소득세도 올라가고 4대보험료도 올라갈 텐데 그다지 효과가 없는 게 아닌가요?

 물론 급여를 인상하시면 소득세와 건강보험료 부담이 지금보다 조금 커지기는 할 텐데요. 대신 급여 인상분이 법인에서 비용 처리가 되기 때문에 생각하시는 것보다 그리 크게 오르지는 않을 겁니다. 한편 적절한 급여 인상은 불필요한 가지급금 발생도 예방할 수 있습니다. 게다가 급여를 인상하면 회사의 주식 가치도 낮출 수 있습니다. 즉, 급여 인상으로 당장은 다소 세금이 증가할 수 있지만 장기적으로는 더 큰 절세가 가능합니다.

글쎄요. 말씀만 들어서는 얼마나 절세가 되는지 감이 잘 안 오네요.

 여기 제가 예시 자료로 가지고 온 것이 있는데요. 현재 대표님의 연간 보수 8,400만 원을 1.2억 원으로 인상하시면 세부담이 굉장히 많이 늘어날 것이라 생각하시죠? 그런데 실제로 계산해 보면 그리 많은 세부담이 아니라는 사실을 알 수 있습니다. 비록 소득세와 건강보험료가 늘어나긴 하지만, 한편으로 급여와 건강보험료 증가분은 법인세 계산 시 추가 손비[1]로 처리되기 때문에 소득세와 법인세를 고려한 순 세부담 증가액은 약 555.4만 원입니다. 인상액 대비 약 15.4%(=555.4만 원/3,600만 원) 정도입니다.(체크포인트 2 참조) 게다가 급여를 인상하면 상증법상 주식 가치도 하락하여 주식 이동 시 유리해진다는 이점도 있습니다.

---

1 '손비' 또는 '손금'은 세법상 표현으로서 회계 용어인 '비용'과 사실상 같은 개념으로 이해하면 된다. 이와 대칭되는 개념으로는 '익금'이라는 세법상 표현이 있으며, 회계상 '수익'과 같은 개념이다.

CHECK POINT
급여 인상 효과 예시

1. 가정

(단위: 천 원)

구분	금액
CEO의 현재 연간 총급여액	84,000
급여 인상 후 연간 총급여액	120,000
회사 적용 법인세율(지방소득세 포함)	20.9%

※ 소득공제는 기본공제 600만 원(4명×150만 원), 세액공제는 100만 원으로 가정함

1. 급여 인상 전후 세부담 효과

(단위: 천 원)

구분	급여 인상 전	급여 인상 후
연간 총급여액(A)	84,000	120,000
(-)근로소득공제	13,950	15,150
(=)근로소득금액	70,050	104,850
(-)종합소득 기본공제	6,000	6,000
(=)과세표준	64,050	98,850
(×)기본세율	6~45%	6~45%
(=)소득세 산출세액	9,612	19,158
(-)각종 세액공제	1,000	1,000
(=)납부세액(지방소득세 포함) (B)	9,473	19,973
담세율 1(=B/A)	11.3%	16.6%

항목		
국민연금보험료(*)	5,972	5,972
건강보험(장기요양포함)(*)	6,719	9,598
사회보험료 합계	12,691	15,570
소득세+사회보험료 총부담금액(C)	22,164	35,544
담세율 2(=C/A)	26.4%	29.6%
법인세 손금산입액	90,345	127,785
(x)법인세율	20.9%	20.9%
(=)법인세 절세금액(D)	18,882	26,707
순 세부담액(E=C-D)	3,282	8,836
순 담세율(=E/A)	3.9%	7.4%

(*) 국민연금보험료와 건강보험료는 사용자 부담분과 근로자 부담분을 모두 포함한 것임

※ 급여 인상에 따른 세부담 순증가액
 = 8,836천 원 - 3,282천 원 = 5,554천 원

그렇군요. 생각보다는 세부담이 크지 않네요.

CEO

네. 워낙 중요한 사항이니 적극 검토해 보시길 권해 드립니다. 만약 급여를 인상하신다면 절차상 주주총회나 정관에서 임원 보수 한도를 설정해 놓으셔야 합니다. 그리고 임원도 보수 계약서를 매년 작성해 놓으실 필요가 있습니다.

FP

급여도 절차 없이 인상만 하면 되는 것이 아니군요.

CEO

세법과 상법상 절차가 있기 때문에 나중에 혹시 모를 세무조사 등에 대비하시려면 문서화에도 신경을 쓰셔야 합니다. 그리고 급여 외에 퇴직금과 배당을 활용하는 방안도 고려해 보실 필요가 있습니다. 일단은 급여부터 올리시는 게 필요해 보입니다만, 급여 외에 다른 소득으로 분산해서 받으신다면 절세 효과가 더욱 커집니다.

FP

절세의 핵심은 소득을 분산하는 데 있기 때문입니다. 그리고 퇴직금을 활용하는 방안도 많이 추천해 드리는데요. 퇴직금은 급여나 배당에 비해 세금이 상대적으로 적게 드는 장점이 있기 때문입니다.

FP

급여 인상 외에 다른 방법도 궁금하네요.

CEO

네, 소득 설계의 두 번째 방안은 퇴직금을 준비하셔서 퇴직 이후의 자금을 효율적으로 마련하시는 겁니다. 세 번째 방안은 배당을 실시하는 것입니다. 먼저 퇴직금부터 말씀드리겠습니다. 임원 퇴직금은 퇴직 전 3년간 연간 총급여액 평균의 20%(2019. 12. 31. 이전 근무분은 30%)까지 상대적으로 세율이 낮은 퇴직소득세가 부과됩니다. 또한 퇴직금에는 건강보험료 등이 부과되지 않는 것도 급여에 비해 유리한 점입니다. 다만 이렇게 퇴직금을 받기 위해서는 반드시 정관이나 정관에서 위임한 임원 퇴직급여 규정에 해당 내용이 들어가 있어야 합니다. 혹시 대표님 회사 정관에는 이러한 규정들을 두고 있는지요?

FP

아마 임원 퇴직급여 규정은 만들어져 있을 겁니다. 3~4년 전에 제가 아는 다른 FP분이 한 번 점검해 주신 적이 있고 이후로 특별히 검토하지는 않았습니다. 제 퇴직금 배수는 5배수(연간 총급여액의 50%를 의미함)로 되어 있습니다.

CEO

그러시군요. 그런데 2020년 1월 1일부터는 임원 퇴직금을 퇴직소득으로 인정하는 한도가 기존 3배수에서 2배수로 변경되었습니다. 즉, 종전에는 과거 3개년 연평균 총급여의 10%에 근속연수를 곱하고 여기에 3배를 적용하여 산출했는데, 2020년 이후 근무분부터는 2배까지만 퇴직소득으로 인정한다는 뜻입니다.

FP

그럼 2배수나 3배수를 넘는 부분은 세금이 더 많이 나오는 건가요?

CEO

그렇습니다. 2배수나 3배수를 넘는 퇴직금은 전부 근로소득으로 세금을 내셔야 합니다. 대표님처럼 5배수로 되어 있다면 퇴직금으로 가져가시더라도 상당 부분에 대한 세금은 근로소득으로 내셔야 하기 때문에 절세 효과가 떨어질 수 있습니다. 퇴직소득으로 전부 인정받고 최대한 절세하기 위해서는 배수를 줄이시고 대신 급여를 올리시는 편이 더 나을 수 있습니다.

FP

CHECK POINT ③

임원 퇴직금의 세법상 한도

소득세법에서는 임원 퇴직금 중 퇴직소득으로 인정하는 한도를 규정하고 있으며, 법인세법에서는 임원 퇴직금을 법인의 손비로 처리할 수 있는 한도를 규정하고 있다. 이처럼 소득세법상 퇴직소득 한도와 법인세법상 손비 처리 한도는 상이한 개념이며, 한도도 서로 차이가 있으므로 주의해야 한다.

1. 소득세법상 임원 퇴직소득 한도(소득세법 제22조 제3항[2])

2019년 12월 31일부터 소급하여 3년
(2012년 1월 1일부터 2019년 12월 31일까지의 근무기간이 3년 미만인 경우에는 해당 근무기간으로 한다)
동안 지급받은 총급여의 연평균 환산액 $\times \dfrac{1}{10}$

×

$\dfrac{\text{2012년 1월 1일부터 2019년 12월 31일까지의 근무 월수}}{12}$ × 3

+

퇴직한 날부터 소급하여 3년
(2020년 1월 1일부터 퇴직한 날까지의 근무기간이 3년 미만인 경우에는 해당 근무기간으로 한다)
동안 지급받은 총급여의 연평균 환산액 $\times \dfrac{1}{10}$

×

$\dfrac{\text{2020년 1월 1일 이후의 근무 월수}}{12}$ × 2

2. 법인세법상 임원 퇴직금 손비 처리 한도(법인세법 시행령 제44조)

1) 정관에 퇴직급여로 지급할 금액이 정해진 경우: 정관에 정해진 금액
2) 정관에 퇴직급여가 정해지지 않은 경우: 퇴직 직전 1년간 총급여액 × 근속연수 × 10%

퇴직금도 그냥 받을 수 있는 것이 아니라 급여 수준 검토와 정관 정비가 필요하군요.

 네, 그래서 이 부분은 저희 도움을 받으시는 것이 필요합니다. 다음에 방문드릴 때는 제공해 주신 정관과 임원 보수 지급 규정, 임원 퇴직급여 규정을 검토해서 말씀드리겠습니다. 그리고 오늘 미처 말씀드리지 못한 배당에 대해서도 설명드리도록 하겠습니다. 오늘은 일단 정관과 임원 퇴직금 지급 규정 제공을 요청드리겠습니다.

네, 직원을 통해 한 부 복사해 드릴 테니 잘 검토해 주세요.

---

2 임원 퇴직소득 한도 규정은 2012년 처음 도입 당시 2012년 1월 1일 이후 근무분에 대해 3배수를 한도로 했다. 그러다 2020년 개정이 되면서 2020년 1월 1일 이후 근무분에 대해서는 2배수로 한도를 축소했다. 즉, 2011년 말 당시 임원 퇴직금 규정이 있었던 회사의 경우에 2011년 이전 근무분은 정관 규정의 배수대로 퇴직소득으로 인정되며, 2012년~2019년 근무분은 3배수, 2020년 이후분은 2배수가 적용된다. 또한 2011년 말 당시 임원 퇴직금 규정이 없었던 회사라면 임원의 취임일부터 2019년 이전 근무분까지 3배수가 적용된다.

03 토픽을 마치며

필자가 중소기업 CEO와 상담할 때면 항상 질문하는 것이 있다.

"대표님은 월 급여를 얼마 받으시나요?"

요새는 오너인 CEO 본인의 급여 책정에 대한 인식이 조금은 바뀌고 있어서 충분하게 수령하고 있는 경우도 본다. 하지만 여전히 많은 CEO가 상당히 적은 급여를 책정하고 있다. 이유는 다양하다. 직원들 눈치가 보여서라는 이도 있고, 소득세나 건보료 부담 때문이라는 사람도 많다. 어떤 이는 급여 외에 임대소득 등 다른 소득이 많아서 급여가 크게 필요 없다고 말하기도 한다.

일견 타당해 보이기도 한다. 하지만 이는 급여 인상이 법인세와 주식평가에 미치는 영향을 제대로 인지하지 못한 것이다. CEO의 급여 인상은 법인세 절세 외에도 비용 처리를 통해 법인의 순손익가치를 떨어뜨려 주식평가액을 낮추는 효과까지 있다. 만약 주식평가액이 높아지면 결국 주식을 양도하거나 증여·상속·청산 시 세금 문제로 귀결된다. 그러므로 급여 인상의 단기적인 효과(법인세 절감) 외에 중장기적인 효과(주식평가로 인한 상속·증여세 절세)도 함께 고려할 필요가 있는 것이다.

CEO 등 임원의 급여 지급은 상법상 절차에 따라야 한다. 정관에 임원 보수 지급 규정과 임원 퇴직금 지급 규정을 두고 임원의 보수 한도 금액과 퇴직금 계산식을 명확하게 정해야 세무상 적절한 소득 설계가 가능해진다.

한편 법인에 CEO의 가족 등 특수관계인이 근무하는 경우도 상당히 많다. 이때 가족인 임직원이 특수관계가 없는 동일 직급의 일반 직원보다 많은 급여를 받으면 세법상 부당행위로 간주되어 손금으로 인정받지 못할 수 있다는 점을 주의해야 한다.

topic
07

법인의 정관을 **정비하라**

01 토픽 소개

앞서 CEO가 급여, 퇴직급여, 배당을 어떻게 활용할지 살펴보았다. 이러한 법인 CEO 소득 설계는 법인의 정관 규정에 근거를 두고 있다. 즉, 정관에 임원의 보수 지급 근거와 금액 한도, 퇴직금 계산 산식, 중간배당, 현물배당 등에 대한 내용이 들어가 있어야 한다. 만일 이러한 규정이 빠져 있다면 세법상 급여, 상여, 퇴직금을 손비로 인정받지 못할 수 있다. 또한 상법상으로는 소득 설계 실행이 절차상 하자로 무효가 될 수도 있다.

대부분 중소기업 CEO들은 정관의 의미와 필요성을 제대로 인지하지 못한다. 법인의 정관은 설립 시 작성해야 하는 필수 서류다. 하지만 이후에는 신경을 쓰지 않는 경우가 많으므로 세법이나 상법 변경 시 해당 내용을 정관에 반영해 줄 필요가 있다. 이 경우 상법상 정관변경 절차를 거쳐야 한다.

특히 임원 보수 규정이나 임원 퇴직금 규정, 임원 상여금 규정, 임원 유족보상금 규정과 같은 내용은 정관의 일부인 별도 규정으로 상세하고 명확하게 기재해 향후 발생할 수 있는 세무 리스크를 예방해야 한다.

02 실전 화법

```
   상황              상황
    01               02
┌─────────┐      ┌─────────┐
│초회 방문에서│     │이번 상담에서는│
│임원 소득 설계의│  │정관의 주요 사항과 임원│
│필요성을 설명하였으며,│ │보수 규정의 세부 사항을│
│이번에 회사 정관과 임원│ │설명하고자 함│
│보수 규정을 점검해│  └─────────┘
│주기로 했음│
└─────────┘
```

FP 안녕하세요, 대표님. 지난달에 방문드렸을 때 대표님의 소득 설계에 관해 말씀드린 적이 있었죠? 합법적인 절세를 위해서는 급여와 배당, 퇴직급여를 종합적으로 점검하고 재설계할 필요가 있다고 말씀드렸는데요. 오늘은 구체적으로 회사 정관과 각종 보수 규정에 관해 말씀드리고자 합니다.

네, 제가 지난번에 저희 회사 정관은 보내 드렸었죠?
CEO

FP 네, 대표님. 지난번에 제공해 주신 정관 규정을 꼼꼼하게 검토해 왔습니다. 검토한 내용을 토대로 몇 가지 중요한 사항을 말씀드릴까 합니다.

현재 정관은 몇 년 전에 바뀐 세법을 반영해 임원 퇴직급여 부분만 개정했습니다. 그런데 정관을 또 변경할 필요성이라도 있나요?
CEO

FP 정관은 회사의 자치 법규입니다. 현재 정관에서 당장 어떤 문제가 생기는 것은 아닙니다. 다만 정관에는 회사의 여러 중요한 사항, 즉 임원의 급여나 상여금, 퇴직금은 물론이고 주주총회, 이사회, 감사와 같은 기관에 대한 규정뿐만 아니라 주주의 주식양도, 주식매수선택권, 배당 등 주요 의사 결정과 관련된 내용도 들어 있습니다. 따라서 회사의 실정에 맞게 되어 있는지 주기적으로 점검할 필요가 있습니다.

 대표님 회사는 이미 몇 년 전에 점검을 받으셨지만, 몇 가지 부분에서 더 나은 대안을 제시해 드리고자 합니다.

FP

그렇군요. 구체적으로 어떤 부분의 정비가 필요한가요?

CEO

 네, 현재 회사 정관에 대해 하나씩 말씀드리겠습니다. 먼저 제O조 '목적'을 보면 회사는 전자부품 제조업과 이에 부대되는 사업 일체라고 되어 있습니다. 그런데 제가 알기로는 대표님 회사가 제조업 이외에도 해외 부품을 수입해서 국내에 판매하는 사업과 본사 건물 일부를 임대하는 사업도 하고 계시지요?

FP

맞습니다. 전에는 제조만 하다가 사업 다각화 목적으로 상품 수입 및 판매업도 하고 있습니다. 그리고 최근에 본사 건물을 신축하면서 남는 공간은 임대를 하고 있습니다. 그런데 이걸 꼭 정관에 규정해야 하나요?

CEO

 새로운 사업이 추가되었다면 정관에 규정이 필요하고 등기사항에도 추가하셔야 합니다. 만일 이러한 절차를 생략하면 세무상 문제가 되기도 합니다. 예를 들어 정관과 등기에 부동산 임대업이 없는 상태에서 타인에게 부동산을 임대하면 임대 부동산을 업무무관자산으로 보게 되므로 세법상 불이익이 발생할 수 있습니다.

FP

그런 문제가 있군요.

CEO

 다음으로 제OO조에 보시면 "회사는 주권불소지제도를 채택하지 아니한다."라고 되어 있는데요. 주권불소지제도는 실물 주권을 발행하지 않는 것을 의미합니다. 그런데 이 제도를 채택하지 않는다는 것은 실물 주권을 발행한다는 의미이며, 각 주주가 실물 주권을 소지한다는 뜻입니다.

FP

그렇군요. 저희 회사는 실물 주권을 굳이 발행할 필요가 없으니 빼도 되는 규정이겠군요.

CEO

네. 회사 현실과 맞지 않는 규정은 삭제해 주시는 것이 좋습니다. 다음으로는 회사 정관에 주식양도 시 사전에 회사 이사회의 승인을 받도록 제한하는 규정이 필요할 수 있습니다.

FP

주주가 주식을 양도할 때 회사의 승인을 받도록 제한할 수 있나요? 주식을 사고파는 것은 주주의 자유 아닌가요?

CEO

대표님 말씀이 맞습니다. 다만 비상장회사의 경우에 타인 주주가 있고, 만일 그 주주가 주식을 임의로 매도한다면 전혀 모르는 타인이 주주가 되어 문제가 발생할 수도 있습니다. 그래서 상법에서도 주주가 주식을 양도할 때 회사의 승인을 받도록 제한할 수 있게 허용하고 있습니다. 그런데 이를 위해서는 반드시 회사 정관에 "주식양도 시 이사회 승인을 받도록 한다."와 같은 규정이 있어야 합니다.

FP

저희 회사도 제 친구 한 명이 주주로 들어와 있는데 전혀 모르는 사람한테 팔기라도 한다면 좀 불편할 것 같습니다.

CEO

다음으로 말씀드릴 부분은 제OO조 '이사와 감사의 수' 규정인데요. 현재는 "이사를 3명 이상, 감사를 1명 이상으로 한다."라고 되어 있습니다. 그런데 2009년 5월 28일부터는 개정된 상법 제383조에서 "자본금 총액이 10억 원 미만인 회사는 1명 또는 2명으로 할 수 있다."라고 규정하였습니다. 또한 상법 제409조에서는 "자본금 총액이 10억 원 미만인 회사('소규모 주식회사'라고 함)는 감사를 선임하지 않을 수 있다."라고 규정하고 있습니다. 따라서 굳이 감사나 3명 이상의 이사가 필요하지 않으시다면 이 부분도 수정해 두는 것이 편리하실 겁니다.

FP

그렇겠군요.

CEO

또한 제OO조 '주주총회 소집'과 관련해서는 현재 "총회일 2주 전에 서면으로 통지서를 발송하거나 각 주주의 동의를 받아 전자문서로 통지를 발송한다."라고 되어 있습니다.

FP

그런데 소규모 주식회사는 총회 전에 모든 주주의 서면 동의를 얻어 이 기간을 단축할 수 있고, 주주 전원이 동의하면 소집 절차 없이 주주총회를 개최할 수 있습니다. 이를 반영해 문구를 수정하시면 편리합니다. 제OO조 '이사회 소집'과 관련해서도 현재는 "이사가 회일의 7일 전에 각 이사 및 감사에게 통지하여 소집한다."라고 되어 있습니다. 이 부분에도 이사 및 감사 전원이 동의하면 소집 절차를 생략할 수 있도록 문구를 추가하는 것이 좋습니다.

정관에 생각했던 것보다 중요한 내용이 많군요.

그리고 가장 중요한 것이 남았는데요. 바로 임원의 보수에 관한 규정입니다. 정관 제OO조를 보면 "임원의 보수는 주주총회의 결의에 따라 지급한다."라고만 되어 있습니다. 그런데 임원의 경우에는 급여뿐 아니라 상여금, 퇴직금 규정도 구체적으로 정할 필요가 있습니다. 현재 회사는 별도의 '임원 퇴직급여 규정'은 두고 있지만, '임원 보수 지급 규정' 및 '임원 상여금 지급 규정'은 두고 있지 않습니다. 제가 지난달에 방문드렸을 때, 급여 인상이나 임원 상여금 지급 기준의 필요성을 말씀드린 바 있습니다. 이러한 부분을 실행하기 위해 반드시 필요한 규정입니다.

보수나 상여금 지급 규정이 정말 그렇게 중요한가요?

임원이 회사에서 보수를 받으려면 정관이나 주주총회의 승인을 받아야 합니다. 따라서 임원 보수 지급 규정에 이사와 감사의 연간 보수총액을 얼마로 할지 정해 놓아야 합니다. 상여금 역시 정기 상여금이 아닌 특별 상여금은 사전에 승인받은 구체적이고 명확한 근거 규정에 따라 받아야 합니다. 이 점을 간과했다가 국세청에서 이익처분으로 간주해 법인의 손금으로 인정하지 않는 사례가 많이 발생하고 있습니다. 퇴직금 규정의 경우에는 2020년도부터 임원의 퇴직소득 한도가 축소되었으므로 이를 반영하는 것이 좋겠습니다.

개정할 부분이 생각보다 많군요.

지금이야 별 필요성을 못 느끼실 수도 있지만, 미리 준비하지 않으면 언젠가는 문제가 발생할 수도 있기 때문입니다.

정관의 주요 기재 사항

정관의 기재 사항은 다음과 같이 구분할 수 있다.

1. 절대적 기재 사항

정관에 반드시 기재해야 하는 사항이다. 절대적 기재 사항이 누락되면 정관 자체가 무효가 된다.

① 목적
② 상호
③ 회사가 발행할 주식의 총수
④ 액면주식을 발행하는 경우 1주의 금액
⑤ 회사가 설립 시 발행하는 주식의 총수
⑥ 본점 소재지
⑦ 회사가 공고하는 방법
⑧ 발기인의 성명, 주민등록번호, 주소

2. 상대적 기재 사항

정관에 기재한 경우에만 효력이 발생하는 사항이며, 기재하지 않은 사항은 효력이 없다. 상법에서는 상대적 기재 사항을 다음과 같이 규정하고 있다.

① 변태설립사항[1] (상법 제290조)
② 주식매수선택권의 부여(상법 제340조의2, 상업등기법 제69조)
③ 명의개서대리인의 설치(상법 제337조)
④ 의결권 없는 종류주식[2]을 발행할 경우 그 내용과 수(상법 제344조)
⑤ 전환주식을 발행한 경우 그 내용과 수(상법 제346조)
⑥ 주주명부의 폐쇄 기간과 기준일(상법 제354조)
⑦ 주권불소지제도의 배제(상법 제358조의2)
⑧ 이사회 결의 사항을 주주총회 권한으로 하는 경우

  : 대표이사 선임(상법 제389조), 신주발행(416조), 준비금 자본전입(461조), 전환사채 발행(513조), 신주인수권부사채 발행(516조의2)

⑨ 주주총회의 소집지(상법 제364조)

  : 본점 소재지나 인접지 외 지역으로 정할 경우

⑩ 주주총회의 보통결의 요건(상법 제368조): **요건 가중만 가능**(완화는 불가)
⑪ 서면결의제도 채택(상법 제368조의3)

  : 정관에 규정이 있어야 서면결의 가능

⑫ 정기주주총회 종료 시까지 이사의 임기 연장(상법 제383조)
⑬ 자격주제도(상법 제387조): **이사가 가질 주식의 수를 정한 경우**
⑭ 이사회 소집 통지 기간의 단축(상법 제390조)
⑮ 이사회 결의 요건의 가중(상법 제391조)
⑯ 감사위원회 등 이사회 내 위원회의 설치(상법 제393조)

---

[1] 회사의 자본적 기초를 약화시킬 우려가 있는 사항들을 말한다. 즉, 발기인의 특별이익, 현물출자, 재산인수, 설립비용과 발기인의 보수 등은 회사의 자본을 해할 우려가 있다. 따라서 자본을 충실하게 하기 위해 변태설립사항은 반드시 정관에 기재하도록 하고 있다.
[2] 무의결권주의 경우 종전에는 이익배당 우선주로만 발행할 수 있었다. 하지만 2011. 4. 14. 개정상법에서는 정관에 규정만 있으면 이익배당 우선권이 없는 무의결권주로도 발행할 수 있도록 했다.

⑰ 감사 선임의 경우 의결권 제한 비율의 인하(상법 제409조)

⑱ 주주 외의 자에 대한 신주인수권의 부여(상법 제418조)

⑲ 유상증자, 무상증자 및 주식배당 시 발행하는 신주의 배당기산일 소급
(상법 제350조)

⑳ 주주 외의 자에 대한 전환사채, 신주인수권부사채의 발행
(상법 제513, 516조)

㉑ 주식양도 시 이사회 승인을 받도록 하는 규정[3] (상법 제335조)

㉒ 중간배당(상법 제462조의3)

㉓ 현물배당(상법 제462조의4)

㉔ 이사의 회사에 대한 책임 감면(상법 제400조)[4]

3. 임의적 기재 사항

정관에 기재하지 않아도 실행에 문제가 없는 사항이다. 다만 기재된 사항은 상법 등 법률에 위반되지 않는 한 기재된 대로 효력을 미친다.

예> 이사나 감사 사임(해임) 시 결원 보충 방법, 자기주식의 취득과 처분, 대표이사 유고 시 직무 대행 순서 등

---

[3] 비상장사의 경우 대표 1인이 최대주주로서 단독경영이나 가족경영을 하는 경우가 많다. 그런데 2001년 9월 30일 이전에는 회사 발기설립 시 발기인 3인 이상이 필요했기 때문에 차명주주를 둔 경우가 많다. 이렇게 차명주주가 있거나 동업으로 인해 타인 간에 주주 구성이 되어 있는 경우에 주주 중 일부가 주식을 양도하면 경영권 행사에 지장을 받을 수도 있다. 따라서 주주의 주식양도는 원칙적으로 자유이지만, 정관에 규정을 두어 이사회의 승인을 얻도록 제한할 수 있다.(상법 제355조) 이는 비상장 주식회사에서 주주구성의 폐쇄성을 유지하고 경영의 안전을 도모하기 위함이다. 정관에 주식양도 제한 규정이 있다면 이를 주식청약서(상법 제302조), 주권(상법 제356조), 등기부등본(상법 제317조)에도 기재해야 한다.

[4] 회사는 정관으로 정하는 바에 따라 이사의 책임(과실로 법령 또는 정관에 위반한 행위를 하거나 임무를 게을리한 경우)을 이사가 그 행위를 한 날 이전 최근 1년간의 보수액(상여금과 주식매수선택권의 행사로 인한 이익 등을 포함한다)의 6배(사외이사는 3배)를 초과하는 금액에 대해 면제할 수 있다. 다만 이사가 고의 또는 중대한 과실로 손해를 발생시킨 경우, 겸업 금지 규정을 위반하거나 회사의 사업 기회를 본인 등의 이익을 위해 이용한 경우, 본인 등이 회사와 중요한 거래를 이사회 승인 등 절차 없이 한 경우는 제외한다.

임원 보수와 관련된 내용이 정말 중요하군요.

CEO

FP

회사 상황에 따라 주식매수선택권이나 중간배당, 현물배당, 신주인수권, 전환사채, 신주인수권부사채 등과 관련한 내용도 정관에 필요한 경우가 있습니다.[5] 이 중에서 중간배당·현물배당 규정은 실제 유용하게 활용할 수 있으므로 반드시 정관에 반영할 필요가 있습니다. 만일 정관에 규정이 없는 상태로 중간배당을 실행하면 상법상 근거가 없는 위법배당이 됩니다. 나머지 주식매수선택권이나 사채와 관련한 사항은 필수라기보다는 회사 사정에 따라 필요한 때에만 적절히 규정해 놓으면 되는 사항입니다.

정관을 바꾸면 법인 등기도 변경해야 하나요?

CEO

FP

네, 그렇습니다. 공고 방법, 사업 목적, 발행할 주식의 총수, 자본금, 사채발행, 주식매입선택권 부여, 주식양도 시 이사회 승인을 받는 규정 등은 정관에 반영할 경우 변경등기가 필요한 사항입니다. 만일 정관에만 반영해 놓고 등기가 되지 않으면 관련 내용에 대해서는 선의의 제3자에게 대항할 수 없습니다.[6] 변경등기는 관련 내용 변경 후 2주 내에 하셔야 합니다.

---

5   자기주식 취득과 처분, 이익소각 관련 내용은 정관에 규정이 없더라도 상법상 실행하는 데 아무 문제가 없다. 정관의 상대적 기재 사항이 아니기 때문이다. 다만 임의로 기재해도 무방하다.

6   예를 들어 주식양도 시 이사회 승인을 받도록 하는 규정은 반드시 등기를 해야 선의의 제3자에 대항할 수 있다. 이사회 승인 없는 양도의 경우 당사자 사이의 채권적 효력은 인정되나, 회사에는 대항할 수 없다. 즉, 양수인은 회사에게 주주로 인정받지 못한다.

우리 회사의 주주가 주식양도 시 회사의 승인을 받게 하려면 정관 규정과 함께 변경등기가 필요하군요.

 CEO

 FP

네, 그렇습니다. 주식양도 제한 규정은 정관의 규정뿐 아니라 등기도 되어 있어야 실질적인 효력이 발생합니다.

궁금한 게 있는데 만일 등기사항을 등기하지 않으면 법적으로 불이익이 있나요?

 CEO

 FP

등기사항을 제때 등기하지 않으면 상법상 500만 원 이하의 과태료에 처해질 수도 있습니다.

덕분에 많은 내용을 알게 되었습니다. 그동안 담당 회계사나 거래하는 법무사도 이러한 내용은 설명해 준 적이 없었습니다. FP님이 정관에 대해서는 누구보다 잘 알고 계신 것 같아 믿음이 갑니다.

 CEO

CHECK POINT
주식회사 정관변경 절차와 등기사항

1. 정관변경 절차

구분	내용
주주총회의 결의	주식회사의 정관변경은 주주총회의 특별결의가 필요하다. 주주총회의 특별결의는 출석한 주주의 의결권 3분의 2 이상의 수와 발행주식총수의 3분의 1 이상의 수로써 하여야 한다(상법 제434조).
변경 사항 등기	정관변경으로 등기사항에 변경이 생긴 경우에는 변경등기를 하여야 한다(상법 제371조). 변경등기를 게을리하면 500만 원 이하의 과태료가 부과된다(상법 635조 제1항 제1호). 그 밖에 대표이사의 주소 변경, 자본금의 증자, 액면분할 등도 변경등기 대상이다(상법 제410조).
정관의 공증	원시정관이 아닌 정관변경의 경우 주주총회의 결의로 효력이 발생하므로 공증이 필수 절차는 아니다. 하지만 정관변경의 증거력 확보를 위해 공증을 받는 것이 효과적일 수 있다.

2. 등기

1) 상업등기

상업등기란 일정한 사항을 공시할 목적으로 법원의 상업등기부에 기재하는 것을 말한다(상법 제34조). 법인등기가 이에 해당한다.

등기사항을 절대적 등기사항과 상대적 등기사항으로 나누기도 한다. 절대적 등기사항은 법률상 반드시 등기해야만 하는 사항이며, 대부분 등기사항은 절대적 등기사항이다.

상대적 등기사항은 회사가 필요한 경우에만 등기하면 된다. 다만 일단 등기한 후에는 해당 사항의 변경 사유 발생 시 반드시 변경등기나 소멸등기를 해야 한다(상법 제40조).

본점 소재지에서 등기할 사항은 다른 규정이 없으면 지점 소재지에서도 등기해야 한다(상법 제35조). 만일 지점 소재지에서 등기하지 않으면 그 지점의 거래에 대해 선의의 제3자에게 대항하지 못한다(상법 제38조). 하지만 지점 소재지에서 등기할 사항은 본점 소재지에서는 등기할 필요가 없으며, 지점의 거래에 한하여 적용한다.(상법 제38조)

2) 등기사항 (1~8번: 절대적 등기사항, 나머지: 상대적 등기사항)

정관변경으로 아래 사항에 변동이 생기면 반드시 등기도 변경해야 한다.

① 목적

② 상호

③ 회사가 발행할 주식의 총수

④ 액면주식을 발행하는 경우 1주의 금액

⑤ 회사의 발행주식총수, 그 종류와 각종 주식의 내용과 수

⑥ 본점 소재지

⑦ 회사가 공고하는 방법

⑧ 자본금의 액

⑨ 주식양도를 이사회 승인으로 정한 경우

⑩ 지점 소재지

⑪ 회사의 존립기간 또는 해산사유를 정한 때에는 그 기간 또는 사유

⑫ 주주에게 배당할 이익으로 주식을 소각할 것을 정한 때에는 그 규정

⑬ 전환주식을 발행하는 경우 그 주요 내용(상법 제347조)

⑭ 전환사채, 신주인수권부사채를 발행한 경우 그 주요 내용
    (제514조의2, 제516조의8)

⑮ 사내이사, 사외이사, 그 밖에 상무에 종사하지 아니하는 이사, 감사 및 집행임원의 성명과 주민등록번호

⑯ 회사를 대표할 이사 또는 집행임원의 성명, 주민등록번호, 주소

⑰ 둘 이상의 대표이사 또는 대표 집행임원이 공동으로 회사를 대표할 것을 정한 경우

⑱ 명의개서대리인을 둔 때에는 그 상호 및 본점 소재지

⑲ 감사위원회를 설치한 경우에는 감사위원회 위원의 성명 및 주민등록번호

03 토픽을 마치며

모든 법인이 설립 시에 정관을 작성하지만, 많은 CEO가 정관을 형식적인 것이라 생각한다. 정관이 잘 정비되어 있지 않아서 문제가 되었다는 이야기도 주변에서 쉽게 듣지 못한다. 주로 문제가 발생하는 부분은 임원 소득과 관련한 실행이 세무상 적법하게 인정받지 못하는 경우다. 예를 들어 임원 보수 한도가 정관에 규정되어 있지 않거나 임원 퇴직금 규정의 산식이 세법 규정과 다르게 되어 있는 경우, 중간배당 규정이 없는데 중간배당을 실행한 경우 등이다.

정관은 회사의 주요 기관(이사회, 주주총회, 감사)의 구성과 실행 절차를 정한다. 뿐만 아니라 주주의 주식양도 제한, 임원의 책임 감면, 주주 및 임원 소득까지도 규정한다. 따라서 정관의 중요성을 간과해서는 안 된다. 정관정비는 적절한 소득 설계를 위한 밑거름이 된다.

topic
08

배당을 적절히 활용하라

01 토픽 소개

법인 CEO가 법인에서 받을 수 있는 소득은 급여와 퇴직급여 외에 배당(配當)도 있다. 급여와 퇴직급여는 상대적으로 익숙하지만, 배당의 필요성은 잘 인식하지 못하는 CEO가 많다.

배당은 법인이 벌어들인 이익에서 법인세를 내고 남은 세후이익 개념인 이익잉여금을 재원으로 하여 주주에게 배분하는 것이다.

법인 결산 시 주주총회에서 배당 결의를 통해 배당금을 지급할 수 있으며, 이를 통상적으로 정기배당이라고 한다. 그리고 정관에 규정이 있다면 연 1회 추가로 배당을 할 수 있으며, 이를 중간배당이라고 한다.

배당을 무엇으로 지급하느냐에 따라 현금배당, 주식배당, 현물배당으로도 구분한다. 배당금을 수령하면 배당소득으로 과세된다. 배당소득은 이자소득, 근로소득, 사업소득, 연금소득, 기타소득과 함께 종합소득 6가지 종류 중 하나다.

개인의 연간 금융소득(이자소득 + 배당소득)이 2천만 원을 넘으면 다른 종합소득과 합산하여 과세된다. 하지만 소득이 없거나 적은 주주가 배당을 받으면 생각보다 세부담이 높지 않다.

현행 세법상 주주가 지분율에 따라 균등한 배당을 받지 않고 특수관계인이 포기한 배당을 더 받으면 증여세가 과세된다. 따라서 배당정책은 지분 구성에 관한 의사 결정이 수반되어야 한다.

02 실전 화법

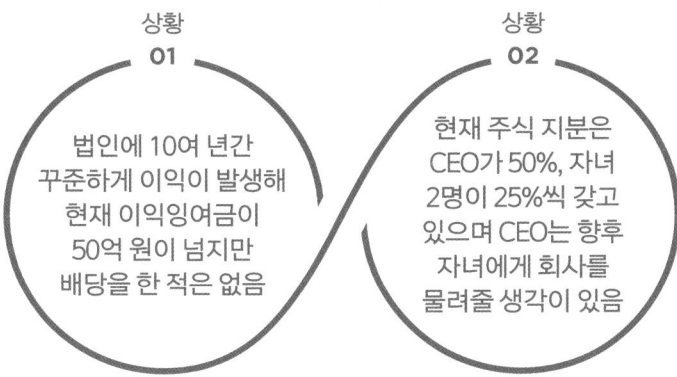

상황 01: 법인에 10여 년간 꾸준하게 이익이 발생해 현재 이익잉여금이 50억 원이 넘지만 배당을 한 적은 없음

상황 02: 현재 주식 지분은 CEO가 50%, 자녀 2명이 25%씩 갖고 있으며 CEO는 향후 자녀에게 회사를 물려줄 생각이 있음

FP 대표님, 작년도 결산은 잘 끝내셨는지요? 재작년쯤에는 이익이 많이 나서 세금 때문에 걱정이라는 말씀을 들은 기억이 있습니다만.

최근 몇 년간은 그럭저럭 이익이 많이 나서 법인세도 많이 냈습니다. 그런데 작년에는 업황이 안 좋아져서 이익이 많이 줄었습니다. 매출이 줄었지만 그래도 세금 걱정은 좀 던 것 같습니다.

CEO

FP 그러시군요. 그런데 당장은 법인세도 중요하지만, 이익잉여금을 해소하지 않으면 나중에 상속세나 증여세 때문에 골치가 아프실 수도 있습니다.

이익잉여금을 해소하지 않으면 무슨 문제라도 있나요?

CEO

FP 제가 작년 말 기준 회사 재무제표를 보니 이익잉여금이 50억 원 정도입니다.

 이익잉여금은 과거에 회사가 벌어들인 누적 순이익이라고 보시면 됩니다. 이익잉여금이 쌓이면 세법상 주식평가액이 증가합니다. 주식평가 방법은 다음에 자세한 설명을 드릴 기회가 있겠지만, 이익잉여금을 해소하지 않으면 나중에 주식을 상속하거나 증여하실 때 더 많은 세금이 나옵니다.

FP

그렇군요. 이익잉여금을 해소하는 좋은 방법이라도 있나요?

CEO

 이익잉여금을 해소하는 방법은 두 가지가 있습니다. 하나는 손실을 내는 방법이고, 또 한 가지는 배당을 하는 방법입니다.

FP

일부러 손실을 낼 수는 없지요. 배당을 할 수는 있지만 추가로 세금도 내야 하니 결국 도움이 안 될 텐데요.

CEO

 물론 배당을 하면 배당소득세는 내야 합니다. 그렇지만 배당을 잘 활용한다면 적은 세금으로 큰 효과를 볼 수 있습니다.

FP

어차피 배당은 지분율대로 해야 할 텐데 제가 많은 배당을 받는 것이 무슨 의미가 있나요?

CEO

 말씀하신 대로 상법상 주주평등원칙에 따라 균등배당이 필요합니다. 초과배당(차등배당)을 하면 증여세가 과세되어 세부담이 크기 때문입니다. 개인별로 연간 금융소득 2천만 원 이내에서 배당을 받는다면 15.4%의 배당소득세만 내시면 됩니다. 큰 금액은 아니지만 매년 꾸준하게 활용하시면 도움이 될 것입니다.

FP

그렇겠군요. 지금까지 배당을 한 적이 없었는데 절차가 복잡한가요?

CEO

배당 절차는 그렇게 복잡하지는 않습니다. 배당은 매년 결산 시에 하는 정기배당 외에 연도 중에 중간배당으로 한 번 더 할 수 있습니다. 다만 중간배당을 하려면 정관에 규정이 필요합니다. 주주총회(또는 이사회)를 소집해서 배당 결의를 하고, 그 내용을 의사록에 남겨 놓은 후 배당금을 지급받으시면 됩니다.

CHECK POINT
상법상 배당 규정 요약

1. 배당의 종류 및 요건

구분	내용
배당의 구분	시기별: 정기배당, 중간배당 수단별: 현금배당, 주식배당, 현물배당
배당 승인권자	원칙적으로 주주총회의 결의에 의하지만(상법 제462조 제2항), 정관에서 재무제표 승인을 이사회 결의로 하는 경우(상법 제229조의2 제1항)에는 이사회 결의에 의해서도 이익배당을 할 수 있음
배당가능이익 (상법 제462조①)	재무상태표상 순자산가액 (-)자본금 (-)그 결산기까지 적립된 자본준비금과 이익준비금 합계 (-)그 결산기에 적립해야 할 이익준비금 (-)미실현이익[1] (=)배당가능이익

---

[1] 회계 원칙에 따른 자산 및 부채에 대한 평가로 인하여 증가한 대차대조표상의 순자산액으로서, 미실현손실과 상계(相計)하지 아니한 금액을 의미함(예: 매도가능증권의 평가이익)

구분	내용
배당 지급 시기	1) 배당은 그 결의를 한 날부터 1개월 내에 해야 한다. 다만 주주총회 또는 이사회에서 배당금의 지급 시기를 따로 정한 경우에는 그러하지 않음(상법 제464조의2 제1항) 2) 배당금의 지급청구권은 5년간 이를 행사하지 아니하면 소멸시효가 완성됨(상법 제464조의2 제2항)
이익 반환 청구권	배당가능이익을 초과하여 배당한 경우에 회사 채권자는 회사에게 배당한 이익의 반환을 청구할 수 있음

2. 주식배당(상법 제462조의2)

구분	내용
배당 승인권자	주주총회의 결의에 의해(정기주주총회에서만 가능하며 중간배당으로는 주식배당이 불가함) 신주발행으로 할 수 있음
주식배당 한도	이익배당 총액의 50%를 초과하지 못함
배당금액과 종류주식	배당은 주식의 권면액으로 하며, 회사가 종류주식을 발행한 때에는 각각 그와 같은 종류의 주식으로 할 수 있음
신주의 효력일	배당을 받은 주주는 주식배당을 결의한 주주총회가 종결한 때부터 신주의 주주가 됨

3. 중간배당(상법 제462조의3)

구분	내용
전제 요건	연 1회의 결산기를 정한 회사는 정관에 규정을 두어 영업연도 중 1회에 한하여 배당(이를 '중간배당'이라고 함)할 수 있음
배당 승인권자	이사회의 결의[2]로 일정한 날을 정하여 그날의 주주에게 이익을 배당할 수 있음

---

[2] 이사회가 없는 소규모 주식회사(자본금 10억 원 미만)는 이사회의 기능을 주주총회가 대신하므로 주주총회 결의를 통해 중간배당을 할 수 있음

배당가능이익	직전 결산기의 재무상태표상 순자산가액 (-)직전 결산기의 자본금 (-)직전 결산기까지 적립된 자본준비금과 이익준비금 합계 (-)직전 결산기의 정기총회에서 이익으로 배당하거나 또는 지급하기로 정한 금액 (-)중간배당에 따라 당해 결산기에 적립하여야 할 이익준비금 (=)중간배당 가능 금액
이사의 책임	중간배당으로 당해 결산기 말에 배당가능이익이 부(負)의 금액이 되는 경우 중간배당을 결의한 이사는 회사에 연대하여 그 차액(배당액이 차액보다 적을 경우에는 배당액)을 배상할 책임이 있음

4. 현물배당(상법 제462조의4)

☞ 토픽 25 참조

그렇군요. 저는 자녀들에게 배당을 더 많이 하고 싶은데 다른 방법은 없나요?

CEO

2021년부터는 지분율이 적은 자녀에게 더 많은 배당(초과배당)을 할 경우 증여세가 과세됩니다. 따라서 미래에 자녀에게 회사를 물려주실 생각이라면 주식을 좀 더 증여하신 후 배당을 하시는 것이 좋습니다. 특히 작년에 이익이 적게 나서 금년에는 주식 가치가 많이 내려갔으므로 지금 증여하시는 것도 좋은 방법입니다.

FP

이 기회에 주식을 좀 더 증여하는 방안도 고민해 보겠습니다. 그런데 배당을 2천만 원 넘게 받으면 세부담이 많이 높아지지 않나요? 자녀들이 아직 20대라서 소득이 많지는 않은데 수천만 원의 배당을 받으면 세금이 급격하게 많아질 텐데요.

CEO

배당소득은 연간 2천만 원이 넘으면 다른 종합소득과 합산해서 과세됩니다.

FP

그렇지만 배당은 법인세와 소득세의 이중과세 문제가 있어서 배당세액공제 제도를 두고 있기 때문에 실질 세부담이 급격히 높아지지는 않습니다. 대표님 첫째 자녀는 사회 초년생이라 근로소득이 많지 않을 것이므로 수천만 원의 배당을 받을 경우 배당소득세 부담은 15.4%보다 조금 높은 정도입니다. 둘째 자녀는 대학생이라 소득이 없으므로 연간 약 1.3억 원까지는 15.4%의 배당소득세만 부담하면 됩니다. 다만 자녀가 연 2천만 원(2022년 7월 이후)을 초과하여 배당을 받으면 건강보험료 추가 부담이 발생하는 점은 고려하셔야 합니다.

그렇게 되는군요. 저는 배당을 많이 하면 적어도 20~30%의 세금을 부담한다고 생각했습니다. 그런데 만일 제가 배당을 1억 원 받으면 세부담이 크겠죠? 저는 연봉이 2억 원 정도 되니까요.

대표님은 아무래도 두 자녀분들보다는 세부담이 커지는 게 사실입니다. 연간 1억 원 정도 이내로 받으시면 배당소득세 부담은 30% 수준입니다. 세부담이 좀 크다고 생각하실 수도 있지만, 이미 40%대의 근로소득세를 부담하고 계시기 때문에 배당 실행을 고려해 보실 필요가 있습니다. 게다가 배당한 금액만큼 이익잉여금이 해소되는 효과가 있어서 주식 가치가 낮아집니다.

주식 가치를 낮출 수 있다고요?

 비상장주식은 일반적으로 순자산가치와 순손익가치를 가중평균 해서 산출하는데 배당을 하면 순자산가치가 감소합니다. 나중에 회사 주식을 자녀에게 증여나 상속으로 물려주실 계획이라면 적절히 이익잉여금을 해소할 필요가 있습니다.

덕분에 배당의 활용 방법을 많이 배웠습니다.

CHECK POINT
배당소득 이중과세 조정

1. 배당소득의 이중과세 조정

배당소득세는 법인세의 이중과세 문제가 발생하기 때문에 세법에서는 이를 조정하는 장치를 두고 있다. 즉, 배당금액에 법인 단계에서 낸 세금을 더한 후[그로스업(Gross-up): 배당금액의 11%를 배당소득에 가산하는 것으로 배당가산액이라고도 함], 이를 배당소득세 산출세액에서 공제(배당세액공제)하는 방식으로 이중과세를 조정한다. 따라서 소득이 배당소득뿐이라면 연간 배당소득 약 1.3억 원까지는 배당소득세 부담이 15.4% 정도다.

1단계: 배당가산액의 가산

종합소득 합산 대상 금융소득 중 2천만 원을 초과한 배당소득에 대해 11%를 배당소득에 가산한다. 만일 이자소득과 배당소득이 함께 있는 경우에는 분리과세 되는 2천만 원은 이자소득이 먼저 구성한 후에 배당소득이 구성되는 것으로 본다. 예를 들어 이자소득 1천만 원과 배당소득 1,500만 원이 있는 경우에는 분리과세 되는 2천만 원의 구성은 이자소득 1천만 원과 배당소득 1천만 원으로 하며, 2천만 원을 초과하는 소득은 배당소득 5백만 원이 되어 여기에 11%를 곱한 55만 원이 배당가산액이 된다.

2단계: 종합소득 산출세액의 계산

종합과세 방식의 산출세액과 분리과세 방식의 산출세액(비교산출세액)을 비교하여 이 중 큰 금액을 산출세액으로 한다.

배당세액공제 = [Max ①, ②]

① 종합과세 산출세액 = [(2천만 원 초과 금융소득 + 배당가산액 + 다른 종합소득금액) - 종합소득공제] × 기본세율 + (2천만 원 × 14%)
② 비교산출세액 = (다른 종합소득금액 - 종합소득공제) × 기본세율 + 금융소득 × 14%

3단계: 배당세액공제의 적용

앞 단계에서 산출된 종합소득 산출세액에 아래 중 작은 금액을 배당세액공제로 차감 적용한다.

배당세액공제 = [Min ①, ②]

① 배당가산액
② 종합과세 산출세액 - 비교산출세액

✅ [사례] 금융소득종합과세

A씨의 2023년 귀속소득 정보는 다음과 같을 경우 종합소득세 결정세액(산출세액에서 세액공제를 차감한 세액)은?

이자소득 2천만 원, 배당소득 1억 원, 총급여액 5천만 원이 있음
종합소득공제는 기본공제 150만 원, 세액공제는 배당세액공제와 표준세액공제 13만 원만 있음

(해설)
2천만 원을 초과한 금융소득을 종합과세 하는 경우 금융소득(이자, 배당소득) 중 이자소득이 먼저 2천만 원을 구성한 후 나머지 금액이 배당소득으로 구성된다. 즉, 이자소득 2천만 원은 14% 세율이 적용되며, 배당소득 1억 원은 전부 종합과세 되므로 gross-up 11%를 가산한 금액이 종합소득금액에 가산된다.

1. 배당소득금액의 계산

구분	금액(단위: 원)
배당소득(2천만 원 초과 금융소득 해당분)	100,000,000
(+)배당가산액(gross-up)	11,000,000
(=)배당소득금액	111,000,000

2. 근로소득금액의 계산

구분	금액(단위: 원)	비고
총급여액	50,000,000	
(-)근로소득공제	12,250,000	1,200만 원 + 4,500만 원 초과하는 금액의 5%(소득세법 제47조①)
(=)근로소득금액	37,750,000	

3. 종합소득 산출세액의 계산

1) 종합과세 방식

구분	금액(단위: 원)
배당소득금액	111,000,000
(+)근로소득금액	37,750,000
(=)종합소득금액	148,750,000
(-)종합소득공제	1,500,000
(=)과세표준	147,250,000
(x)누진세율	6~35%
2천만 원 초과분에 대한 산출세액	36,097,500
(+)2천만 원에 대한 세액(14% 적용)	2,800,000
(=)종합과세 방식 산출세액	38,897,500

2) 분리과세 방식

구분	금액(단위: 원)
근로소득금액(금융소득 외 다른 종합소득)	37,750,000
(=)종합소득금액	37,750,000
(-)종합소득공제	1,500,000
(=)과세표준	36,250,000
(x)누진세율	6~15%
(=)종합소득에 대한 산출세액	4,177,500
(+)금융소득 원천징수세액(14% 적용) (*)	16,800,000
(=)산출세액 계(비교산출세액)	20,977,500

(*) 금융소득 원천징수세액

구분	금액(단위: 원)
이자소득 + 배당소득	120,000,000
(x)원천징수세율	14.0%
(=)기원천징수세액(비교산출세액)	16,800,000

4. 최종 종합소득 산출세액(1+2) =
Max(38,897,500원, 20,977,500원) = 38,897,500원

5. 결정세액의 계산

구분	금액(단위: 원)
최종 산출세액	38,897,500
(-)배당세액공제[Min ①, ②]	11,000,000
① 배당가산액	11,000,000
② 종합과세 방식 산출세액-비교산출세액	17,920,000
(-)표준세액공제	130,000
(=)결정세액	27,767,500

2. 배당소득만 있는 경우 세부담

다른 종합소득 없이 배당소득만 있는 경우의 세부담은 다음과 같다.(단, 종합소득 기본공제는 150만 원만 적용, 세액공제는 배당세액공제 외에 표준세액공제 7만 원만 적용)

(단위: 천 원)

배당소득			20,000	50,000	100,000	131,000	150,000
배당가산액(Gross-up)			0	3,300	8,800	12,210	14,300
배당소득금액			20,000	53,300	108,800	143,210	164,300
종합소득금액			0	53,300	108,800	143,210	164,300
종합소득공제			0	1,500	1,500	1,500	1,500
과세표준			0	51,800	107,300	141,710	162,800
금융소득 종합과세 시 산출세액	2천만 원 이하분	금액	0	20,000	20,000	20,000	20,000
		세율	14%	14%	14%	14%	14%
		산출세액(ⓐ)	0	2,800	2,800	2,800	2,800
	2천만 원 초과분	금액	0	31,800	87,300	121,710	142,800
		세율	6%	15%	24%	35%	35%
		산출세액(ⓑ)	0	3,510	15,192	27,159	34,540
① 비교산출세액 (ⓐ+ⓑ)			0	6,310	17,992	29,959	37,340
금융소득 분리과세 시 산출세액	금융소득 (Gross-up 이전)	금액	20,000	50,000	100,000	131,000	150,000
		세율	14%	14%	14%	14%	14%
		산출세액	2,800	7,000	14,000	18,340	21,000
② 비교산출세액			2,800	7,000	14,000	18,340	21,000
종합소득 산출세액 Max(①, ②)			0	7,000	17,992	29,959	37,340
(-)배당세액공제			0	0	3,992	11,619	14,300
(-)표준세액공제			0	0	70	70	70
종합소득세 부담액(분리과세 세액 포함)			2,800	7,000	14,000	18,340	22,970
(+)지방소득세			280	700	1,400	1,834	2,297
총부담세액			3,080	7,700	15,400	20,174	25,267
총 소득 대비 세부담률			15.4%	15.4%	15.4%	15.4%	16.8%

※ 배당소득 등 연소득이 연간 2,000만 원 초과 시 피부양자에서 제외되어 건강보험료 부담이 발생하는 점도 고려해야 함

[다른 소득이 없는 경우 배당소득 수준별 세부담]

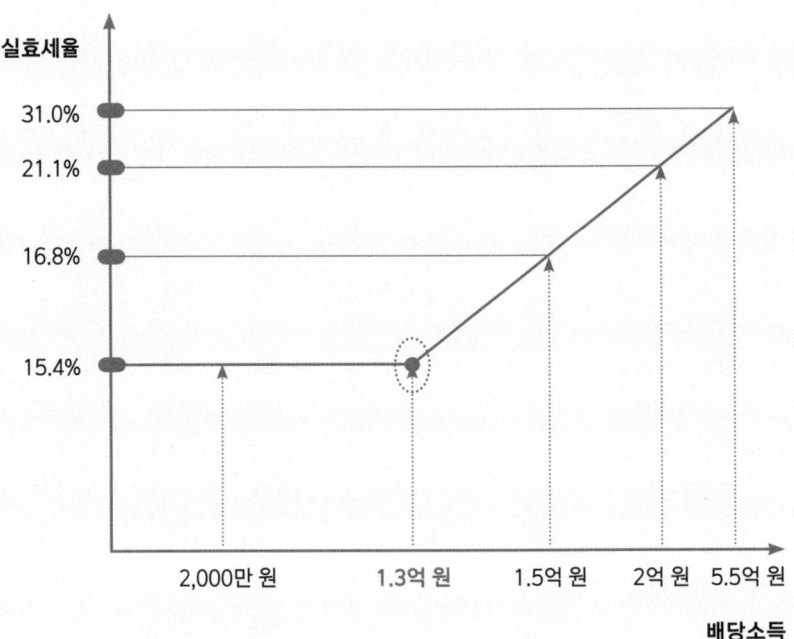

※ 소득공제는 기본공제 150만 원 적용. 세율은 지방소득세를 포함한 세율임

3. 다른 소득이 있는 경우

만일 근로소득 등 다른 종합소득이 있는 경우 배당소득이 연간 2천만 원을 초과하면 합산되어 종합과세 되므로 세부담이 높아진다.

[예시] 연 5천만 원 배당소득이 있는 경우 배당소득 수준별 세부담
(단, 종합소득 기본공제는 150만 원만 적용, 세액공제는 배당세액공제 외에 표준세액공제 13만 원만 적용)

(단위: 원)

구분	금액	금액	금액
총급여액	50,000,000	100,000,000	200,000,000
배당소득	50,000,000	50,000,000	50,000,000
소득 계	100,000,000	150,000,000	250,000,000
총소득세 부담액	11,398,200	27,387,250	67,263,900

세부담률	11.40%	18.26%	26.91%
배당소득 세부담액 (*)	7,700,000	11,756,250	13,369,400
배당소득 세부담률 [배당소득 세부담액/배당소득]	15.40%	23.51%	26.74%

(*) 배당소득이 있는 경우 세부담액에서 배당소득 없이 근로소득만 있는 경우의 세부담액을 차감한 세액임

03 토픽을 마치며

요즈음은 CEO들도 주식 투자를 많이 한다. 시세차익을 얻기 위한 목적도 있지만, 배당을 받기 위한 경우도 많다. 그런데 중소기업 CEO 가운데 본인이 소유한 법인에서 배당을 적극적으로 활용하는 경우는 생각보다 적다.

배당을 받아도 세금과 건강보험료를 내고 나면 남는 게 없다는 인식이 많기 때문이다. 하지만 쌓여 가는 이익잉여금은 결국 나중에 더 높은 세율의 증여세나 상속세로 귀결된다.

일찍이 공자도 이렇게 말씀하셨다. 사람이 먼 훗날을 생각하지 않으면 반드시 가까운 날에 근심할 일이 생긴다(人無遠慮 必有近憂).

topic
09

이익소각으로 이익잉여금을 해소할 수 있다

01 토픽 소개

비상장법인에 쌓인 이익잉여금은 향후 주식 가치 상승으로 이어져 여러 세금 문제를 야기한다. 특히 이익잉여금을 적절히 해소하지 못한 채 사업체를 자녀에게 물려주거나 타인에게 양도하거나 사업을 청산한다면 상속세, 증여세, 양도소득세, 배당소득세 등 다양한 세금 문제에 직면한다. 따라서 이익잉여금은 평소에 적절히 해소해야 한다. 이익소각 플랜을 적절히 활용한다면 적은 세금으로 이익잉여금도 해소하면서 법인 자금을 개인화할 수 있다.

이익소각은 주주에게 배당할 이익을 재원으로 주식을 소각하는 것이다. 자기주식을 취득하여 소멸시키는 형태, 즉 주주 개인이 소유한 주식을 회사가 취득한 후 소각하면 된다. 이익소각은 감자와 매우 유사하지만 자본금이 줄어들지 않는다는 차이가 있다. 감자는 법정자본금을 감소시키기 때문에 상법상 엄격한 자본감소 절차가 존재하며, 업종(건설업, 금융업 등)에 따라 최소 자본금 규정이 존재한다면 실행할 수 없는 경우도 있다.

이에 비해 이익소각은 자본금이 줄어들지 않기 때문에 업종에 구애받지 않고 활용할 수 있다.

따라서 이익소각을 잘 활용하면 급여, 배당, 퇴직금 외에 법인 자금을 개인화하는 또 하나의 효과적인 방법이 될 수 있다.

02 실전 화법

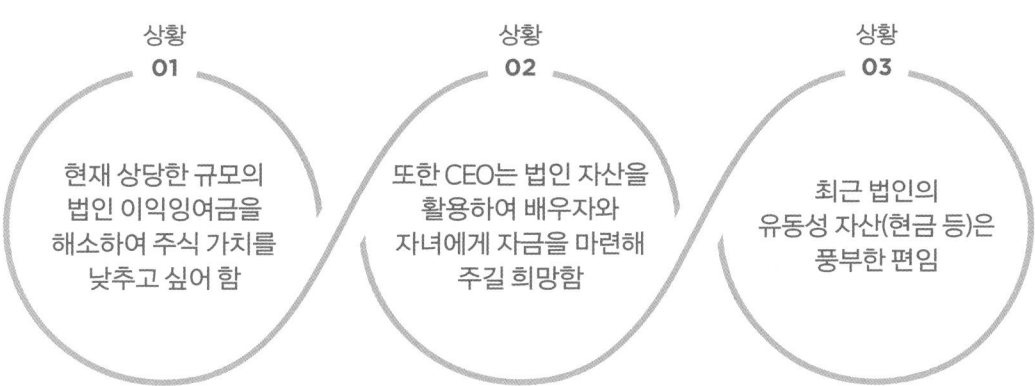

상황 01 현재 상당한 규모의 법인 이익잉여금을 해소하여 주식 가치를 낮추고 싶어 함

상황 02 또한 CEO는 법인 자산을 활용하여 배우자와 자녀에게 자금을 마련해 주길 희망함

상황 03 최근 법인의 유동성 자산(현금 등)은 풍부한 편임

FP 안녕하세요, 대표님. 요새 주위에서 다들 힘들다고 하는데 대표님께서는 어떠신지요?

사업은 그럭저럭 되는 편인데 이익잉여금이 많이 쌓여 있어서 고민입니다. 사실 그동안은 크게 관심이 없었는데 요즘 여기저기서 "이익잉여금이 많으면 나중에 세금 문제가 크니 컨설팅을 받아 보라."라는 말을 들었습니다. 제가 지금까지 사업체를 운영하면서 개인보다는 법인의 성장에만 신경을 쓰느라 급여도 낮게 책정하고 배당도 실행하지 않았습니다. 저희 담당 세무사는 배당을 해서 잉여금을 해소하라고 하더군요. 그런데 제가 배당을 받으면 배당소득과 근로소득이 합산되어 세금을 많이 내야 한다던데 굳이 배당을 받을 필요가 있을까요? 뭔가 절세도 하면서 법인 자금을 활용할 수 있는 방법은 없을까요?

CEO

대표님 말씀처럼 이익잉여금이 과도하게 쌓이면 결국 주식 가치가 올라 향후에 여러 세금 문제가 발생하는데요. 이익잉여금을 적절히 해소해야 급격한 주식 가치 상승을 막을 수 있고 대표님과 가족의 개인 자산을 효율적으로 형성할 수 있습니다. 배당도 좋은 방법이 될 수 있지만 이익소각을 활용하시면 절세 효과를 더욱 높일 수 있습니다.

FP

이익소각이라…. 그건 구체적으로 어떤 내용인가요?

이익소각은 기본적으로 회사가 이익잉여금을 재원으로 주주의 주식을 취득해서 소각(소멸)하는 방식입니다. 즉, 회사의 자본금 변동 없이 이익잉여금과 주식을 같이 없앨 수 있습니다. 일반적으로는 소각을 위해 주식을 양도할 때 받은 대가가 최초 취득가액보다 크다면 의제배당(배당소득세)으로 간주되어 세법에 따라 배당소득세가 과세됩니다. 구체적으로 말씀드리기 위해 제가 대표님을 뵙기 전에 대략적으로 회사 주식 가치를 평가해봤습니다. 1주당 약 150,000원 정도 나오더군요. 그런데 대표님께서는 법인설립 시 1주당 5천 원에 취득하셨기 때문에 차액 145,000원에 배당소득세(의제배당)가 부과됩니다.

그럼 그냥 배당을 받으나 이익소각을 하나, 그게 그거 아닙니까?

그래서 이익소각 전에 주식을 배우자에게 증여하는 방법을 많이 활용합니다. 부부간에는 10년 동안의 증여재산 합계가 6억 원을 넘지 않으면 증여세 부담이 없습니다. 즉, 현재 15만 원짜리 주식 6억 원어치를 배우자에게 세부담 없이 증여할 수 있습니다. 그럼 배우자의 주식 취득 금액은 주당 15만 원이 됩니다. 이후 주식 가치가 오르기 전에 배우자의 주식을 같은 금액으로 법인이 취득하면 배우자의 주식 대가와 취득가액이 동일하기 때문에 배우자에게 발생한 배당소득(의제배당)도 없습니다. 결국 이 플랜의 핵심은 주식의 취득가액을 높여서 배당소득세를 최대한 줄이는 것입니다.

CHECK POINT
이익소각 활용 개요

[예시] 이익소각 사례

- 현재 CEO가 주식 100% 보유(총주식 가치는 30억 원)
- 주식 지분 중 20%(6억 원 가치)는 배우자에게 증여, 10%(3억 원 가치)는 자녀들에게 증여(자녀들은 성년임)하려고 함
- 최근 10년 내 CEO가 배우자와 자녀들에게 증여한 재산은 없음

대표이사

지분 100% 보유(30억 원)

지분 증여(배우자 20%, 자녀 2명 각 5%씩)

대표이사　　　　　　　　**가족**

지분 70% 보유　　　배우자: 지분 20% 보유(6억 원)
(21억 원)　　　　　자녀: 각각 5%(1.5억 원)

법인에서 자기주식으로 취득하여 대가지급 후 이익잉여금을 재원으로 소각

대표이사　　　　　　　　**가족**

지분 100% 보유　　　배우자: 6억 원 유동화
(21억 원)　　　　　자녀: 1.5억 원씩 유동화

1. 증여 시 발생하는 증여세 산출세액

1) 배우자: 6억 원까지 증여재산공제가 적용되므로 납부할 세금 없음
2) 각 자녀: (증여재산가액 1.5억 원 - 증여재산공제 5천만 원) × 10%
   = 산출세액 1천만 원(자녀 2명 합계 2천만 원)

2. 증여받은 주식을 회사에 매각 시

증여받은 주식을 회사에 매각하면 수증 이후 증가한 차익에 대해서만 세금을 부담함[1]
이익소각 목적으로 주식을 회사에 매각하면 세법에서는 실질적인 배당(의제배당)으로 보아 배당소득세를 과세함

※ 의제배당이란?

의제배당이란 현금배당은 아니지만 세법상 실질적으로 현금배당과 동일한 경제적 효과가 있는 것을 말한다. 주식을 소각하거나 자본금을 감소시키거나 법인을 청산, 합병, 분할하면서 주주가 실질적으로 이익을 받으면 의제배당에 해당한다.

구분	내용
의제배당 발생 사유	주식소각, 자본감소, 사원(출자자)의 탈퇴 등
의제배당액의 계산	교부받은 재산의 가액 - 당해 주식 등의 취득에 소요된 금액

---

[1] 주식 6억 원어치를 배우자에게 증여하면 배우자의 주식 취득가액은 6억 원이다. 이를 법인에 넘기는 시점의 주식가액이 7억 원이라면 차익 1억 원에 대해서만 배당소득세를 부담한다.

말씀을 들어 보니 저희 담당 세무사가 제가 예전에 가지고 있던 건물을 배우자에게 증여하고 5년이 지나서 팔면 양도세를 줄일 수 있다던데 같은 이치군요.

CEO

FP

네, 부동산은 증여 후에 취득가액을 인정받으려면 10년을 기다려야 합니다. 그런데 주식은 현행 세법[2]상 그 기간이 1년입니다. 다만 적용 시기가 2025년부터이며, 그 전까지는 세법상 주식은 '배우자 등 이월과세' 대상이 아니라서 증여를 받고 나서 나중에 이를 양도하더라도 원칙적으로는 증여받은 가액을 취득가액으로 인정받을 수 있습니다.

그렇다면 6억 원까지는 세금 없이 법인 자금을 주주가 가져올 수도 있다는 말씀이신가요?

CEO

FP

네, 대표님께서 이해하신 대로 6억까지는 세금 없이 법인 자금을 합법적으로 가져올 수 있습니다. 그리고, 자녀에게도 주식 증여를 활용하시면 성인 자녀에게는 1인당 5천만 원까지 증여세 없이 증여할 수 있습니다.

자녀는 2명입니다. 모두 다 성인이고요. 그럼 추가로 1억 원까지도 세금 없이 가능하겠군요.

CEO

FP

네, 맞습니다. 물론 세금은 발생하지만 더 큰 금액도 실행을 고려해 볼 수 있습니다. 급여나 배당, 퇴직금 플랜에 비해 실효세율이 더 낮을 수 있기 때문입니다.

---

2   소득세법 제87조의13 제1항(2025. 1. 1. 이후 증여분부터 적용)

2

CHECK POINT
배우자 등 이월과세

현행 세법상 부동산(토지, 건물)이나 입주권, 분양권 등은 배우자 등 이월과세가 적용된다.[3] 배우자 등 이월과세란 부동산 등을 배우자나 직계존비속이 증여받고 10년(주식은 1년이며 2025년부터 적용) 내에 다시 타인에게 양도하면 당초 부동산 등을 증여한 사람이 직접 양도했다고 간주하여 계산한 양도소득세를 부과하는 것을 의미한다.(기납부한 증여세는 필요경비로 차감)

부부간 증여재산공제 6억 원을 활용해 증여세 없이 취득가액을 높인 후 바로 양도하여 양도소득세를 줄이는 행위를 방지하기 위한 제도가 이월과세다. 주식은 아직 이월과세가 적용되는 재산이 아니므로 이익소각 플랜을 활용해 절세할 수 있다.

[배우자 등 이월과세]

1. 부동산 등 증여   2. 증여세 납부

3. 증여받은 재산을 10년 내 양도(양도소득세 납부) → 이 경우 본인이 직접 타인에게 양도했을 때의 양도소득세가 배우자(자녀)가 이미 납부한 '증여세+양도소득세'보다 크다면 본인이 직접 양도한 것으로 가정하여 계산한 양도소득세를 과세함(납세의무자는 배우자)

---

3 소득세법 제97조의2 제1항

이처럼 부동산이나 분양권 등을 배우자 등에게 증여 후 양도할 때는 이월과세가 적용되어 세부담이 증가할 수 있다.

말씀하신 대로라면 정말 좋은 플랜인 듯한데 혹시 나중에 문제가 될 만한 부분은 없을까요? 그리고 사실 제가 법인에 가지급금이 좀 있는데 이 방법으로 가지급금을 상환해도 괜찮을까요?

몇 가지 상당히 주의하실 점이 있습니다. 이익소각을 위해서는 법인이 자기주식을 취득해야 하므로 주식평가가 적절하게 이루어져야 합니다. 그리고 자기주식 취득은 상법에 정해진 절차를 준수해야 합니다. 만일 절차를 제대로 지키지 않으면 인정받지 못할 수도 있습니다. 또한 대표님 주식을 사모님에게 증여한 후의 자기주식 매입 대가는 기본적으로 대표님이 아니라 사모님의 몫입니다. 따라서 사모님이 받는 대가로 대표님의 가지급금을 상환하시면 문제가 될 수 있습니다. 이익소각 플랜은 절차가 복잡하고 여러 세무 이슈를 수반하기 때문에 충분히 검토하신 후 실행하실 필요가 있습니다.

CHECK POINT

상법상 자기주식 취득 및 소각 절차

1. 상법상 자기주식 취득 절차

자기주식을 취득하려면 아래와 같이 상법상 정해진 절차를 반드시 준수해야 한다. 그러지 않으면 자기주식 취득이 무효가 될 수 있다. 또한 세무 측면에서도 자기주식 취득이 아니라 자금을 주주에게 대여한 것으로 볼 여지가 있기 때문에 상당한 주의가 필요하다.

주총 개최(또는 정관)	→	이사회	→	주주 통지
취득할 수 있는 1. 주식의 종류 2. 주식의 수 3. 총액한도 4. 취득 기간		실행 조건 결의 · 취득의 목적 · 취득 주식의 종류 · 취득 주식의 수 · 주당 가격 · 교부할 금전 총액 · 양도 신청 기간(20~60일) · 대가지급 시기		양도 신청 2주 전 ★ 절차상 하자 발생 시 취득이 무효가 될 수 있음

양도 신청	→	매매계약 성립	→	주식 매입 완료	→	대금 지급
양도 희망 주주가 신청		양도 신청 마감일				1개월 내

변경등기	←	이익소각 결의
발행 주식 수 감소		주주총회 (또는 이사회) 결의

2. 이익소각과 유상감자 비교

유상감자도 이익소각과 유사한 점이 많다. 주주의 주식을 회사가 소각하면서 그 대가를 지급한다는 점에서 그렇다. 다만, 절차와 효과에 있어서 아래와 같이 차이가 있다. 특히, 유상감자는 채권자 보호 절차 실행이 반드시 필요하다.

항목	이익소각	유상감자
절차	회사가 자기주식을 취득하여 소각(자기주식 취득 절차 준수 필요)	회사가 주주총회 특별결의를 거쳐 주주의 주식을 소각(자기주식 취득 절차 필요 없음)
채권자 보호 절차	필요 없음	자본감소 결의일로부터 2주 내에 회사 채권자에게 이의가 있으면 제기할 것을 공고하고, 알고 있는 채권자에 대해서는 통지해야 함 이의를 제기한 채권자에게는 채무를 변제하거나 상당한 담보를 제공해야 함
발행주식 총수	감소	감소
자본금	변동 없음	감소(감소 자본금='감자 주식 수 x 액면가')

3. 주요 유권해석

✓ 유상감자 시 증여 해당 여부

[서면4팀-3463(2007. 12. 04.)]

감자에 따른 이익의 증여 규정 적용 시 법인이 주식을 시가대로 매입하여 소각함으로써 특정 주주가 얻은 이익이 없는 경우에는 동 규정을 적용하지 않는 것임

✓ 법인주주로부터 주식을 매입하여 소각하는 경우 소득 구분

[서면1팀-1565(2007. 11. 13.)]

법인이 주주로부터 주식을 매입하는 경우 당해 주주의 소득은, 그 매매가 단순한 주

식매매인 경우에는 양도소득에 해당하는 것이나 주식소각이나 자본감소 절차의 일환인 경우에는 배당소득(의제배당)에 해당하는 것임

✓ 주식소각 관련 증권거래세 과세 여부
[재재산-251(2004. 02. 25.)]

주식소각을 위해 보유하던 주식을 회사에 반환하는 경우는 증권거래세 과세 대상이 아님

✓ 증여로 취득한 주식의 취득가액
[서일46011-10929(2003. 07. 14.)]

유상감자로 인한 의제배당 소득금액 계산 시 『증여로 취득한 주식』의 취득가액은 증여재산의 가액에 당해 주식을 취득하기 위해 직접적으로 지출한 부대 비용의 합계액으로 함

✓ 법인의 자기주식 취득과 부당행위계산부인
[서면-2017-부동산-1755(2017. 08. 28.)]

법인의 자기주식 취득이 소각 목적에 해당하여 해당 주식의 매도자에게 배당소득으로 과세하는 경우에는 「소득세법」 제101조 제2항에 따른 부당행위계산부인 규정을 적용하지 않는 것임

1) 사실관계
- 2016. 10. 04. ㈜○○○(비상장, 이하 '甲 법인')의 주식을 소유하고 있던 乙은 소유 주식 중 일부를 배우자(丙)에게 증여(평가액 598백만 원)하고 증여세 신고
- 甲 법인은 이익잉여금을 줄이기 위한 방안으로 「상법」 제343조(주식의 소각) 단

서의 규정에 따라 '이익처분에 의한 주식소각'을 하기로 주총에서 결정
- 甲 법인은 丙가 소유한 자사주를 매입한 후, 2주일 이내에 주식을 소각할 예정
- 丙 의 해당 주식 처분 대금은 모두 丙에게 귀속될 예정

2) 질의 내용

위 사실관계에서 甲 법인이 丙 소유의 자기주식을 취득하여 소각하는 경우, 丙는 배우자로부터 증여받은 주식을 5년 이내에 양도하게 되는데, 이때 「소득세법」 제101조(양도소득의 부당행위계산) 제2항을 적용하는 것인지

[답변 내용]

① 법인이 주주로부터 자기주식을 매입하여 소각하는 경우 해당 매매의 경위와 목적, 계약 체결과 대금 결제의 방법 등에 비추어 그 매매가 법인의 주식소각이나 자본감소 절차의 일환으로 이루어진 것인 경우에는 배당소득으로 보는 것이고, 단순한 주식매매인 경우에는 양도소득으로 보는 것입니다. 이 경우 주식을 양도하는 주주의 소득이 양도소득인지 배당소득인지 여부는 그 거래의 실질 내용에 따라 판단하는 것입니다.

② 위 1의 경우, 배당소득에 대해서는 「소득세법」 제101조(양도소득의 부당행위계산) 제2항을 적용하지 아니하는 것입니다.

③ 위 1의 경우, 법인의 자기주식 취득을 단순 매매로 보아 그 양도자에게 양도소득세를 과세하는 경우로써, 해당 주식을 특수관계인으로부터 증여받고 5년 이내에 타인에게 양도하였으나 그 양도소득이 해당 수증자에게 실질 귀속된 때에는 「소득세법」 제101조 제2항 단서에 따라 부당행위계산부인을 적용하지 아니하는 것입니다.

✅ 주식을 특정하여 감자하는 경우 의제배당액 계산 방법
  [법규-1314(2013. 12. 03.)]

취득가액이 다른 주식을 보유한 비사업자의 주식을 특정하여 유상소각 하는 경우, 의제배당 계산 시 취득가액은 개별주식의 가액을 입증하는 경우 그 가액임

✅ 부부 교차 증여 후 즉시 감자 시 취득가액
  [심사-소득-2020-0001(2020. 05. 06.)]

부부가 발행법인의 주식을 교차 증여받아 발행법인에 양도하고 바로 감자가 이루어진 경우 의제배당으로 볼 수 있으며 감자 대가에서 차감하는 취득가액은 증여재산가액이 아닌 그 주식의 당초 취득가액으로 보는 것임

FP 여기 보시는 조세심판원 판례는 배우자에게 주식을 증여한 후 이익소각을 해서 대표이사 가지급금을 상환하는 경우에 형식적으로는 문제가 없어 보여도 실질과세 규정을 근거로 대표이사에게 배당소득세를 과세하는 것이 타당하다는 내용입니다.

이익소각을 통해 법인 이익잉여금도 해소하고 개인자금화 할 수 있지만, 만일 당초 증여자의 가지급금 상환에 쓰거나 조세회피 행위로 인정되면 상당한 세금이 과세될 수도 있겠네요.

CEO

FP 네, 잘 이해하셨습니다. 그래서 이익소각 실행 전에 세무 전문가와 상의하실 것을 권해드립니다. 세무상 문제가 없을 지를 면밀하게 검토해야 하기 때문입니다. 그리고, 가지급금 해소 플랜은 제가 다음에 방문드릴 때 설명드리도록 하겠습니다.

CHECK POINT
자기주식 취득과 가지급금 상환

[판례 1] 실질과세 법리를 통한 과세 사례(1)
✓ 조심-2022-중-1486, 2022. 12. 29.

[요지]

청구인 및 그 특수관계인들인 수증인들이 이 건 법인의 지분을 보유하고 있어서 다른 주주를 고려하지 않고 일정한 계획하에 쟁점거래의 구조를 조정하거나 통제하는 등 주식매입·소각과 같은 결정을 할 권한을 가지고 있다고 볼 수 있고, 실제 쟁점거래가 비교적 짧은 기간 내에 이루어진 점, 이 건 법인의 주주였던 청구인들이 쟁점주식 양도대금을 사용하는 등 쟁점거래의 결과로 인하여 의제배당에 따른 종합소득세를 경감하였다고 볼 수 있는 점, 청구인들과 그들의 배우자인 수증인들 그리고 이 건 법인 사이에 이루어진 쟁점거래에 있어서 의제배당에 따른 종합소득세를 회피하기 위한 목적 외에 다른 합리적인 거래의 경제적 이유를 찾기 어려운 점 등에 비추어 그 실질은 청구인들이 쟁점거래를 통하여 우회적으로 이 건 법인의 이익을 배당받았다고 볼 수 있다 하겠음

1. 처분 개요

가. 청구인 A, 청구인 B(이하 "청구인들"이라 한다)는 산업용 자동화기기 제조·판매업을 영위하는 주식회사 C(이하 "이 건 법인"이라 한다)의 주주(청구인 A: 지분 42.5%

보유, 청구인 B : 지분 57.5% 보유)로, 2018.11.5. 각 배우자(청구인 A의 배우자 D, 청구인 B의 배우자 E, 이하 "수증인들"이라 한다)에게 이 건 법인의 발행주식을 1주당 OOO원으로 평가하여 증여(D : 58,000주, E : 36,000주, 이하 "쟁점주식"이라 한다)하였다.

나. 이 건 법인은 2018.11.12. 임시주주총회를 개최하여 재무구조 개선을 위한 이익소각을 목적으로 1주당 OOO원에 자기주식 94,000주의 취득을 결정하였고, 2018.12.21. 수증인들이 보유한 쟁점주식을 1주당 OOO원으로 평가하여 양수(주식매매대금 합계 OOO원)한 후, 이를 이익소각으로 처리하였다(이와 같은 일련의 거래를 이하 "쟁점거래"라 한다).

다. OOO청장은 2021.4.22.~2021.5.31. 기간 동안 청구인들에 대한 양도소득세 조사를 실시한 결과, 수증인들의 주식양도대금이 증여자인 청구인들에게 귀속되었고, 청구인들이 배우자인 수증인들에게 쟁점주식을 증여한 후 수증인들이 이 건 법인에 쟁점주식을 양도한 것은 조세회피 목적으로 청구인들이 직접 이 건 법인에게 쟁점주식을 양도한 행위에 해당하여 주식매매대금이 청구인들에 대한 의제배당소득에 해당한다는 조사내용을 처분청에 통보하였고, 이에 따라 처분청 서장은 2021.9.6. 청구인 B에게 2018년 귀속 종합소득세 OOO원(일반무신고가산세 포함)을, 처분청 OOO서장(OOO서장을 포함하여 이하 "처분청"이라 한다)은 2021.10.7. 청구인 A에게 2018년 귀속 종합소득세 OOO원(일반무신고가산세 포함)을 각 경정·고지하였다.

라. 청구인들은 이에 불복하여 2021.11.30. 심판청구를 제기하였다.

2. 사실관계 및 판단

· 수증인들은 처분청에 쟁점주식을 증여받았지만, 배우자 증여재산 공제 6억 원에 미달하여 납부세액이 없는 것(과세미달)으로 하여 증여세를 신고하였다.

· 청구인들과 수증인들 사이의 각 주식증여계약서(2018.11.5.) 및 수증인들과 이 건 법인 사이의 주식매매계약서(2018.12.21.)에 의하면, 청구인들은 2018.11.5. 배우자인 수증인들에게 쟁점주식을 1주당 OOO원으로 평가하여 증여하였고, 수증인들은 2018.12.21. 이 건 법인에게 쟁점주식을 1주당 OOO원, 매매대금 합계 OOO원(D : OOO원, E : OOO원)으로 양도한 사실이 나타난다.

· 주식양도신청서(2018.12.21.)를 보면, 수증인들은 2018.11.12.자 이 건 법인의 임시주주총회(자기주식취득건) 결의에 따라 이 건 법인에게 쟁점주식을 1주당 OOO원에 양도하는 내용의 약정을 체결한 사실이 나타나고, 처분청은 증빙자료를 검토한 결과 적법한 절차에 따라 쟁점주식이 소각되었다고 판단한 것으로 확인된다.

· 청구인들과 수증인들 명의의 계좌 내역, 금전소비대차계약서(2018.12.26.) 등을 보면, 청구인 A의 배우자 D은 2018.12.26. 이 건 법인으로부터 주식양도대금 OOO원을 수령한 후, 같은 날 청구인 A에게 이를 입금하고, 청구인 A가 이를 청구인 B에게 입금하여, 청구인 B가 이를 가지급금과 상계처리를 하였으며, D과 청구인 B는 2018.12.26. 주식양도대금 OOO원을 대여하되, 연이율 2.5%, 원금은 5년 만기로 2022년부터 2023년까지 원금 분할 또는 일시상환할 것을 약정하는 금전소비대차계약을 체결하였으나, 청구인 B가 D에게 2019~2021년 기간 동안 이자지급내역이 확인되지 아니하고, OOO청장이 조사에 착수한 이후인 2022년 1월~5월 기간 동안 매월 원금 OOO원, 이자 약 OOO원을 지급한 사실이 나타난다.

· 또한, 청구인 B의 배우자 E은 2018.12.26. 이 건 법인으로부터 OOO원을 수령한 후, 청구인 B에게 이를 입금하였고, 청구인 B는 이를 이 건 법인에게 입금하여 가지급금과 상계처리한 사실이 확인된다.

· 또한, E에 대한 문답서(2021.5.28.)에 의하면, 배우자인 청구인 B로부터 가지급금 정리를 위하여 사전컨설팅을 통하여 쟁점주식을 증여받고 이를 이익소각할 예정이라는 이야기를 들었다고 진술하였다.

· 이 건 법인의 계정별원장(2018.1.1.~2018.12.31.) 및 대체전표 등을 보면, 2018.12.26.과 2018.12.28. 대표이사 가지급금 합계 OOO원이 회수된 사실이 확인된다.

· 보험가입증서(2019.1.9.)를 보면, 이 건 법인은 2018.12.24. G 주식회사와 납입기간 10년, 매월 OOO원의 보험계약을 체결한 사실이 나타난다.

[판례 2] 실질과세 법리를 통한 과세 사례(2)
✓ 조심-2022-중-1945 , 2022. 10. 19.

[요지]
쟁점거래는 쟁점주식의 증여일부터 자기주식 취득 및 소각시점까지 2개월 이내에 이루어졌고, 일련의 행위들이 각 당사자의 독립적인 의사결정에 따른 것이라기보다 사전에 예정된 청구인의 의사결정에 따라 순차적으로 이루어진 것에 불과해 보이는 점, 등에 비추어 청구주장을 받아들이기 어려움

1. 처분 개요
가. 청구인은 헤드레스트 등 자동차용 부품을 생산, 판매하는 중소기업인 주식회사

AAA(이하 "쟁점법인"이라 한다)의 주주 겸 대표이사로서 2018.9.3. 보유하고 있는 쟁점법인 발행주식 5,500주 중 1,000주(이하 "쟁점주식"이라 한다)를 배우자인 BBB에게 증여하였고, BBB은 쟁점주식을 OOO원(1주당 OOO원)으로 평가하여 2018.11.1. 증여세 OOO원을 신고.납부하였다.

나. 쟁점법인은 2018.10.4. 임시주주총회를 개최하여 재무구조 개선을 위한 이익소각을 목적으로 자기주식 취득을 결정하였고, 2018.11.7. BBB이 보유한 쟁점주식을 1주당 OOO원으로 평가하여 양수한 뒤에 이를 이익소각하였다(이하 일련의 거래를 "쟁점거래"라 한다).

다. OOO청장(이하 "조사청"이라 한다)은 2021.5.13.~2021.9.22. 기간 동안 쟁점법인에 대한 주식변동조사를 실시한 결과, 청구인이 배우자 BBB에게 쟁점주식을 증여하고, BBB이 쟁점법인에 쟁점주식을 양도한 것은 '실질적으로 청구인이 직접 쟁점주식을 쟁점법인에 양도한 것'이라는 조사내용을 처분청에 통보하였으며, 처분청은 위 조사내용에 따라 2021.11.5. 청구인에게 2018년 귀속 종합소득세 OOO원을 경정.고지하였다.

라. 청구인은 이에 불복하여 2022.1.14. 심판청구를 제기하였다.

2. 사실관계 및 판단
· 청구인이 대표이사로 있는 쟁점법인은 2013.9.16 설립하여 헤드레스트, 암레스트 등 자동차용 부품을 생산, 판매하고 있는 법인이고, 2018년 말 기준으로 주주는 대표이사 청구인(50% 지분), 자녀 DDD.EEE.FFF(50% 지분)로 구성되어 있다.

• 청구인의 배우자 BBB은 쟁점주식의 양도대금을 수령하여 BBB의 개인사업인 OOO 계좌로 입금된 금액을 개인명의 대출상환(OOO원)과 주택 취득자금으로 사용한 것으로 확인된다.

• 이상의 사실관계 및 관련 법령 등을 종합하여 살피건대, 청구인은 쟁점거래로 인한 이익이 청구인에게 귀속되지 않았고, 쟁점거래는 별개의 원인에 따라 이루어진 거래이므로 이에 대하여 청구인이 선택한 거래의 형식을 부인하고 의제배당에 따른 종합소득세를 부과한 처분은 부당하다고 주장하나, 「국세기본법」 제14조 제3항은 "제3자를 통한 간접적인 방법이나 둘 이상의 행위 또는 거래를 거치는 방법으로 이 법 또는 세법의 혜택을 부당하게 받기 위한 것으로 인정되는 경우에는 그 경제적 실질 내용에 따라 당사자가 직접 거래를 한 것으로 보거나 연속된 하나의 행위 또는 거래를 한 것으로 보아 이 법 또는 세법을 적용한다"고 규정하고 있고, 납세의무자는 경제활동을 함에 있어서 동일한 경제적 목적을 달성하기 위하여 여러 가지 법률관계 중 하나를 선택할 수 있으므로 납세의무자가 조세의 부담을 줄이기 위하여 경제적으로 하나의 거래임에도 형식적으로 중간 거래를 개입시켰다는 이유만으로는 납세의무자가 선택한 거래형식을 함부로 부인할 수 없으나, 가장행위에 해당한다고 볼 수 있는 특별한 사정이 있을 때에는 과세상 의미를 갖지 않는 그 가장행위를 제외하고 그 뒤에 숨어 있는 실질에 따라 과세할 수 있다고 보아야 할 것이다(대법원 2014.1.23. 선고 2013두17343 판결).

• 청구인은 쟁점법인의 최대주주이자 대표이사로서 일정한 계획하에 쟁점법인과 배우자를 통한 쟁점거래 구조를 조정하거나 통제할 수 있는 의사결정 권한을 가지고 있는 것으로 보이는 점, 쟁점거래는 쟁점주식의 증여일부터 자기주식 취득 및 소각시점까지 2개월 이내에 이루어졌고, 일련의 행위들이 각 당사자의 독립적인 의사결정에

따른 것이라기보다 사전에 예정된 청구인의 의사결정에 따라 순차적으로 이루어진 것에 불과해 보이는 점, 청구인의 배우자가 증여받아 쟁점법인에 양도한 쟁점주식의 수는 배우자 증여재산 공제 한도인 OOO원에 근접하게 정한 것으로 보더라도 쟁점거래에 있어 의제배당에 따른 종합소득세를 회피하기 위한 목적 외에 다른 합리적인 이유는 없어 보이는 점 등에 비추어 처분청이 쟁점거래를 가장거래로 보아 청구인에게 종합소득세를 부과한 이 건 처분은 달리 잘못이 없는 것으로 판단된다(조심 2022중5322, 2022.6.29. 등, 같은 뜻임).

상기 두 판례는 법적인 형식에서는 주식 증여와 이익소각을 세법 및 상법상 절차에 맞게 진행하였고, 대표이사가 배우자의 이익소각 대금을 빌리면서 금전소비대차 약정서까지 작성했음에도 불구하고 국세기본법 제14조 실질과세 법리를 적용해서 조세회피 행위를 인정하여 추징한 사례다. 이익소각에 대해 최근 국세청과 조세심판원에서는 광범위하게 실질과세 원칙을 적용하여 과세하고 있는 상황이어서 특히 배우자에게 증여를 하고 나서 이를 소각하는 방식에 대해 많은 주의가 요구된다.

✅ 국세기본법 제14조(실질과세)

① 과세의 대상이 되는 소득, 수익, 재산, 행위 또는 거래의 귀속이 명의(名義)일 뿐이고 사실상 귀속되는 자가 따로 있을 때에는 사실상 귀속되는 자를 납세의무자로 하여 세법을 적용한다.

② 세법 중 과세표준의 계산에 관한 규정은 소득, 수익, 재산, 행위 또는 거래의 명칭이나 형식과 관계없이 그 실질 내용에 따라 적용한다.

③ 제3자를 통한 간접적인 방법이나 둘 이상의 행위 또는 거래를 거치는 방법으로 이

법 또는 세법의 혜택을 부당하게 받기 위한 것으로 인정되는 경우에는 그 경제적 실질 내용에 따라 당사자가 직접 거래를 한 것으로 보거나 연속된 하나의 행위 또는 거래를 한 것으로 보아 이 법 또는 세법을 적용한다.

[판례 3] 자기주식 취득의 정당성 인정 판례
✓ 조심-2022-중-1945, 2022. 10. 19.

1. 쟁점 사항

자기주식 취득 목적의 통지 누락이 상법상 당연무효에 해당하여 자기주식 취득 대금을 업무무관 가지급금으로 보고 인정이자 등을 계산할 수 있는지 및 자기주식 취득은 배당가능이익을 재원으로 한다는 것의 의미

2. 판결 결과

✓ 조세심판원: 조심2016서1700 2016. 7. 7. 결정(기각)
✓ 제1심: 서울행정법원 2017. 1. 20. 선고, 2016구합73658 판결(국승)
✓ 제2심: 서울고등법원 2017. 8. 30. 선고, 2017누35631 판결(국승)
✓ 제3심: 대법원 2021. 07. 29. 선고, 2017두63337(국패)

과거 판례(조심2016서1700 2016. 7. 7.)에서는 비록 자기주식의 취득 과정에서는 <u>형식상 상법의 절차를 위배하지 않았다고 하더라도, 자기주식 취득 전후의 관계 및 거래 목적 등을 통해 실질상 특정 주주에게만 자기주식을 취득하였다면 상법상 주주평등원칙을 위반한 것으로 보았다.</u> 과세 관청에서는 이러한 상법에 위배된 자기주식 거래를 해당 특수관계자에 대한 업무무관 가지급금으로 보아 부당행위계산부인을 적용하고 있다.

대법원 판례(2021. 07. 29. 선고, 2017두63337)에서는 다음과 같은 법리로 회사의 자기주식 취득에 문제가 없다고 판단했다.

1) 상법 제341조 제1항 제2호, 상법 시행령 제9조 제1항 제1호, 제10조 제1·2호에서 회사가 일정한 방법과 절차에 따라 자기주식을 취득하도록 정한 취지는 주주들에게 공평한 주식양도의 기회를 보장하려는 데에 있다. 원고는 이사회에서 상법 시행령 제10조 제1호 각 목이 정한 사항을 결의한 다음 모든 주주들에게 자기주식 취득의 통지를 하였으나 그 통지서에 '자기주식 취득의 목적'등이 누락된 사실을 알 수 있다. 그런데 원고의 이사회에서 결의한 자기주식 취득의 목적은 과다한 이익잉여금 적립으로 인한 재무적 낭비를 제거하고 주식 가치를 제고하기 위한 것인 점, 주식 1주를 취득하는 대가로 교부할 금전은 「상속세 및 증여세법」이 정한 비상장주식의 평가 방법에 기초하여 산정된 점, 원고는 자기주식 취득의 통지를 하면서 양도 신청 기간을 명시하였고 실제로 원고가 한○○에게 주식양도 대금을 지급한 날은 양도 신청 기간 다음 날이었던 점, 주주들이 이 사건 거래를 전후하여 이의를 제기한 것으로 보이지도 않는 점 등을 고려하여 보면, <u>원고가 자기주식 취득의 통지를 하면서 이사회에서 결의한 사항의 일부를 누락하였다는 이유만으로 주주들의 공평한 주식양도의 기회가 침해되었다고 보기 어렵다. 또한 원고가 모든 주주들에게 자기주식 취득의 통지를 한 점 등에 비추어 보면, 원심이 든 사정만으로 원고가 처음부터 한○○가 보유하고 있던 주식만을 취득하려고 하였다고 단정할 수 없다. 따라서 이 사건 거래를 무효로 볼 수 없다.</u> 그러므로 원심은 자기주식 취득의 절차, 주주평등원칙 등에 관한 법리를 오해하여 판결에 영향을 미친 잘못이 있다.

2) 배당가능이익은 채권자의 책임재산과 회사의 존립을 위한 재산적 기초를 확보하기 위하여 직전 결산기상의 순자산액에서 자본금의 액, 법정준비금 등을 공제한 나머

지로서 회사가 당기에 배당할 수 있는 한도를 의미하는 것이지 회사가 보유하고 있는 특정한 현금을 의미하는 것이 아니다. 또한 회사가 자기주식을 취득하는 경우 당기의 순자산이 그 취득가액의 총액만큼 감소하는 결과 배당가능이익도 같은 금액만큼 감소하게 되는데, 이는 회사가 자금을 차입하여 자기주식을 취득하더라도 마찬가지이다. 따라서 <u>상법 제341조 제1항 단서는 자기주식 취득가액의 총액이 배당가능이익을 초과하여서는 안 된다는 것을 의미할 뿐 차입금으로 자기주식을 취득하는 것이 허용되지 않는다는 것을 의미하지는 않는다.</u>

그러므로 원심은 자기주식 취득의 한도인 배당가능이익에 관한 법리를 오해하여 판결에 영향을 미친 잘못이 있다.[4]

03 토픽을 마치며

"이익잉여금이 너무 많이 쌓여 고민인데, 좋은 방법 없나요?"

최근에 법인 CEO들을 만나서 상담해 보면 이익잉여금 해소 필요성에 대한 인식이 과거에 비해 많이 높아졌음을 알 수 있다. 과거에는 이익잉여금이 어떤 의미인지, 향후 세금에 어떤 영향을 미치는지 전혀 인지하지 못하는 경우가 많았다. 하지만 이제는 적극적으로 이익잉여금을 해소하고자 하는 CEO가 많아졌다.

<u>이익잉여금 해소 방안에는 손실을 내는 방법과 배당을 하는 방법</u>이 있다. 그런데 손실을 마음대로 내기도 어렵거니와 거액의 소득세를 부담하면서 배당을 하는 부담스럽다. 이때 <u>이익소각은 비교적 적은 세금으로 이익잉여금을 해소할 수 있는 좋은 방안</u>이 된다.

다만 상법상 까다로운 절차를 준수해야 하는 점과 과세 관청에서 실질과세 원칙을 폭넓게 적용하고 있는 점을 주의해야 한다. 또한 이익소각 실행 시에는 자기주식 취득을 위한 주식 가치 평가가 필수적으로 수반된다. 평소 법인세 세무 관리가 잘되어 있

어야 주식 가치도 적절하게 평가될 수 있다. 다른 법인이 한다고, 좋은 솔루션이라고 무작정 실행하기 전에 우리 법인의 세무 관리가 잘되고 있는지를 먼저 확인해 봐야 한다.

---

4   대법원 판례에 비춰 보면 상법의 자기주식 취득 절차를 철저히 준수하면 자기주식 취득의 목적에 관계없이 상법상 유효한 자기주식 취득으로 볼 수 있다. 향후 세무 당국에서 자기주식의 취득에 대해 세무조사를 실시할 때도 자기주식의 취득 자체를 문제 삼기보다는 자기주식 취득과 관련한 이익을 실질적으로 당초 증여자인 대주주가 향유하는지 여부가 쟁점이 될 가능성이 높다. 또한 상법상 배당가능이익이 있어야 한다는 의미가 회사가 실제 현금을 보유하고 있어야 한다는 뜻이 아니라는 점에서 차입을 통해 자금을 마련하는 것도 가능하다고 판단된다.

topic
10

가지급금은 충분한 시간을 갖고 해소하라

01 토픽 소개

　세법상 가지급금은 보통 대표자 또는 주주가 법인 자금을 임의로 인출하여 개인적으로 사용할 때 발생한다. 또는 사업상 불가피한 리베이트, 불법 외국인 노동자의 현금 인건비 지급, 지출 증빙 누락 등도 빈번한 가지급금 발생 사유다.

　일단 가지급금이 발생하면 대표자는 모두 변제할 때까지 법인에 이자를 납부해야 한다. 그러지 않으면 세법상 상여로 처분되어 CEO 개인의 소득세가 증가한다. 또한 가지급금이 있는 법인에 차입금이 있으면 지급이자 일부나 전부를 손비로 인정받지 못한다. 이처럼 많은 불이익이 발생하는 가지급금을 어떻게 하면 세법에서 인정하는 방법으로 효과적으로 해소할 수 있을까?

02 실전 화법

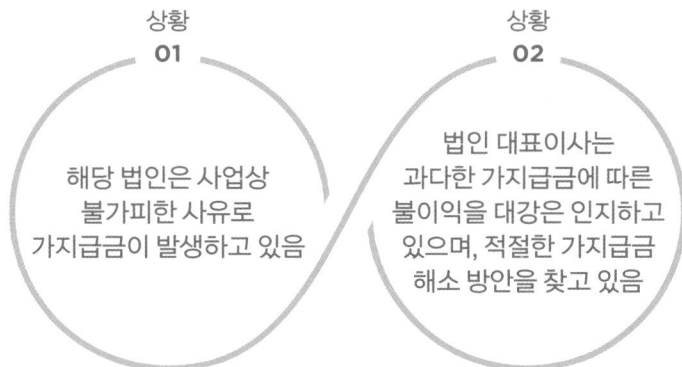

상황 01: 해당 법인은 사업상 불가피한 사유로 가지급금이 발생하고 있음

상황 02: 법인 대표이사는 과다한 가지급금에 따른 불이익을 대강은 인지하고 있으며, 적절한 가지급금 해소 방안을 찾고 있음

FP 안녕하세요, 김세무 FP입니다. 만나 뵙게 되어 반갑습니다. 얼마 전에 가지급금 때문에 고민이 많으신 김 사장님과 상담하면서 가지급금 해결에 도움을 드렸습니다. 그랬더니 대표님도 아마 같은 고민이 있을 것이라면서 소개해 주셨습니다. 대표님께도 도움을 드릴 수 있을까 해서 이렇게 찾아뵙게 되었습니다.

CEO 어서 오세요. 가지급금은 저희 담당 세무사도 딱히 해결 방법이 없다던데 무슨 좋은 방안이라도 있나요? 사실 제가 개인적으로 사용하지도 않았고 사업하다 보니 어쩔 수 없이 생겼는데 골치가 아프네요. 매년 4.6% 이자를 회사에 내는 상황입니다. 게다가 은행 차입금이 있으면 은행에 내는 이자비용 중에 일정 부분은 손비 인정도 못 받는다고 그러던데요. 그것만 해도 손해가 이만저만이 아닙니다.

CHECK POINT
가지급금의 세법상 불이익

1. 가지급금 인정이자의 익금산입 세무조정(법인세법 시행령 제11조)

법인이 특수관계자에게 무상 또는 낮은 이율로 금전을 대여한 경우에는 다음 산식에 의하여 계산한 인정이자 상당액과 법인이 계상한 이자와의 차액을 각 사업연도의 소득금액 계산 시 익금에 산입하고 귀속자에 따라 배당, 상여, 기타소득, 기타 사외유출로 처분한다.

> **가지급금 인정이자 = 가지급금 등의 적수 × 세법상 이자율 × 1/365(윤년은 366)**

가지급금 인정이자 계산 시 이자율은 법인의 가중평균 차입이자율 또는 세법상 당좌대출이자율(현재 4.6%, 법인세법 시행규칙 제43조②)이 적용된다. 당좌대출이자율을 선택하는 경우 해당 사업연도와 이후 2개 사업연도는 당좌대출이자율을 시가로 한다. 한편, 가지급금에 대한 이자를 법인에 내지 않으면 그 금액을 법인세 계산 시에 익금산입하여 법인세를 부담해야 한다.

2. 지급이자 손금불산입 세무조정(법인세법 제28조 제1항)

법인이 업무무관 가지급금이 있는 경우 법소정의 지급이자를 손금에 산입하지 아니한다. 이는 차입한 자금이 비생산적인 자산을 취득, 보유하는 데 사용되는 경우를 규제하기 위한 조치다.

지급이자 손금불산입액 = 지급이자 × 가지급금 적수 / 총차입금 적수

[판례] 가지급금 인정이자 및 지급이자 손금불산입

자산 10억 원, 차입금 5억 원, 차입금 이자 5천만 원인 회사에 가지급금이 1억 원이 있는 경우 가지급금으로 인한 법인세 추가 부담액은?(단, 적용 이자율 4.6%, 법인세율은 지방소득세 포함 20.9% 가정)

(해설)

① 가지급금 인정이자: 1억 원 X 4.6% X 20.9% = 961,400원

② 지급이자 손금불산입액: 5천만 원 X 1억 / 5억 X 20.9% = 2,090,000원

법인세 부담액 합계(①+②): 961,400 + 2,090,000 = 3,051,400원

[참고] 가지급금과 횡령죄[대법원 2006. 4. 27. 선고, 2003도135 판결]

회사의 대표이사 혹은 그에 준하여 회사 자금의 보관이나 운용에 관한 사실상의 사무를 처리하여 온 자가 이자나 변제기의 약정과 이사회 결의 등 적법한 절차 없이 회사를 위한 지출 이외의 용도로 거액의 회사 자금을 가지급금 등의 명목으로 인출, 사용한 행위가 횡령죄를 구성하는지 여부

[판결 요지]

회사의 대표이사 혹은 그에 준하여 회사 자금의 보관이나 운용에 관한 사실상의 사무를 처리하여 온 자가 회사를 위한 지출 이외의 용도로 거액의 회사 자금을 가지급금 등의 명목으로 인출, 사용함에 있어서 이자나 변제기의 약정이 없음은 물론 이사회 결

의 등 적법한 절차도 거치지 아니하는 것은 통상 용인될 수 있는 범위를 벗어나 대표이사 등의 지위를 이용하여 회사 자금을 사적인 용도로 임의로 대여, 처분하는 것과 다름없어 횡령죄를 구성한다고 볼 수 있다.

가지급금은 여러 이유로 발생하는데 대표님처럼 개인적으로 사용하지 않으셨더라도 결국은 대표님이 법인에서 빌려 간 돈으로 간주합니다. 원칙적으로 가지급금을 해소하려면 대표님 돈으로 갚는 것 이외에 다른 방법은 사실상 없습니다. 그래서 대표님의 자금 출처가 무엇보다도 중요합니다. 제가 추천해 드리는 첫 번째 방법은 급여 인상과 배당을 적절하게 활용하는 것입니다. 즉, 급여를 올려서 받은 인상분과 배당으로 얻은 배당금으로 법인에 변제하는 방법입니다.

그건 저도 생각해 봤지만 급여를 올리면 세금도 늘어나고 건강보험료도 많이 나올 텐데요? 그리고 배당은 안 해 봤지만 배당금에도 세금이 많이 나오지 않나요?

급여 인상이나 배당을 일시에 많이 하시면 세부담이 크게 증가할 수 있습니다. 건강보험료도 급여 인상에 따라 늘어나는 것이 사실입니다. 하지만 현재 대표님 급여가 충분히 책정되어 있지 않다면 인상을 충분히 고려할 만합니다. 급여 인상분은 법인에서 손비 처리가 되기 때문에 법인세 절세까지 생각하면 추가 세부담은 그리 많지 않습니다.

그리고 배당을 말씀하셨는데 아직 해 본 적이 없습니다. 배당은 세금을 얼마나 내나요?

배당소득은 기본세율이 15.4%입니다. 그런데 배당금은 이자소득과 합쳐서 연간 2천만 원이 넘으면 대표님 근로소득과 합산해 세금을 부과합니다. 따라서 연간 2천만 원 범위 안에서 활용하시되, 가지급금 규모가 크다면 종합소득세를 좀 더 부담하시더라도 더 많은 배당을 고려할 만합니다.

급여나 배당 말고 또 다른 방법도 있나요?

CEO

FP

두 번째 방안은 자기주식 취득을 활용하는 것입니다. 즉, 대표님이 가지고 계신 주식을 회사가 사 주고 대표님은 주식 매각 대금으로 가지급금을 상환하는 방법입니다. 주식을 회사에 매각하실 때는 복잡한 세금 문제가 생길 수 있으니 양도 금액을 적절히 평가받아 진행하셔야 합니다. 만약 지나치게 비싼 가격에 매각하시면 문제가 생길 수 있습니다.

그 방법은 세무상 문제는 없나요?

CEO

FP

물론 주의하셔야 하는 부분도 있습니다. 세법에 따르면 단순 주식양도[1]에는 양도소득세를, 주식소각에는 배당소득세를 부과합니다. 따라서 자기주식을 취득한 후에 주식을 소각하면 배당소득세가 부과되기 때문에 세부담이 커질 수 있습니다. 하지만 단순 양도 양수 거래로 진행하면 양도소득세를 내면 되는데요. 주식 양도소득세는 과세표준[2]에 20%(과세표준 3억 초과분은 25%, 지방소득세 별도) 세율이 적용되며, 증권거래세는 양도가액의 0.35% 세율을 부담합니다. 이렇게 자사주를 법인에 넘기고 받은 대금으로 가지급금을 상환하시면 됩니다.

자기주식 취득을 활용하면 가지급금 상환이 용이할 듯한데요?

CEO

---

1   법인이 자기주식을 일시적으로 보유할 목적인 경우를 의미한다. 이때는 자기주식의 재매각 실행 절차가 후속적으로 필요하다. 만일 일시 보유 목적으로 취득한 후에 아무런 매각 의지 없이 장기간 보유하면 사실상 소각과 동일한 효과가 있으므로 추후 배당소득세로 추징될 수도 있다.
2   양도소득세 과세표준은 양도가액에서 취득가액과 양도비용(증권거래세 등)을 빼고, 여기에 기본공제(연 250만 원)까지 제한 금액을 의미한다.

그렇습니다. 하지만 이 방법이 모든 회사에 적용되기는 어렵습니다. 상법에는 자기주식 취득 한도가 정해져 있습니다. 먼저 회사의 이익배당 가능 금액, 쉽게 말하면 재무상태표상 미처분이익잉여금 정도의 범위 안에서만 가능합니다. 회사가 결손이 나거나 실행 자금이 없다면 자기주식 취득이 쉽지 않습니다. 또한 자기주식 취득 전에 항상 국세청 예규나 판례 등도 참고하셔야 합니다. 이 부분은 세무 전문가의 자문이 필요합니다.

FP

그 외에 또 다른 방법이 있습니까?

CEO

세 번째로 대표님 개인의 부동산이나 보험계약이 있다면 이를 법인에 매각하셔서 가지급금을 변제하는 방법도 있습니다. 또는 대표님께서 개인적으로 보유하신 특허권이 있다면, 이를 회사에 매각해 자금을 마련하실 수도 있습니다. 단, 회사의 영업과 관련된 특허권이어야 합니다. 특허권을 양도하면 대표님께는 기타소득으로 과세되는데 전체 양도가액의 60%를 비용으로 인정해 주니 실제 부담하는 세금은 많지 않습니다. 그 외에 대표님이 퇴직하시면서 받는 퇴직금으로 가지급금을 상환하시는 방법도 있습니다. 이는 현실적 퇴직을 하실 때만 가능한 방법이므로 다른 방안과 병행해서 고려해 보실 필요가 있습니다.

FP

네, 알겠습니다. 저도 여러 방안을 실행해서 가지급금을 속히 정리하고 싶습니다. 오늘 많은 도움이 되었습니다.

CEO

가지급금은 당장 큰 금액을 해소하기는 어렵기 때문에 충분한 시간을 갖고 체계적으로 하나씩 실행해 나가는 것이 무엇보다 중요합니다. 향후에는 가지급금이 추가로 발생하지 않도록 예방하는 것이 중요하다는 점도 강조드리고 싶습니다.

FP

CHECK POINT
가지급금 해결 방안 요약

① **급여 인상**

급여를 인상하여 근로소득세 납부 후 남은 돈을 법인에 상환

② **배당 실시**

배당을 실시하여 배당소득세 납부 후 남은 돈을 법인에 상환

③ **자사주 취득**

주식을 법인에 매각하고 매각 대금을 법인에 상환

④ **특허권 및 개인 자산 매각**

개인 특허권이나 부동산 등을 매각하여 법인에 상환

(개인 보험계약을 법인에 매각하는 방안도 가능)

⑤ **퇴직금 지급(현실적 퇴직 시에 한함)**

퇴직금을 지급하여 퇴직소득세 납부 후 금액을 활용해 법인에 상환

03 토픽을 마치며

"회계사님, 큰 비용 없이 가지급금을 해소할 수 있는 방안 좀 알려 주세요."

"가지급금 때문에 골치가 아픕니다. 제가 쓴 것도 아닌데 좀 억울하다는 생각도 듭니다."

필자의 거래 고객이나 상담 고객에게서 흔하게 듣는 푸념이다. 중소기업의 애로 사항 가운데 하나가 다양한 사업상의 사유로 발생하는 가지급금이다. 가지급금은 발생 이유를 불문하고 법인에 상환을 해야만 해결된다. 그냥 갑자기 없어지지는 않는다. 결국 대표이사 개인의 상환 자금을 만들어야 하는데 법인 자금을 개인화하는 방법이 많이 활용된다. 가지급금이 거액이라면 한 가지 방법으로 쉽게 해결하기는 어렵다. 급여 인상, 배당, 퇴직금 등 여러 방안을 동원해 점진적으로 해소해 나갈 수밖에 없다.

또한 과세 관청 입장에서는 가지급금을 특히 주시하고 있고, 거액의 가지급금을 갑자기 해소하면 자금 출처 조사가 나올 수 있다. 따라서 회사 상황에 맞는 방법을 찾되 자금 출처 조사에도 철저하게 대비해야 한다.

topic
11

특허권 양수도는
신중하게
활용하라

01 토픽 소개

최근 들어 법인 CEO 개인의 특허권이나 상표권을 법인에 양도 또는 현물출자 하여 가지급금 해결, 재무구조 개선, 대표이사의 소득 실현 등을 도모하는 컨설팅이 현장에서 많이 실행되고 있다. <u>개인이 특허권 등의 양도 행위를 계속적·반복적이 아닌 일회성으로 하는 경우에는 기타소득으로 과세</u>된다. 이때 <u>60%의 필요경비를 인정하기</u> 때문에 상당한 소득세 절세 효과를 기대할 수 있다.

그런데 CEO와 법인 간에 특허권 등의 양도 거래가 빈번해지면서 과세당국과의 마찰도 많아지고 있다. 특수관계인 간의 거래인 만큼 국세청에서도 많은 관심을 갖고 강도 높은 검증을 하고 있기 때문이다. 철저한 세무 검토 없이 진행했다 세무조사를 통해 거액의 세금을 추징당하는 사례도 발생하고 있다. 따라서 <u>영업 현장에서 일하고 있는 FP는 특허권과 관련된 컨설팅을 진행할 때 장점과 리스크를 충분히 설명하고 타당성을 검토한 후 진행</u>해야 한다. 그래야만 추후 예기치 못한 세무 리스크에 대비할 수 있다.

02 실전 화법

상황 01
CEO는 개인사업자로 10년간 운영하다 최근 법인을 설립하여 사업을 확장하고자 함

상황 02
개인사업자 시절 특허권을 다수 취득 하였으며, 해당 특허권은 법인의 매출 및 영업 이익에 상당한 기여를 하고 있음

FP 대표님, 안녕하세요? 오늘은 전에 문의하신 특허권 관련해서 말씀드리겠습니다.

요새 여러 컨설팅 회사에서 와서는 특허권을 활용해 가지급금을 해결해 준다고 하더라고요. 그런데 자세히는 알려 주지 않고 보험을 가입해야 해결해 준다고 해서 조금 난감했습니다. 혹시 FP님도 이 부분을 좀 아시나 해서요.

CEO

FP 그런 일이 있었군요. 대표님은 혹시 개인 소유의 특허권을 몇 개나 가지고 계신가요?

예전에 개인사업을 할 때 특허권을 두 개 받아 두었습니다.

CEO

FP 특허권으로 가지급금을 해결하는 방법은 방금 말씀하신 대표님 개인 소유의 특허권을 법인에 양도하는 것입니다. 그러면 대표님은 법인에서 특허권의 대가를 받으실 것 아닙니까?

그렇겠지요.

그럼 대표님께서 받으신 특허권의 대가를 다시 법인에 입금해서 가지급금과 상계하는 것입니다.

그렇군요. 생각보다 복잡한 건 아니네요.

그런데 특허권을 법인에 양도할 때는 몇 가지 조심하셔야 할 부분이 있습니다. 당연히 세금도 따져 봐야 하고요.

그렇습니까? 주의해야 하는 점이 뭔가요? 그리고 세금은 얼마나 내야 하는 건가요?

일단 세금 문제부터 말씀을 드리자면 법인에 특허권을 양도할 때는 기타소득세를 부담하게 됩니다. 기타소득세는 특허권 대가의 60%를 필요경비로 인정해 주는데요. 필요경비를 공제한 후 소득금액에 22%(지방소득세 포함)를 적용한 금액을 원천징수 합니다.

음…. 잘 이해가 안 되는데요?

예를 들어 대표님 특허권을 3억 원에 법인에 양도한다고 가정해 보겠습니다. 3억 원에서 필요경비 60%인 1.8억 원을 공제하면 1.2억 원(기타소득금액)이지요? 그럼 1.2억에 22%를 곱한 2,640만 원이 기본 세금입니다. 하지만 이게 다는 아닙니다. 기타소득금액이 연 300만 원을 초과하기 때문에 다음 해 5월에 대표님 급여와 합산해서 종합소득세 신고를 하셔야 합니다. 그럼 추가로 세금이 나올 수 있습니다.

CHECK POINT
특허권 이전의 세금 및 절세 효과

1. 특허권 이전 시 소득 구분

일반적으로 개인의 특허권 등 양도는 일회성 거래인 경우가 많아 기타소득세가 과세된다.(소득세법 제21조) 하지만 특허권을 대여하는 경우에는 사업성 여부에 따라 사업소득 또는 기타소득으로 소득 구분이 달라진다. 이에 따라 세금 차이가 많이 날 수 있다.

구분	양도 시	대여 시
양도자(개인)	기타소득	사업성이 없는 경우: 기타소득 사업성이 있는 경우(*) : 사업소득
양수자(법인)	무형자산 계상 후 감가상각(7년[1])	대여료를 지급수수료 등으로 비용 처리

(*) 계속·반복적으로 특허권 양도 거래를 하는 경우에는 사업성이 있다고 봄

한편 특허권의 양도 대가가 기타소득으로 과세되는 경우에는 지급받은 대가의 60%를 필요경비로 인정한다.(소득세법 시행령 제87조)

---

[1] 참고로 상표권이나 실용신안권, 디자인권의 경우 5년의 내용연수가 적용된다.(법인세법 시행규칙 별표 3)

2. 특허권 양도 시 절세 효과

개인이 특허권을 5억 원에 평가받아 법인에 양도하는 경우(소득세율 44%, 법인세율 20.9% 가정. 각각 지방소득세 포함 세율임)

구분	양도자(개인)	양수자(법인)
세무 처리	기타소득으로 과세	자산 계상 후 감가상각
절세 효과	60% 필요경비 인정	감가상각을 통한 법인세 절세
계산 내역	소득세 부담액 = 5억 × 60% × 44% = 1.32억	법인세 절세금액 = 5억 × 20.9% = 1.045억

그렇군요. 이것도 생각보다 세금이 많네요.

금액만 보면 그럴 수 있지만 경비를 60%나 인정해 주니 대표님 입장에서는 절세 효과가 큽니다. 그리고 특허권을 양수한 법인에서도 감가상각을 통해 7년간 법인세를 절세할 수 있습니다.

그렇군요. 말씀 들어 보니 잘만 활용하면 상당한 절세가 될 것 같습니다.

맞습니다. 그리고 대표님께서 그간 신경 많이 쓰신 가지급금도 해결할 수 있으니 일석이조입니다.

그렇긴 하죠. 어차피 법인에서도 특허권을 활용해서 제품을 생산하고 있으니 결국 법인으로 이전하는 게 좋겠다는 생각도 듭니다. 그런데 유의해야 하는 점도 있나요?

 네, 있습니다. 이건 상당히 유의해야 하는 부분인데요. 과거에 일부 회사에서는 가지급금을 해결하기 위해 특허권 가치를 비정상적으로 높게 평가해서 거래를 시도하기도 했습니다. 그리고 사실상 법인 소유의 특허권을 대표이사 명의로 등록해 법인 자금을 부당하게 인출하는 사례도 있었습니다. 국세청에서도 이 부분을 심도 있게 검증하고 있습니다. 물론 대표님은 개인사업자로 사업하실 때 등록하신 거니까 적정하게 평가를 받아 양도하신다면 큰 문제는 없을 거라고 생각합니다.

CHECK POINT
특허권 양도 시 주요 세무 이슈

특허권 양수도와 관련하여 세무적으로 중요한 사항은 아래와 같다.

1. 회사의 물적·인적 시설을 활용해 취득한 특허는 개인의 정당한 특허로 인정받지 못할 수 있다.

2. 특허권 평가금액(법인에 양도한 금액)이 적정해야 한다.

✅ **조심-2018-부-2794(2018. 12. 26.)**

쟁점특허권의 발명자는 청구법인의 연구소장으로 확인되고, 시제품 제작 및 특허등록비를 청구법인이 부담하는 등 쟁점특허권은 대부분 청구법인의 인적·물적 시설이 투입되어 출원된 점, 청구법인은 대표이사 명의로 등록되어 있는 쟁점특허권을 사용하면서도 OOO에게 사용료를 지급한 사실이 없는 점 등에 비추어 쟁점특허권의 실질적인 소유권자를 OOO으로 보기는 어려움

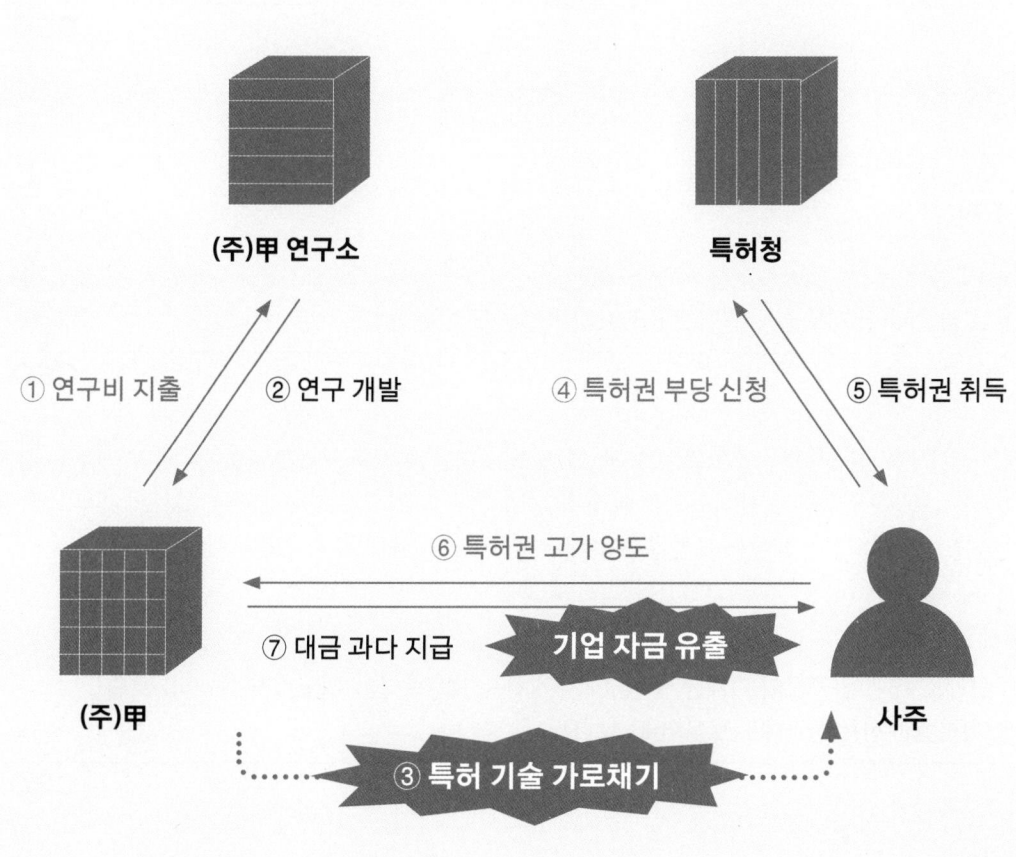

(출처: 국세청 보도자료)

◆ 조심-2017-광-4935(2018. 03. 28.)

대표이사가 쟁점특허권의 개발에 어느 정도 기여하였는지 등을 확인할 객관적 증빙이 없는 점, 쟁점특허권의 특허권자는 청구법인임에도 대표이사로부터 특허권을 양수하는 형식으로 거래하고 쟁점직무발명보상금을 지급한 것으로 처리한 점, 쟁점직무발명보상금이 정확하게 산출되었다고 보기도 어려운 점 등에 비추어 청구법인에게 원천세를 부과한 처분은 잘못이 없음 그렇군요. 그럼 특허권 평가는 어떻게 하나요? 저도 특허를 낼 때 거래한 변리사가 있긴 한데요. 거기서 평가를 받으면 될까요?

평가는 감정평가법인에 의뢰하시면 됩니다. 혹 여의치 않으시면 제가 소개해 드릴 수도 있습니다.

네, 고맙습니다. 저도 한번 알아보고 필요하면 말씀드리겠습니다.

그리고 하나만 더 말씀드리자면 특허권을 활용해 가지급금을 해결할 수도 있지만, 특허권을 법인에 출자해서 증자의 효과를 낼 수도 있습니다. 이렇게 하면 회사의 재무구조가 개선되므로 향후에 대출을 계획하고 계신다면 도움이 될 수 있습니다.

안 그래도 내년에 공장에 기계를 몇 대 더 사야 해서 대출을 생각하고 있었습니다. 그렇게 하면 법인 신용 평가에도 도움이 되겠네요.

03 토픽을 마치며

특허권, 실용신안권, 디자인권 등 무형자산을 활용하면 가지급금 해결, 기업 재무구조 개선, 대표이사의 소득 실현 등 여러 효과를 기대할 수 있다. 특히 개인 소유의 특허권 등을 법인에 양도하면 사업성 여부에 따라 다르지만 보통 기타소득으로 과세된다. 이때 따로 입증하지 않아도 60%를 필요경비로 인정해 준다. 따라서 무형자산을 양도하는 개인은 소득세를 상당히 절세할 수 있다. 특허권 등을 양수한 법인도 7년간 상각을 통해 비용 처리가 가능하므로 법인세 절세 효과도 있다.

이러한 장점 때문에 현장에서는 특허권을 새로 만들어 가면서까지 무리하게 진행하는 경우가 종종 있다. 법인이 개발한 특허권을 대표이사 개인명의로 등록한 뒤 법인에 양도하는 방식이다. 그런데 이런 경우 과세 관청에서 특허권 가로채기로 의심할 수 있다. 사전에 실행의 타당성을 면밀히 검토하지 않는다면, 세금을 추징당할 수 있는 리스크가 상당히 높다. 절세 효과만 보고 성급하게 실행하면 안 되는 이유다.

topic
12

자본준비금
감액배당을
활용하라

01 토픽 소개

   법인이 투자 유치나 재무구조 개선을 위해 자본금을 늘리는 유상증자를 하는 경우가 있다. 유상증자 방식은 액면가액으로 하는 경우도 있지만, 특정 주주만 증자에 참여하는 경우도 있다. 이때는 주주 간의 증여세 과세 문제가 발생할 수 있다. 이때 평가액대로 시가 유상증자를 하면 이러한 문제가 발생하지 않는다. 가령 주당 액면가액이 1만 원이고 세법상 평가액은 주당 5만 원인 경우, 시가인 주당 5만 원으로 유상증자를 하면 발행가액(5만 원)과 액면가액(1만 원)의 차액이 생긴다. 이를 '주식발행초과금'이라고 한다. 주식발행초과금은 외부 투자자에게서 자금을 유치할 때도 발생할 수 있다.

   주식발행초과금은 재무상태표에 자본잉여금으로 표시되는데, 상법상 이는 자본준비금에 해당한다. 자본준비금은 원칙적으로 결손금 보전에 충당해야 한다. 하지만 2011. 4. 14. 상법 개정으로 자본금의 1.5배를 초과하는 준비금은 주주총회 결의에 따라 감액할 수 있으며, 이를 재원으로 주주에게 배당할 수도 있다.

   요즘에는 중소기업에서도 적극적으로 배당을 하는 경우가 늘었지만, 여전히 부담해야 하는 세금 때문에 배당을 꺼리는 경우도 많다. 일반적으로 이익잉여금을 재원으로 배당을 하면 배당소득세를 납부해야 하는데, 배당소득을 포함한 금융소득이 2천만 원을 초과하면 금융소득종합과세에 해당하여 상당한 세금을 납부해야 한다. 그에 따른 건강보험료 증가도 큰 부담이다. 하지만 <u>주식발행초과금과 같은 자본준비금을 재원으로 배당하면 배당소득세 부담이 없다. 따라서 그동안 세금 때문에 배당을 꺼렸던 법인이라면 '감액배당'</u>을 활용하는 방안을 검토할 필요가 있다.

02 실전 화법

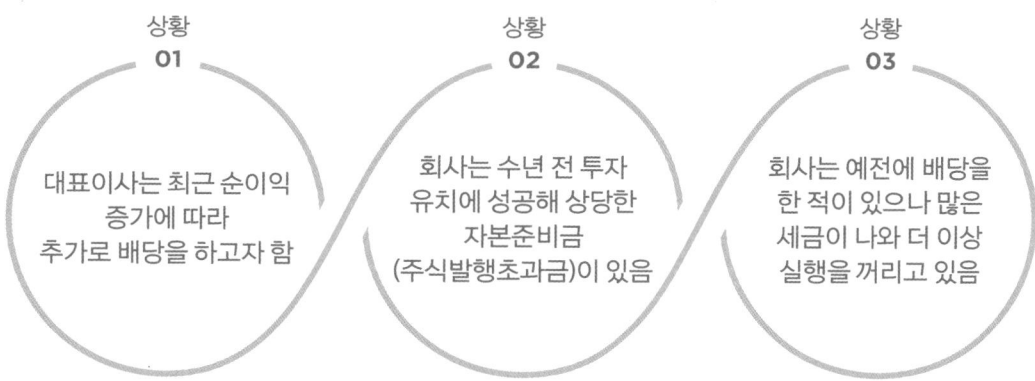

상황 01
대표이사는 최근 순이익 증가에 따라 추가로 배당을 하고자 함

상황 02
회사는 수년 전 투자 유치에 성공해 상당한 자본준비금 (주식발행초과금)이 있음

상황 03
회사는 예전에 배당을 한 적이 있으나 많은 세금이 나와 더 이상 실행을 꺼리고 있음

FP: 대표님 안녕하십니까? 김세무 FP입니다. 이렇게 만나 뵙게 돼서 반갑습니다.

안녕하세요. 멀리서 이렇게 방문해 주셔서 감사합니다.
CEO

FP: 오늘 제가 방문드린 이유는 사장님께서 회사를 경영하시는 과정에 도움이 될 만한 정보를 드리기 위해서입니다. 실은 제가 오늘 뵙기 전에 회사의 공개된 재무제표를 보고 왔는데요. 최근 몇 년간 매출과 순이익이 많이 증가한 것으로 나옵니다.

네, 다행히 최근 몇 년 동안 매출이 꽤 늘고 이익도 많아지긴 했습니다. 하지만 사실 최근 몇 년을 제외하고는 사업이 힘들어 정리까지 생각했던 시절도 있었습니다.

CEO

 그러시군요. 정말 다행입니다. 그런데 제가 재무제표를 보니 재작년부터 배당도 많이 하시는 것 같은데요. 혹시 올해도 배당 계획이 있으신가요?

그건 사실 좀 고민입니다. 요새 사업이 잘되는 걸 어떻게 알고 여러 컨설팅 회사에서 오셔서 상담을 받았는데요. 잉여금이 많으면 나중에 문제가 생긴다며 배당을 하라더군요. 그런데 막상 배당을 해 보니 세금이 너무 많이 나와서 정말 실익이 있는지 잘 모르겠습니다. 세금도 문제지만 건강보험료까지 엄청 올라서 고민하고 있는 상황입니다.

 잉여금이 많아지면 회사 주식 가치가 올라가고, 결국은 대표님 상속세나 증여세와 연결되어 막대한 세금이 나올 수 있습니다. 그렇기 때문에 다소 세금이 나오더라도 정기적으로 배당을 통해 잉여금을 관리해 나가시는 것이 좋습니다. 그런데 혹시 몇 년 전에 외부에서 투자를 받으셨나요?

네, 사업이 어려웠을 때 다행히 외부에서 투자를 받아 자본금을 증자한 적이 있습니다. 그때 투자를 못 받았으면 아까 말씀드린 대로 회사를 정리할 뻔했죠. 그 이후부터 사업이 조금씩 잘되기 시작했고 배당도 할 수 있게 되었습니다.

 그러시군요. 방금 대표님께서 세금 때문에 배당을 하는 게 고민이라고 하셨는데, 혹시 세금 없이 배당할 수 있는 방법이 있다면 한번 검토해 보시겠습니까?

아니, 배당을 하는데 세금이 없다고요? 우리 세무사도 기본으로 15.4%는 내야 하고 연간 배당소득이 2천만 원을 넘으면 1년 치 소득을 전부 합산해서 다시 신고해야 한다고 하던데요.

 일반적인 배당은 그렇습니다. 그런데 혹시 자본준비금 감액배당이라고 들어 보신 적 있으신지요? 대표님 회사는 예전에 외부 투자를 받으면서 액면가의 수십 배로 증자를 했습니다. 이때 주식 발행가액과 액면가액의 차이가 여기 재무상태표에서 보시는 것처럼 주식발행초과금으로 표시되어 있습니다.

아, 기억납니다. 우리가 액면가액이 주당 5천 원인데 그때 증자하면서 주당 10만 원 정도에 발행했습니다.

CEO

FP

네, 액면가와 발행가액의 차액인 주당 95,000원만큼이 주식발행초과금으로 표시되어 있는 것입니다. 이를 재원으로 활용하면 세금 없이도 배당을 할 수 있습니다. 이걸 감액배당이라고 하는데요. 오래전에는 주식발행초과금 같은 자본준비금은 원칙적으로 결손금 보전에 사용하도록 되어 있었습니다. 그런데 2011. 4. 14. 개정상법에 따라 2012. 4. 15. 부터는 자본금의 1.5배를 초과하는 준비금은 주주총회에서 감액할 수 있고 이를 재원으로 주주에게 배당하는 것도 가능해졌습니다.

1

CHECK POINT

자본준비금 감액배당의 의의

1. 준비금의 감소

회사는 적립된 자본준비금 및 이익준비금의 총액이 자본금의 1.5배를 초과하는 경우에 주주총회의 결의에 따라 그 초과한 금액 범위에서 자본준비금과 이익준비금을 감액할 수 있다.(상법 제461조의2)

※ 익금불산입 되는 자본준비금 감액배당 재원의 범위(법인세법 제12조 제1항)
  ☑ 「자산재평가법」에 따른 재평가적립금

- ✓ 주식발행초과금
- ✓ 자기주식 소각익(소각 당시 법 제52조 제2항에 따른 시가가 취득가액을 초과하지 아니하는 경우로서 소각일부터 2년이 지난 후 자본에 전입하는 금액은 제외)
- ✓ 적격합병이나 적격분할에서 발생한 일정 자본잉여금

2. 2011. 4. 14. 개정상법에 따른 예시

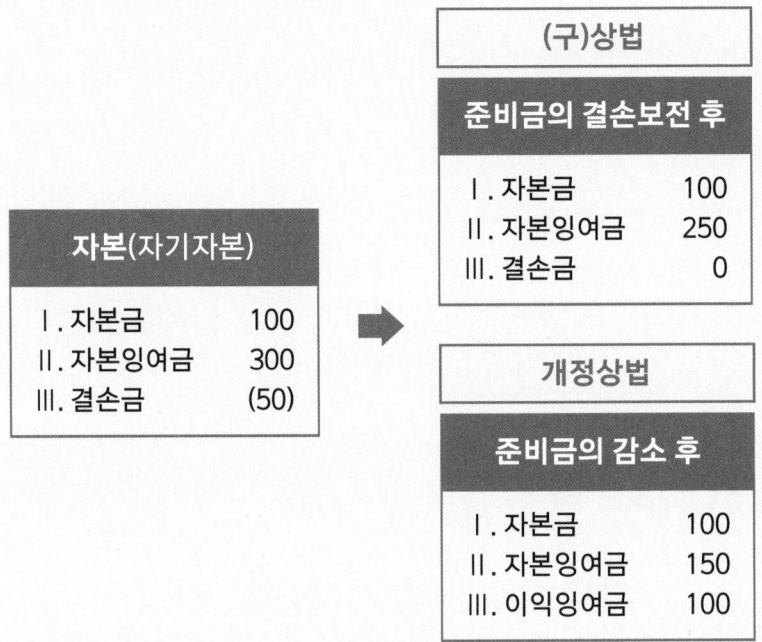

위 사례에서 보듯 예전에는 자본잉여금을 결손금 보전에 사용해야 했다. 하지만 개정상법에서는 자본금의 1.5배(100×1.5=150)를 초과하는 자본잉여금은 감액하여 이익잉여금으로 전환 후 주주들에게 배당할 수 있다.

3. 회계 처리(참고)

구분	회계 처리
자본준비금 감액	(차) 주식발행초과금 XXX / (대) 미처분이익잉여금 XXX
배당 결의	(차) 미처분이익잉여금 XXX / (대) 미지급배당금 XXX

자본준비금 감액배당이라는 말은 처음 들어 봤습니다. 대략 이해는 되는데, 그럼 결론적으로 주식발행초과금으로 배당하면 세금 없이도 가능하다는 말씀이신가요? 배당을 하긴 해야 하는데 세금 때문에 걱정이었거든요. 더구나 요새는 차등배당도 세금이 많아져서 절세 효과가 없다는 이야기도 들었습니다.

CEO

FP

맞습니다. 요새는 차등배당을 하면 배당을 적게 받은 주주가 배당을 많이 받은 주주에게 증여를 한 것으로 간주되어 배당소득세에 추가로 증여세도 납부해야 합니다.

그런데 우리 회사 같은 경우는 주식발행초과금이 있는데도 그동안 배당하면서 세금을 많이 냈습니다. 이익잉여금으로 배당하면 세금을 내야 하고 자본잉여금으로 배당하면 세금을 안 내도 된다는 말씀인가요? 그리고 배당을 할 때 그 돈이 자본잉여금에서 나간 건지 이익잉여금에서 나간 건지 어떻게 알 수 있나요?

CEO

FP

네, 자본잉여금을 감액하여 배당을 할 때 세금을 안 내도 되는 이유는 투자한 자금의 원금을 인출하는 것으로 보기 때문입니다. 그리고 감액배당과 관련한 국세청 예규가 바뀌어서 예전에는 자본준비금과 이익잉여금이 동시에 있는 법인이 자본준비금 감액배당을 지급하는 경우에는 먼저 발생한 잉여금을 우선 배당한 것으로 보아 배당소득세를 납부해야 했습니다. 그런데 지금은 자본준비금을 감액한 금액이 배당된 것으로 본다고 되어 있습니다. 그리고 자본준비금 감액배당에는 배당소득세를 부과하지 않는다는 세법 규정도 있습니다.

CHECK POINT
자본준비금 감액배당의 세무 처리

1. 관련 예규 변경

1) 기존 예규: 서면법인 2016-3651(2016. 05. 23.)

[제목] 자본준비금을 재원으로 하는 배당의 경우 잉여금의 사용 순서

[요약] 자본준비금을 감액한 금액과 당기순이익으로 구성된 미처분이익잉여금을 재원으로 배당을 하는 경우에는 먼저 발생한 잉여금을 먼저 배당한 것으로 봄

2) 변경 예규: 기획재정부법인-676(2016. 07. 12.)

[제목] 자본준비금을 재원으로 하는 배당의 경우 잉여금의 사용 순서

[회신] 자본준비금, 이익준비금과 이익잉여금이 있는 내국법인이 「상법」 제461조의2에 따라 자본준비금을 감액한 금액을 주주총회 결의에 따라 배당하는 경우, 당해 내국법인의 주주는 주주총회 결의에 따라 자본준비금을 감액한 금액을 배당받은 것으로 보는 것이며, 동 배당금을 지급받은 당해 내국법인의 주주는 「법인세법」 제18조 제8호에 따라 그 배당금을 지급받은 사업연도의 익금에 산입하지 아니하는 것임

2. 배당소득 과세제외[서면소득 2016-6178(2017. 01. 16.)]

[제목] 자본준비금 감액배당 시 의제배당 과세제외 적용 여부

[요약] 이익잉여금이 있는 내국법인이 자본준비금을 감액한 금액을 주주총회 결의

에 따라 배당하는 경우에 당해 내국법인의 주주는 그 결의에 따라 자본준비금을 감액한 금액을 배당받은 것으로 보는 것이고, 해당 배당금액은 「소득세법 시행령」 제26조의3 제6항에 따라서 그 지급받은 주주의 배당소득에 포함하지 아니하는 것임

3. 2023년 개정 세법

종전에는 자본준비금 감액배당에 대해 익금불산입 한도를 두지 않았으나 금번 개정으로 법인 주주가 보유한 주식의 장부가액을 한도로 익금불산입 하는 것으로 변경되었다.

자본준비금 감액배당 익금불산입 범위 조정 (법인세법 제18조 제8호)

종전	개정
▶ 익금불산입 되는 감액배당 「상법」§461의2에 따라 자본준비금을 감액하여 받는 배당 〈신 설〉 - 다만, 의제배당으로 과세되는 자본준비금의 배당은 제외	▶ 익금불산입 되는 감액배당 범위 조정 (좌 동) - 내국법인이 보유한 주식의 장부가액을 한도로 인정 - (좌 동)

〈시행 시기〉 '23. 1. 1. 이후 배당하는 분부터 적용

그렇군요. 작년에 배당할 때도 이 내용을 미리 알았다면 정말 좋았을 텐데 너무 아쉽네요.

 내년에 배당하실 때는 적극적으로 검토해서 실행해 보시면 좋을 것 같습니다. 혹시 실행에 어려움이 있으시면 경험이 많은 전문가도 소개해 드릴 수 있습니다.

저야 고맙죠. 사실 요새 너무 많은 컨설팅 회사에서 연락이 와서 일부러 피할 때도 있었는데, 이렇게 좋은 정보를 주셔서 정말 감사합니다.

03 토픽을 마치며

　예전에는 법인에 잉여금이 많아도 배당 자체를 하지 않거나 소액만 배당하는 경우가 많았다. 아무래도 배당을 하면 그에 따른 세금이 부담되기 때문이다.

　그러나 이번 토픽에서 소개한 감액배당을 활용하면 세금 부담 없이도 배당을 할 수 있기 때문에 매우 효율적이다. 다만 현실적으로 사전에 주식발행초과금과 같은 자본준비금이 있는 회사에만 적용할 수 있다는 점에 유의해야 한다. 즉, 모든 회사가 감액배당이 가능하지는 않다. 따라서 반드시 사전에 회사 재무제표를 꼼꼼히 확인해야 한다.

　만약 주식발행초과금과 같은 자본준비금이 없다면 적절한 유상증자를 통해 만들 수도 있다. 예를 들어 자녀 법인에 부모가 시가로 유상증자에 참여하면 불균등 증자에 따른 증여 문제도 없고, 이 과정에서 만들어지는 주식발행초과금을 나중에 감액배당의 재원으로 활용할 수도 있다. 다만 당초 증자 자금이 원래 목적대로 사용되지 않으면 우회적인 변칙 증여로 간주될 여지가 있으니 유의해야 한다.

개정 세법 완벽 반영
2023

화법중심 최고의 상담 가이드북

법인 전문 컨설턴트를 위한

법인 컨설팅 실전 세무

2부
실전 화법

Topic 13	비상장주식의 평가의 중요성을 강조하라
Topic 14	명의신탁 주식을 실소유자로 환원하라
Topic 15	저가 및 고가 거래는 증여세가 과세될 수 있다
Topic 16	가업승계 지원제도를 적절히 활용하라

(소득 설계 편) (**주식 이동 편**) (법인전환 편) (부동산 법인 편)

topic
13

비상장주식 평가의 중요성을 강조하라

01 토픽 소개

　FP가 만나는 법인은 대부분 비상장법인이다. 국내에서 코스피나 코스닥 시장에 상장된 법인은 2천여 개에 불과하다. 상장법인의 주식은 매일 시장에서 거래되기 때문에 시가가 존재한다. 세법에서 상장주식의 평가는 평가 기준일 이전 이후 각 2개월간, 총 4개월의 종가 평균액으로 한다.

　그런데 비상장법인은 일부 주식을 제외하면 거의 거래가 없어서 객관적인 시가를 측정하기 어렵다. 이러한 점을 반영하여 규정한 세법상 비상장주식의 평가 방법을 보충적 평가 방법이라고 한다. 보충적 평가 방법으로 산출한 가액이 상속세, 증여세, 양도소득세 등의 산정 기준이기 때문에 비상장주식 평가는 법인 CEO의 재산평가에서 매우 중요한 사항이다.

02 실전 화법

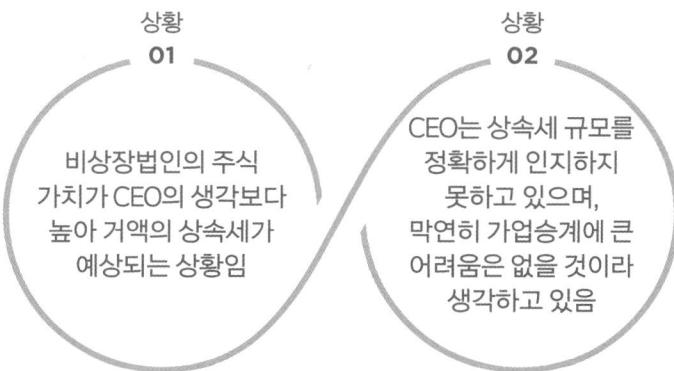

상황 01: 비상장법인의 주식 가치가 CEO의 생각보다 높아 거액의 상속세가 예상되는 상황임

상황 02: CEO는 상속세 규모를 정확하게 인지하지 못하고 있으며, 막연히 가업승계에 큰 어려움은 없을 것이라 생각하고 있음

 **FP** 대표님, 안녕하십니까? 얼마 전에 권 사장님에게 들었는데 요새 사업이 잘되신다면서요? 다들 어렵다고 하는데 이런 시기에 정말 대단하십니다.

운이 좋은 거죠. 저도 최근까지 쉽지만은 않았습니다. 경험상 사업하다 보면 늘 생각보다 잘될 때도 있고 어려울 때도 있는 것 같습니다.  **CEO**

 **FP** 대표님, 예전에 은퇴하시면 회사를 자녀에게 물려주시겠다고 말씀하셨는데 혹시 지금도 같은 생각이신지요? 전에 자세히 설명드리지 못했는데 혹시 제가 말씀드린 대로 회사 주식평가는 해 보셨는지요?

회사는 물려줄 생각이긴 한데 아직 주식평가는 해 보지 못했습니다. 당장 급한 일도 아니고 일하다 보니 까맣게 잊고 있었네요.  **CEO**

 **FP** 그래서 제가 오늘 대표님을 뵙고 혹시 도움이 될 수 있을까 해서 왔습니다. 과거에는 법인의 자산이 30억 원이고 부채가 10억 원이라면 '우리 회사는 20억 원짜리 회사'라고 단순하게 생각하시는 대표님들이 많았습니다. 물론 요즘은 별로 없으신 듯합니다만, 혹시 대표님께서는 회사의 주식 가치가 어떻게 정해지는지 알고 계십니까?

우리 회사 가치가 얼마인지 궁금하기는 했지만, 구체적으로 평가해 본 적이 없어서 잘 모릅니다. 그런데 그냥 액면가액으로 하면 되는 거 아닙니까?

대표님 말씀처럼 단순히 액면가액으로 평가하지는 않습니다. 대표님께서 자녀에게 회사를 물려주시거나, 만일 갑작스럽게 상속이라도 발생한다면 세법상 정해진 방법으로 평가해서 증여세나 상속세가 부과됩니다. 그런데 보통 생각보다 주식 가치가 굉장히 높게 나오는 경우가 많습니다.

그래요? 그럼 주식평가는 어떻게 하나요?

세법상 원칙적으로는 비상장주식도 시가로 평가해야 합니다. 다만 대부분 비상장법인의 주식은 거래가 거의 이루어지지 않기 때문에 시가를 알 수 있는 방법이 없습니다. 그래서 세법에 평가하는 방법을 두고 있습니다. 이를 보충적 평가 방법이라고 하는데요. 보통은 회사의 순자산가치와 순손익가치를 2:3으로 가중평균 합니다. 자산가치는 총자산에서 총부채를 차감한 금액이고, 손익가치는 회사의 과거 3개년 손익을 가중평균 해서 구합니다.

좀 쉽게 설명해 주시면 좋을 듯합니다.

장사가 잘되는 식당이 있다고 가정해 보겠습니다. 이 식당의 건물가는 10억 원이고 매년 2억 원의 이익이 발생한다면 누가 이 식당을 10억 원에 팔려고 하겠습니까? 자산가치 외에 매년 벌어들이는 이익까지 감안해야 하는데, 그것이 바로 손익가치입니다. 더군다나 회사는 사업으로 이익을 내기 때문에 자산가치보다 손익가치를 더 중요시합니다. 그래서 가중평균 할 때도 순손익가치에 더 높은 가중치를 둡니다.

그렇군요. 나 같아도 지금 건물값만 준다고 하면 안 팔겠죠. 거래처를 뚫기 위해 그간 얼마나 고생했는데요. 그리고 이제서야 수익도 나기 시작했으니까요.

이런 방식으로 회사 가치를 평가해 보면 보통 대표님 예상보다 높게 나옵니다. 앞서 말씀드린 순손익가치가 큰 비중을 차지하기 때문입니다.

1

CHECK POINT
세법상 비상장주식의 평가 방법

1. 원칙: 시가로 평가

비상장주식은 보통 거래가 활발하지 않다. 시가가 되려면 상속 개시일 전후 6월(증여는 증여일 전 6월, 후 3월) 이내에 당해 자산 매매가액/감정가액/수용보상가액 또는 경매(공매)가액이 있거나 유사 재산 매매사례가액이 있어야 한다. 다만 주식의 경우 해당 주식의 과거 매매가액이 있는 경우라도 아래 금액 중 작은 금액보다 미달하면 시가로 인정하지 않는다.(평가심의위원회의 심의를 거쳐 그 거래가액이 거래의 관행상 정당한 사유가 있다고 인정되는 경우는 제외)[상증법 시행령 제49조 제1항]

(ㄱ) 해당 법인의 출자총액(액면가액의 합계액)의 1%

(ㄴ) 3억 원

2. 시가가 없는 경우(보충적 평가 방법)
1) 일반적인 경우

1주당 순손익가치와 1주당 순자산가치를 각각 3과 2의 비율로 가중평균 한 가액
① 1주당 순손익가치 = 1주당 최근 3년간의 세무상 순손익액의 가중평균액 ÷ 3년 만기 회사채 유통수익률을 감안하여 기획재정부령으로 정하는 이자율(현재 10%)
② 1주당 순자산가치 = 평가기준일 현재 당해 법인의 세무상 순자산가액 ÷ 발행주식총수

2) 총자산에서 부동산가액의 비중이 50% 이상인 법인
1주당 순손익가치와 순자산가치의 비율을 각각 2와 3으로 가중평균 한 가액

3) 다음 법인들은 순자산가치만 반영하여 평가함
① 청산절차가 진행 중이거나 사업자의 사망 등으로 인해 사업의 계속이 곤란하다고 인정되는 법인
② 사업 개시 전의 법인, 사업 개시 후 3년 미만의 법인 또는 휴업·폐업 중인 법인의 주식 등(세법상 적격 분할로 신설된 법인의 사업 기간은 분할 전 동일 사업 부분의 사업 개시일부터 기산함)
③ 법인의 자산 총액 중 부동산 및 회사가 보유한 타 법인 주식가액에 그 법인의 부동산 비율을 곱한 금액의 합계액이 차지하는 비율이 100분의 80 이상인 법인의 주식 등
④ 법인의 자산 총액 중 주식 등의 가액의 합계액이 차지하는 비율이 100분의 80 이상인 법인의 주식 등
⑤ 법인설립 시 정관에 존속 기한이 확정된 법인으로서 평가 기준일 현재 잔여 존속 기한이 3년 이내인 법인의 주식 등

단, 상기 (1)과 (2)의 경우에는 가중평균 한 가액이 1주당 순자산가치의 80%보다 낮으면 순자산가치의 80%를 하한으로 한다.

4) 최대주주 평가액 할증(상속세 및 증여세법 제63조 제3항)

최대주주 또는 최대 출자자 및 그의 특수관계인에 해당하는 주주 등의 주식에 대해서는 평가액의 20%를 할증한다. 다만, 「중소기업기본법」 제2조에 따른 중소기업, 대통령령으로 정하는 중견기업(「중견기업 성장촉진 및 경쟁력 강화에 관한 특별법」 제2조에 따른 중견기업으로서 평가기준일이 속하는 과세기간 또는 사업연도의 직전 3개 과세기간 또는 사업연도의 매출액의 평균이 5천억 원 미만인 기업) 및 평가기준일이 속하는 사업연도 전 3년 이내의 사업연도부터 계속하여 「법인세법」 제14조 제2항에 따른 결손금이 있는 법인의 주식 등은 할증평가 대상에서 제외한다.

3. 종류주식의 평가

법인이 우선주 등 이익배당에 관하여 내용이 다른 종류주식을 발행한 경우에 우선주와 보통주의 평가를 어떻게 해야 하는지가 문제가 된다. 이에 대해 기본통칙에서는 우선주와 보통주를 구분하여 적정한 가액으로 평가하는 것으로 규정하고 있다. 그러나 예규 및 심판례에서는 사실관계에 따라 보통주와 우선주를 동일하게 취급 또는 구분하여 평가하는 것으로 달리 해석하고 있어서 보통주와 달리 평가하기 위해서는 이에 타당한 사유가 뒷받침되어야 할 것이다.

1) 우선주 등은 보통주와 구분하여 적정한 가액으로 평가한다는 기본통칙 및 예규

✓ 상기통 63-0…3 【배당의 내용을 달리하는 주식을 발행한 법인의 주식평가】

법인이 우선주 등 이익배당에 관하여 내용이 다른 수종의 주식을 발행한 경우에는 그 내용을 감안하여 적정한 가액으로 평가하여야 한다.

✓ 기획재정부 재산세제과-23, 2017. 1. 11.

「상속세 및 증여세법」 기본통칙 63-0…3 【배당의 내용을 달리하는 주식을 발행한

법인의 주식평가】은 비상장법인의 주식을 포함한 유가증권 평가 전체에 적용되는 것임

✓ 서면4팀-3346, 2006. 9. 29. 서면4팀-2966,
  2006. 8. 28. 재산-603, 2011. 12.20.
「상속세 및 증여세법」 제63조의 규정에 의하여 유가증권 등을 평가함에 있어 법인이 우선주 등 이익배당에 관하여 내용이 다른 수종의 주식을 발행한 경우에는 주식의 종류별로 그 내용을 감안하여 적정한 가액으로 평가하는 것임

2) 우선주 등을 보통주와 같이 취급한다는 예규 및 판례

✓ 조심2015중1692, 2015. 8. 20.
「상속세 및 증여세법」상 보통주와 우선주의 평가 방법을 달리 적용하는 규정이 없고, 쟁점상환우선주 및 쟁점상환전환우선주의 가치가 보통주보다 낮다고 볼 수 있는 객관적 증빙의 제시가 없는 점 등에 비추어 쟁점상환우선주 및 쟁점상환전환우선주의 시가를 「상속세 및 증여세법」상 보충적 평가 방법으로 산정하여 법인세 및 증여세를 과세한 이 건 처분은 잘못이 없음

✓ 상속증여-231, 2014. 7. 3.
시가를 산정하기 어려운 비상장법인의 주식은 「상속세 및 증여세법」 제63조 제1항 제1호 다목 및 같은 법 시행령 제54조 제1항의 규정에 따라 평가하는 것으로, 귀 질의의 경우 순손익가치 및 순자산가치를 계산할 때 전환우선주는 발행주식총수에 포함하는 것임

4. 자기주식이 있는 경우

자기주식이 있는 경우에는 아래 예규에서처럼 그 보유 목적에 따라 발행주식총수에 포함하거나 제외한다.

☑ 자기주식의 발행주식 수 포함 여부[제도46014-10291(2001. 03. 28.)]

상속세 및 증여세법 시행령 제56조 제1항의 규정에 의하여 비상장주식의 1주당 최근 3년간의 순손익액을 계산할 때, 각 사업연도의 주식 수는 각 사업연도 종료일 현재의 발행주식총수에 의하는 것이며, 주식의 소각 또는 자본의 감소를 위하여 취득한 자기주식은 발행주식총수에서 제외하는 것이나, 일시적으로 보유한 후 처분할 자기주식은 발행주식총수에 포함하는 것입니다.

5. 2023년 개정 세법

부동산 과다 보유 법인 판정 시 자산 총액에서 제외되는 자산의 범위가 강화되었다(소득령 §158④).

종전	개정
부동산 과다보유법인 판정시 자산 총액에서 제외되는 자산 1. 「법인세법 시행령」 제24조 제1항 제2호 바목 및 사목에 따른 무형자산의 금액 2. 양도일부터 소급하여 1년이 되는 날부터 양도일까지의 기간 중에 차입금 또는 증자 등에 의하여 증가한 현금·금융재산(「상속세 및 증여세법」 제22조의 규정에 의한 금융재산을 말한다) 및 대여금의 합계액	1. (좌동) 2. 예금, 적금, 주식 등 모든 금융자산* *「금융실명거래 및 비밀보장에 관한 법률」 제2조 제2호의 금융재산

〈개정 이유〉 차입·증자 등을 활용한 최대주주의 조세회피 방지
〈적용 시기〉 '23. 3. 20. 이후 양도분부터 적용

그런데 우리 회사에는 10년 전쯤에 구입한 부동산이 있는데 최근에 많이 올랐습니다. 부동산도 평가해서 반영됩니까?

CEO

FP

원칙적으로 세법에서는 모든 자산을 시가로 평가합니다. 부동산도 예외가 아닙니다. 만약 시가를 알기 어렵다면 보충적 평가 방법으로 공시지가를 사용합니다. 대표님 회사의 부동산도 장부가액은 14억 원이지만 공시지가로 평가해 보니 20억 원 정도 됩니다.

주식 가치가 올라가겠군요.

CEO

FP

맞습니다. 그리고 세법에서는 몇 가지 예외를 규정하고 있는데요. 만약 부동산 비중이 전체 자산의 50%를 넘으면 자산가치와 손익가치를 3:2로 가중 평균합니다. 이 경우에는 그만큼 순자산가치가 중요하다는 뜻이지요. 만약 부동산 비중이 전체 자산의 80%를 넘으면 순자산가치로만 평가합니다. 얼핏 보면 순자산가치로만 계산하는 것보다 순손익가치까지 고려하면 주식 가치가 더 높아질 것 같지만 꼭 그렇지는 않습니다. 순손익가치가 순자산가치보다 더 하락할 수도 있기 때문에 자산가치가 중요한 회사는 순자산가치로만 평가하라고 한 겁니다.

CHECK POINT
비상장주식 평가 사례

⟨가정⟩

회사의 발행주식총수는 1만 주(자본금 1억 원)이며, 평가일 현재 재무 정보는 다음과 같다.

[재무 정보]

자산	50억 원	부채 자본	10억 원 40억 원
합계	**50억 원**		**50억 원**

세무상 순손익	2020년 2021년 2022년	8억 원 8억 원 6억 원

⟨해설⟩

- 3개년 가중평균 순손익 = (6억 원 × 3 + 8억 원 × 2 + 8억 원 × 1) ÷ 6 = 7억 원
- 1주당 순손익가치 = 7억 원 ÷ 10%(손익 환원율) ÷ 1만 주 = 70만 원
- 1주당 순자산가치 = 40억 원 ÷ 1만 주 = 40만 원
- 1주당 주식 가치 = 70만 원 × 60% + 40만 원 × 40% = 58만 원
- 기업 전체 가치 = 58만 원 × 1만 주 = 58억 원

그나저나 말씀 들어 보니까 우리 회사 주식 가치도 궁금해지는데요?

대표님께서 궁금해하실 것 같아 지난주에 주신 3개년간의 세무조정계산서를 바탕으로 주식 가치를 대략 구해 봤습니다. 1주당 액면가는 1만 원인데 현재 1주당 가치는 58만 원입니다. 전체 주식 가치는 58억 원이고요.

그렇게 높습니까? 세법에서도 우리 회사 가치를 이렇게 높게 쳐 주니 제가 좋아해야 하나요? 회사 자본금이 1억 원이고 현재 순자산은 40억 원인데 58억 원까지 올라갔다니, 손익 가치 때문인가요?

그렇습니다. 만약 지금 상속을 하신다면 상속세는 대략 9.4억 원이고, 증여를 하신다면 증여세는 23.4억 원, 양도를 하신다면 양도소득세는 약 15.4억 원(지방소득세 포함) 정도 나옵니다.(체크포인트 3 주식 상속·증여·양도 시 세액 계산 사례 참조)

상속세를 거의 10억 원 가까이 내야 한다고요?

주식 가치는 순자산, 즉 자본으로만 평가하지 않고 손익가치까지 고려하다 보니 생각보다 높게 나옵니다. 그래서 이렇게 많은 세금이 나오는 겁니다.

요즘 뉴스를 보니까 상속세와 증여세 때문에 어려움을 겪는 경우가 많다고 하던데, 제가 직접 상담을 받아 보니 정말 간단한 문제가 아니군요.

CHECK POINT
주식 상속·증여·양도 시 세액 계산 사례

⟨가정⟩

현재 비상장주식 평가액 58억 원, 취득가액은 1억 원

1. 상속세

(상속인은 배우자와 자녀 2명, 공제는 배우자공제와 일괄공제 적용)

	금액(단위: 천 원)
본인재산가액	5,800,000
(−)배우자공제	2,485,714
(−)일괄공제	500,000
(=)상속세 과세표준	2,814,286
(×)세율	40%
(−)누진공제액	160,000
(=)산출세액	965,714
(−)신고세액공제	28,971
(=)납부세액	936,743

※ 배우자공제: 배우자의 법정상속지분은 5,800,000천 원 × 1.5 / 3.5 = 2,485,714천 원이며, 실제 배우자가 법정상속지분 이상을 상속받았다면 공제한도 30억 원 이내이므로 전액 공제함

2. 주식 전부를 성년 자녀에게 증여했을 때의 증여세

	금액(단위: 천 원)
본인재산가액	5,800,000
(−)증여재산공제	50,000
(=)증여세 과세표준	5,750,000
(×)세율	50%
(−)누진공제액	460,000
(=)산출세액	2,415,000
(−)신고세액공제	72,450
(=)납부세액	2,342,550

3. 주식 전부를 세법상 평가액대로 양도했을 때의 양도소득세

	금액(단위: 천 원)
양도가액	5,800,000
(−)취득가액	100,000
(−)필요경비	20,300 [1]
(=)양도차익	5,679,700
(−)기본공제	2,500
(=)과세표준	5,677,200
(×)세율	25%
(−)누진공제	15,000
(=)산출세액	1,404,300
(+)지방소득세	140,430
(=)총세부담액	1,544,730

1 증권거래세 납부세액임. 양도가액 5,800,000천 원 × 0.35% = 20,300천 원

FP 그래서 절세 방법을 다양하게 준비하셔야 하고, 더불어 자녀분들이 상속세를 현금으로 낼 수 있도록 대비하셔야 합니다. 만약 준비되지 않은 상태에서 예기치 않게 문제가 생기면 대표님의 우려가 현실화될 수 있습니다.

CEO 나중에 생각할 문제로만 치부했는데 시급히 안전 장치를 고민해 봐야겠습니다.

FP 상속세를 절세하려면 크게 두 가지 방법이 있습니다. 주식 가치가 낮아지는 시점에 주식을 이동하는 방안과 국가에서 제공하는 혜택인 가업상속공제를 활용하는 방안입니다. 가업상속공제는 나중에 자세히 말씀드릴 기회가 있을 겁니다. 우선 오늘은 주식 가치와 주식 이동 시점의 관계를 말씀드리겠습니다.

CEO 네, 설명 부탁드립니다.

FP 먼저 손익가치는 과거 3개년 평균의 수익이 향후에도 지속된다는 가정하에 만들어진 겁니다. 그런데 향후 벌어들일 소득이 과거보다 높아진다면 주식 가치는 계속해서 증가하겠죠. 반대로 시장 상황이 안 좋아서 이익의 감소가 예상된다면 미래에는 주식 가치가 하락할 것입니다. 이를 염두에 두시면 주식을 양도하거나 증여하기에 적절한 시점을 찾으실 수 있습니다. 그리고 주식 가치가 자산가치보다 떨어질 수 있다고 말씀드렸는데 손익가치가 안 좋아져서 이익이 낮게 나오면 발생하는 현상입니다. 그래서 회사 손익이 마이너스가 되었을 때에는 한 번쯤 주식 이동을 고민해 볼 필요가 있습니다.

CEO 회사 손익이 안 좋은 시점이 오히려 주식 이동에는 유리한 시점이라는 이야기군요.

그렇습니다. 그리고 가능한 범위에서 순자산가치와 순손익가치를 낮추는 방법도 고려해야 합니다. 순자산가치를 낮추려면 이익잉여금을 해소해야 하는데 배당을 꾸준하게 하시면 좋습니다. 순손익가치를 낮추려면 대표님 급여를 적절하게 인상하고, 퇴직금을 활용해서 퇴직 시 손익가치를 낮추는 방법도 고려해야 합니다.

급여나 퇴직금, 배당이 주식 가치와도 밀접한 관계가 있군요.

그래서 매년 주식 가치를 평가해 보고 꾸준하게 소득 설계를 통해 주식 가치를 관리한 후, 적절한 시점에 지분을 이전하시는 것이 중요합니다. 물론 가업상속공제라는 제도가 있긴 합니다만 요건이나 사후관리가 까다로워 신중하게 검토하셔야 합니다. 또한 주식 가치를 떨어뜨려 상속세를 절세하는 일도 중요하지만 갑작스런 상속에 대비해 상속세 납부 재원을 마련해 두는 것이 무엇보다 핵심입니다. 최소한 예상되는 상속세만큼은 언제라도 준비가 되어야 대표님께서 생각하시는 가업승계를 원활하게 할 수 있습니다. 이 부분은 생명보험을 활용하시면 좋습니다.

저도 이번 기회에 다시 생각해 보겠습니다.

03 토픽을 마치며

　기업가치를 평가하는 방법은 평가 목적에 따라 다양하다. 기업의 인수나 매각이 목적이라면 현재 순자산뿐만 아니라 미래 수익 창출력에도 중점을 두고 평가한다. 주식투자를 할 경우에도 기업의 현재나 과거보다는 미래에 초점이 맞추어지게 된다.

　하지만 세법의 입장은 좀 다르다. 기업의 미래가치는 어느 정도 주관적 판단이 개입될 수밖에 없고, 보는 관점에 따라 다르기 마련이다. 그래서 세법에서는 획일적이지만 객관적인 평가를 위해 기업의 순자산가치와 손손익가치를 바탕으로 평가하도록 하고 있다.

　CEO들 중에는 본인의 기업가치를 상당히 높게 평가하거나 또는 반대로 상당히 낮게 보는 경우가 있다.

　A 경영자: "우리 회사는 최소 1,000억 원 정도의 가치가 있습니다. 그런데 세법상 평가액은 100억 원도 안 된다고 하니 이해가 되지 않습니다."

　B 경영자: "우리처럼 손바닥만 한 회사가 무슨 50억 원이나 됩니까? 제가 볼 때는 10~20억 원 정도 수준입니다. 실제 동종 업계에 비슷한 규모의 다른 법인이 20억 원에 팔렸다는 이야기를 들었습니다."

　이와 같이 세법상 평가액과 CEO가 생각하는 평가액은 차이가 나게 마련이다. 세법상 평가액은 조세 부과를 목적으로 이뤄진다는 점을 충분히 인식하고, 절세를 위해 평가액을 낮출 수 있는 합리적인 방안을 모색할 필요가 있다.

topic 14

명의신탁 주식을 실소유자로 환원하라

01 토픽 소개

과거에는 법인설립 시 상법상 최소 발기인 요건[1]이 있었기 때문에 불가피하게 명의신탁 주식이 발생한 경우가 많았다. 현재도 과점주주[2]의 의무(제2차 납세의무, 간주취득세 납세의무 등) 때문에 의도적으로 차명지분을 해 놓는 경우가 있다.

하지만 명의신탁 주식은 많은 리스크가 있다. 배당이나 가업승계에 걸림돌이 되기도 하고, 명의신탁 주주의 변심이나 갑작스러운 사망 등으로 회수가 어려워지는 경우도 있다. 따라서 명의신탁 주식이 있다면 회수하는 것이 좋다. 이하에서는 명의신탁 환원 제도를 중심으로 알아보도록 하자.

---

1   구 상법상 1996. 9. 30. 이전에는 7인 이상이 필요했으며, 그 후 3명 이상으로 개정되었다. 2001. 7. 23. 이전까지 발기인 3명 이상이 필요했으나, 2001. 7. 24. 이후부터는 1명의 발기인만으로도 설립이 가능해졌다.
2   과점주주란 주주 또는 유한책임사원 1명과 그의 특수관계인이 보유한 주식 합계가 50%를 초과한 경우 그 주주들을 의미한다. 여기서 특수관계인은 다음의 자를 의미한다.
    ① 친족관계[4촌 이내 혈족, 3촌 이내 인척, 배우자(사실혼 배우자 포함), 친생자로서 다른 사람에게 친양자로 입양된 자 및 그 배우자와 직계비속], 혼인 외 출생자의 생부나 생모(본인의 금전이나 그 밖의 재산으로 생계를 유지하는 사람 또는 생계를 함께하는 사람으로 한정)
    ② 경제적 연관 관계(임원과 그 밖의 사용인, 본인의 금전이나 그 밖의 재산으로 생계를 유지하는 자, 전술한 이들과 생계를 함께하는 친족)
    ③ 경영 지배 관계(본인이 직접 또는 그와 친족관계 또는 경제적 연관 관계에 있는 자를 통하여 법인 경영에 지배적인 영향력을 행사하고 있는 경우 그 법인 등)

02 실전 화법

상황 01
과거 상법상 필요한 발기인이 3명이던 시절(2000년)에 법인을 설립함

상황 02
최소 발기인 요건을 갖추기 위해 친구를 발기인 및 주주로 등재하였음

상황 03
대표이사(60세)는 향후 5년 내 은퇴를 하고 회사를 자녀에게 물려줄 예정임

FP 대표님 안녕하십니까? 대표님께서 먼저 연락을 다 주시고 무슨 일 있으신지요?

실은 좀 궁금한 사항이 있어서 이렇게 뵙자고 했습니다. 제가 사업을 시작할 때 친구 명의를 빌려서 발기인(주주)으로 구성했어요. 그때만 해도 2000년대 초반이니까 회사 만들려면 최소 3명이 필요했었죠. 지분 구성은 설립 시부터 제가 40%, 친구 하나가 30%, 또 다른 친구 하나가 30% 이렇게 되어 있습니다.

CEO

FP 생각보다 차명지분이 꽤 있으시네요.

당시 법인설립을 대행해 준 법무사님 말씀으로는 지분이 50%가 넘어서 과점주주가 되면 불이익이 많다고 해서 그렇게 했습니다. 아무튼 이미 지난 일은 어쩔 수 없지만, 저도 이제 나이가 들어 앞으로 몇 년만 더 일하다가 회사를 아들한테 물려줄 생각입니다. 조만간 아들 녀석도 회사에 들어오기로 했고요. 그런데 친구 지분을 그대로 두기엔 좀 찜찜해서요. 어떻게 해야 할지 궁금해서 이렇게 뵙자고 했습니다.

CEO

CHECK POINT
과점주주의 세법상 의무와 명의신탁 주식의 리스크

1. 과점주주의 의무

① 제2차 납세의무: 법인의 재산으로 법인에 부과되거나 법인이 납부할 국세 가산금 및 체납처분비를 충당하여도 부족한 경우에는 국세 납부 성립일 기준으로 과점주주가 부족 금액에 대하여 제2차 납세의무를 지게 된다.

② 간주취득세 납세의무: 과점주주가 아니었던 자가 과점 주주가 되거나 이미 과점주주인 자가 지분을 추가 취득하여 지분이 증가한 경우, 법인이 보유한 부동산 등의 취득세 납부 대상 재산에 대하여 취득세를 추가로 납부해야 한다.

③ 국민연금보험료, 국민건강보험료 납부의무: 법인이 체납한 건강보험료, 연금보험료도 과점주주에게 납부 의무가 부여된다.

2. 명의신탁 주식의 리스크

① 명의 위탁자의 유고 또는 수탁자의 유고, 변심 시 회수가 어려울 수 있다.

② 배당 실시 곤란: 명의신탁 주식이 있으면 사실상 배당이 어려울 수 있다.

③ 가업승계 지원제도 활용 어려움: 가업승계 시 명의신탁 주식이 있으면 지분율 요건 등의 위배로 가업승계가 어려워질 수 있다.

④ 명의신탁 입증의 어려움: 시간이 경과할수록 명의신탁을 입증하거나 증거를 찾기 어려워진다.

과거에는 과점주주의 의무를 피하기 위해 차명주주를 두는 경우가 많았다. 하지만 명의신탁 주식에는 과점주주의 의무보다 더 큰 부담이 존재한다. 현실적으로도 과점주주가 되어 불이익이 발생할 확률보다 명의신탁 주식 때문에 소유권 분쟁 및 세금 문제가 생길 확률이 훨씬 높다.

오래전에 사업을 시작하신 분들은 차명지분이 있는 경우가 많습니다. 차명지분이 평소에는 큰 문제가 없어 보이지만, 특히 대표님처럼 자녀에게 회사를 물려줄 계획이 있는 사장님들께는 골칫거리가 될 수 있습니다.

그러니까요. 그럼 좋은 방안이 있겠습니까? 어디서 들으니까 해결하려면 세금이 만만치 않게 든다는 이야기가 있던데요.

혹시 그 친구분들과는 지금도 관계가 원만한가요?

지금도 한 달에 한 번은 만나서 식사도 하고 골프도 치며 잘 지냅니다.

당장 문제는 없으시군요. 다만 제 고객 중에 한 분이 명의자와 사이가 틀어지는 바람에 차명지분 문제로 고생하신 적이 있어서요. 결국 소송까지 가서 해결했습니다. 대표님께도 비슷한 문제가 생길까 염려되어 여쭤본 것입니다.

그런 경우라면 정말 골치가 아프긴 하겠네요. 그럼 저는 어떻게 해결하면 좋을까요?

보통 명의신탁 주식을 해결하는 방법에는 환원, 양도, 증여, 자기주식 취득 등 몇 가지가 있는데요. 제일 좋은 방법은 명의신탁 주식임을 입증하고 돌려받는 방식입니다. 내 주식을 되찾아 오는 방식이라서 회수할 때 세금도 없습니다. 다만 세법에서는 명의신탁 주식의 증여의제 규정이 있어서 세금이 전혀 없지는 않고요. 최초 명의신탁 시점에 대표님이 친구분에게 준 지분을 증여로 간주해 증여세가 부과될 수 있습니다. 하지만 너무 걱정하실 필요는 없습니다. 보통 액면가액을 기준으로 과세되기 때문에 큰 부담은 아닐 겁니다. 더구나 대표님께서 받으신 안내문에 나와 있듯이 과세 관청에서도 요건만 충족하면 조금은 간편한 방식으로 명의신탁 주식 해결을 지원해 줍니다.

FP

CHECK POINT
명의신탁 주식의 해결 방안

방법	내용	관련 세금
명의신탁 해지	당사자 간에 명의신탁임을 입증하여 환원	증여세(당초 주식 명의신탁에 대한 증여의제 [3])
양도/양수	명의신탁 사실의 증명이 사실상 곤란한 경우 당사자 간에 양도양수를 하여 정리	양도소득세, 증권거래세, 증여세*, 과점주주의 간주취득세 등
증여	명의신탁 사실의 증명이 사실상 곤란한 경우 당사자 간에 증여하여 정리	증여세, 간주취득세
자기주식 취득	법인에서 명의신탁 주식을 자기주식으로 취득(상법상 절차에 따름)	양도소득세(또는 배당소득세)

* 주식을 세법상 가액보다 현저히 낮거나 높은 가액으로 양수도하면 고·저가 양수도에 따른 증여세가 과세될 수 있다.(☞ 토픽 15 체크포인트 1 참조)

뭐, 그 정도라면 큰 부담은 아니네요.

CEO

FP
하지만 이 방법에는 당사자가 명의신탁 주식임을 스스로 입증해야 한다는 어려움이 따릅니다. 입증하지 못하면 과세당국이 편법 증여로 간주해 증여세를 부과할 수도 있습니다.

어떤 식으로 입증해야 하죠?

CEO

FP
예를 들어 법인설립 시 자본금을 누가 출자했는지 기록된 금융자료나 과거에 배당을 한 적이 있다면 실제 배당금 수령인이 명시된 자료 등을 활용할 수 있습니다. 또한 명의신탁 시점에 해당 내용을 문서로 남겨 놓으셨다면 이것도 좋습니다.

우리 회사는 지금까지 배당을 한 적은 없는데요. 아마 잘 찾아보면 금융자료는 있을지도 모르겠습니다. 분명히 회사 만들면서 제가 자본금을 다 댔으니까요.

CEO

FP
금융 증빙은 명의신탁을 확실하게 증명할 수 있기 때문에 제일 좋습니다. 우선 인터넷 뱅킹으로 과거 거래 내역을 조회해 보시고 어려우시면 은행에 거래 내역을 조회해 달라고 하시면 됩니다. 만약 금융 증빙을 찾으면 세무서의 사후 확인을 통해 명의신탁 주식을 찾아올 수 있습니다.

---

3   예를 들어 설립 시부터 명의신탁이 있는 경우 설립 시점이 증여세 과세 시점이 되며, 증여가액은 출자금액인 액면가액이 된다. 한편 증여세의 과세 제척기간(세금을 부과할 수 있는 기간)은 증여세 신고 기한(증여일이 속한 달의 말일부터 3개월)부터 15년이므로, 명의신탁 시점을 기준으로 대략 15년 3개월이 된다.

말씀을 들어 보니 금융 증빙이 관건인 것 같은데 내일 한번 확인해 봐야겠네요. 만약 증빙을 찾으면 이후에는 어떻게 진행하면 되나요?

네, 실소유자 확인 절차 간소화 제도를 활용하시는 방법이 있습니다. 그런데 금융 증빙을 찾더라도 간소화 제도에 따라 명의신탁 주식 환원을 하시려면 일정한 요건을 충족해야 합니다. 일단 중소기업이어야 하고, 2001년 7월 23일 이전에 설립된 회사여야 합니다. 그리고 차명주주가 법인설립 시부터 발기인이어야 하고 대표님께 환원하는 경우에만 가능합니다.

그럼 간소화 제도 활용도 가능할 것 같네요. 이 친구들은 처음부터 지금까지 차명주주고 우리 회사는 2000년도에 설립되었으니까요.

네, 그러면 세무서에서 요구하는 일정 서류만 작성해서 제출하시면 검토를 거쳐 인정해 줍니다. 그런데 명의신탁 사실을 인정받지 못하면 환원 시점을 기준으로 증여세가 부과될 수도 있다는 점은 감안하셔야 합니다.

그럼 인정을 못 받으면 문제가 심각해질 수도 있다는 말씀인가요?

일단 설립 시 주식을 명의신탁 한 것은 증여에 해당하지만, 증여세 제척기간이 종료되어 이 부분은 문제가 없습니다. 그런데 이번에 명의신탁 주식을 환원하면서 명의신탁을 입증하지 못하면 증여로 보아 증여세가 과세될 수도 있습니다.

그렇군요. 바쁘신데 좋은 의견 주셔서 고맙습니다.

CHECK POINT
실소유자 확인 제도/명의신탁 주식의 증여의제

1. 명의신탁 주식 실소유자 확인 제도[4]

1) 신청 요건(상속세 및 증여세 사무처리규정 9조의2)

① 주식발행법인이 조세특례제한법 제2조에서 정하는 중소기업에 해당할 것

② 주식발행법인이 2001년 7월 23일 이전에 설립된 법인에 해당할 것

③ 실제 소유자와 명의수탁자가 법인설립 당시 발기인이며, 법인설립 당시에 명의신탁 한 주식(법인설립 이후 균등증자분 포함)을 실제 소유자에게 환원하는 경우일 것

2) 제출 서류

① 명의신탁 주식 실제 소유자 확인 신청서

② 중소기업 등 기준 검토표

③ 주식발행법인이 발행한 주식명의개서 확인서

④ 명의수탁자 및 주식을 명의신탁 한 사유/경위 확인서 또는 진술서

⑤ 기타 당초 명의신탁 및 실제 소유자를 입증할 수 있는 증빙서류(주금 납입 또는 배당금 수령에 대한 금융 증빙, 신탁약정서, 법인설립 당시 정관 및 주주명부, 법인등기부등본 등)

---

4 명의신탁 실소유자 확인 제도를 이용할 수 있는 경우는 본문의 설명처럼 한정되어 있다. 다만 실소유자 확인제도 이용 대상이 아니더라도 객관적인 증빙을 보유하고 있다면 명의신탁을 해지한 후, 세무서의 사실관계 조사를 통해 인정받을 수도 있다. 물론 증빙 구비 등 철저한 사전 준비가 필요하다.

3) 신청 및 확인 절차

① 신청 서류 구비

② 실소유자 주소지 관할 세무서에 제출

③ 관할 세무서에서 서류 검토 및 자문위원회 자문 후 판정

④ 사후관리

2. 명의신탁 주식의 증여의제(상속세 및 증여세법 제45조의2)

1) 증여세 과세 요건

주식의 실제 소유자와 명의자가 다른 경우 아래 요건 충족 시 그 재산의 가액을 명의자가 실제 소유자에게서 증여받은 것으로 보아 증여세를 부과한다.

① 권리 이전 및 행사에 등기 등이 필요한 재산의 실제 소유자와 명의자가 다를 것

② 명의신탁 설정에 대한 당사자의 합의가 있을 것(따라서 명의신탁이 일방적으로 이루어진 경우에는 증여세를 과세하지 않는다.)

③ 조세회피 목적으로 명의신탁을 할 것(따라서 조세회피 목적이 없다고 입증되면 증여세를 과세하지 않으나 실무적으로 이를 입증하기란 매우 어렵다.)

2) 증여 시기

등기, 등록, 명의개서 등이 필요한 재산의 실제 소유자와 명의자가 다르다면 명의자로 등기 등을 한 날에 그 재산의 가액을 명의자가 실제 소유자에게서 증여받은 것으로 본다. 이는 설립 시 출자 자본금뿐 아니라 회사가 증자를 한 경우에도 차명주주 명의로 증자된 부분을 포함한다.

☑ **서면-2019-상속증여-0212(2019. 04. 29.)**

유상증자로 인하여 교부받은 신주를 실제 소유자가 아닌 제3자 명의로 명의개서 한

경우 명의신탁 재산의 증여 시기는 그 제3자 명의로 명의개서 한 날이 되는 것이며, 주식의 가액은 그 명의개서 한 날을 기준으로 평가한 가액이 되는 것임

3) 증여재산가액

등기, 등록, 명의개서일 현재 평가한 가액으로 본다.

4) 납세의무자

명의신탁의 증여의제에 따른 증여세는 일반적으로 명의자가 납부해야 한다. 다만 2019. 1. 1. 이후 증여로 의제되는 경우부터는 명의신탁을 활용하는 주체가 실제 소유자라는 점을 감안하여 납세의무자를 실제 소유자로 변경하였다.

5) 증여세 제척기간

제척기간이란 국세청이 세금을 부과할 수 있는 기간을 의미한다. 증여세는 증여세 신고 기한을 기점으로 해서 일반적인 경우 10년, 사기 및 기타 부정한 행위의 경우에는 15년을 적용한다. 명의신탁 주식의 증여의제에는 원칙적으로 15년의 제척기간이 적용된다.

한편, 명의신탁 증여의제의 경우 과세 관청은 해당 재산의 상속 또는 증여가 있음을 안 날부터 1년 이내에 상속세 및 증여세를 부과할 수 있다. 다만, 상속인이나 증여자 및 수증자(受贈者)가 사망한 경우와 포탈세액 산출의 기준이 되는 재산가액이 50억 원 이하인 경우에는 그러하지 아니하다(2020. 1. 1. 부터 적용하며, 그 전에 종전의 규정에 따라 부과 제척기간이 만료된 경우에는 개정 규정에도 불구하고 종전의 규정에 따름).

03 토픽을 마치며

법인 상담을 하다 보면 명의신탁 주식은 흔하게 볼 수 있다. 오래전에 설립하면서 상법상 발기인이 3명 이상 필요해 어쩔 수 없이 차명주주가 들어간 경우도 있고, 설립한 지 오래되지 않았음에도 명의신탁 된 주식이 있는 법인도 종종 본다. 차명주주는 대부분 친구나 지인, 가까운 친인척이며 같은 회사의 임직원에게 명의신탁 된 경우도 있다.

명의신탁 주식이 있다고 해서 당장 문제가 발생할 확률은 낮다. 하지만 명의신탁 주식은 시간이 갈수록 기업에 부담을 준다. 배당을 실행하거나 지분을 회수하기 어렵게 만들기 때문이다. 또한 가업승계에 걸림돌로 작용하기도 한다. 차명주주가 변심해서 주식을 돌려주는 대신 대가를 요구하기도 한다. 이에 비해 과점주주가 받는 불이익은 생각보다 크지 않다. 법인이 국세나 지방세를 미납하고 법인 재산으로 세금을 납부할 수 없는 경우에 한해 과점주주에게 제2차 납세의무가 발생한다.

기업이 성장하면 주식평가액도 자연스레 오른다. 이렇게 되면 차명주식 회수도 점점 어려워지게 마련이다. 앞으로도 오랫동안 기업을 운영할 계획이거나 가업승계를 생각하는 CEO라면 더 늦기 전에 회수 방안을 찾아 실행해야 한다.

topic
15

저가 및 고가 거래는 증여세가 **과세될 수 있다**

01 토픽 소개

앞선 토픽에서 살펴본 것처럼 차명 주식을 해소하는 제일 좋은 방법은 명의신탁을 해지하고 실소유주로 환원하는 것이다. 그런데 명의신탁 주식을 환원하려면 납세자가 명의신탁임을 직접 입증해야 하는 번거로움이 있다. 게다가 확실한 증거가 없으면 세무 당국이 부인하기도 한다. 이 점이 납세자에게 가장 어려운 부분이며, 특히 오래전에 설립된 법인은 입증할 증빙이 없는 경우가 많아 명의신탁 환원이 특히 더 어렵다.

그래서 실무적인 차선책으로 명의신탁 주식을 증여하거나 양도양수 하기도 한다. 물론 이러한 의사결정을 내릴 때 중요한 판단 요소는 세금이다. 이와 관련하여 자세히 살펴보자.

02 실전 화법

상황 01
몇 년 전에 법인을 설립하였으나 과점주주의 불이익을 우려하여 주식 일부를 명의신탁 하였음. 하지만 명의신탁을 입증할 만한 금융 증빙은 없음

상황 02
한편 CEO는 사업 개시 후 누적된 이익잉여금을 재원으로 배당하고자 하는 니즈가 있음

FP 대표님, 일전에 명의신탁 주식 때문에 한번 말씀드린 적이 있는데요. 혹시 그때 말씀드렸던 명의신탁 증빙 자료는 좀 찾아보셨나요?

그게 지난번에는 찾을 수 있을 거라고 생각했는데 생각보다 만만치 않네요. 인터넷 뱅킹 거래 내역도 보고 은행에 가서도 물어봤는데 명확하지가 않습니다. 분명히 제가 법인을 설립할 때 자본금을 다 댔는데, 이거 어떻게 방법이 없을까요?

CEO

FP 사실 명의신탁을 하신 대표님들께서 가장 힘들어하시는 점이 대부분 이런 겁니다. 회사를 설립한 지 너무 오래되다 보니 증빙을 찾기가 불가능한 경우도 많거든요.

그럼 다른 방법은 없을까요? 물론 제 잘못이지만 사실 왠지 좀 억울하다는 생각도 듭니다.

CEO

FP 네, 대표님 마음이 충분히 이해가 됩니다. 대표님처럼 실제 명의신탁임에도 객관적 증빙이 없는 경우가 참 많습니다. 그래서 차선책이지만 이럴 때는 주식을 양도양수 하는 방법을 활용하기도 합니다. 말 그대로 돈을 주고 사고파는 거죠. 간편하긴 하지만 앞서 말씀드린 방법과 달리 세금이 좀 발생합니다.

양도소득세 말씀하시는 건가요? 세금이 얼마나 나올까요?

우선 거래 시점을 기준으로 회사의 주식을 평가해 봐야 합니다. 그리고 평가금액을 기준으로 거래 당사자의 특수관계 여부에 따라 거래 금액을 결정합니다. 이렇게 결정된 거래금액과 액면가액의 차이를 기준으로 세금이 부과됩니다. 비상장 중소기업 대주주의 주식 양도소득세율은 3억 원 이하까지는 22%(지방소득세 포함), 3억 원 초과분은 27.5%(지방소득세 포함)입니다. 그리고 거래가액의 0.35%[1] 를 증권거래세로 내야 합니다.

그럼 우선 주식평가를 하고 세금을 따져 봐야겠군요.

그리고 여기서도 유의하셔야 하는 부분이 있는데요. 당사자들끼리 실제로 돈을 주고받은 금융 증빙을 반드시 갖추셔야 합니다. 또한 거래 대금의 자금 출처까지도 준비하셔야 합니다. 그러지 않으면 사실상 증여로 간주될 가능성이 있습니다.

예전 설립 시 가액인 액면가로 양수하면 문제가 있나요?

세법상 특수관계인에 해당한다면 비상장주식 평가액을 기준으로 하셔야 합니다. 만일 특수관계인이 아니라면 그보다 낮은 가액도 가능합니다. 특수관계인 개념이 좀 복잡하긴 한데요. 간단히 말씀드리면 가족이나 가까운 친척, 회사 임직원, 또는 주요 주주를 특수관계인이라고 보시면 됩니다.

---

1   증권거래세법 제8조(세율) ① 증권거래세의 세율은 1만분의 35로 한다. 다만 2021년 1월 1일부터 2022년 12월 31일까지는 1만분의 43으로 한다.

CHECK POINT
주식 양수도가액과 세법상 특수관계인

1. 양수도가액의 결정과 세무 이슈
- ✅ 주식 가치 상승에 따른 양도소득세 부담 증가 고려
- ✅ 특수관계인 여부에 따른 부당행위계산부인 검토 필요
- ✅ 저가 양수도에 따른 증여세 과세 문제 검토 필요

실무에서 종종 양도가액을 액면가액으로 하여 증권거래세만 내고 처리하는 경우가 있는데, 양도소득세 부당행위계산부인 규정이나 상증법상 증여의제 규정이 적용될 경우 세금이 추징될 위험성이 높으므로 유의해야 함

2. 세법상 특수관계인의 범위
세법상 특수관계인의 범위는 각 세법마다 다르다.

1) 소득세법상 특수관계인의 범위(국세기본법 시행령 제1조의2)
① 친족관계 등: 4촌 이내의 혈족, 3촌 이내의 인척, 배우자(사실상의 혼인관계에 있는 자 포함), 친생자로서 다른 사람에게 친양자로 입양된 자 및 그 배우자·직계비속, 혼외 출생자의 생부, 생모
② 경제적 연관 관계: 임원과 그 밖의 사용인, 본인의 금전이나 그 밖의 재산으로 생계를 유지하는 자, 이들과 생계를 함께하는 친족

③ 경영 지배 관계: 본인이 직접 또는 그와 친족관계 또는 경제적 연관 관계에 있는 자를 통하여 법인의 경영에 지배적인 영향력을 행사하고 있는 법인 등

　소득세법의 경우 국세기본법상의 특수관계인 규정을 따르는데, 상증법보다는 범위가 좁다. 소득세법상 특수관계인에 해당하면 양도양수 시 시가대로 거래할 필요가 있다. 만일 시가와 매매가액의 차이가 '시가의 5%'를 초과하면 부당행위계산부인 규정에 해당되어 거래가액을 부인하고 시가대로 거래한 것으로 보아 양도소득세를 추징한다.

2) 상증법상 주요 특수관계인의 범위(상증법 시행령 제2조의2)
① 4촌 이내의 혈족(2023. 2. 28.개정)
② 3촌 이내의 인척(2023. 2. 28.개정)
③ 배우자(사실상의 혼인관계에 있는 자를 포함한다)
④ 친생자로서 다른 사람에게 친양자로 입양된 자 및 그 배우자, 직계비속
⑤ 혼외 출생자의 생부, 생모(본인의 금전이나 그 밖의 재산으로 생계를 유지하는 사람 또는 생계를 함께하는 사람으로 한정) (2023. 2. 28.개정)
⑥ 직계비속의 배우자의 2촌 이내의 혈족과 그 배우자
⑦ 사용인이나 사용인 이외의 자로서 본인의 재산으로 생계를 유지하는 자
⑧ 임원 및 퇴직 후 3년이 지나지 아니한 임원
⑨ 위의 사람들이 단독 혹은 공동으로 30% 이상 출자한 법인 등

3. 저가 양수, 고가 양도 시 증여세 과세 문제
　상증법상 저가 양수 또는 고가 양도 거래에는 증여의제 문제가 발생한다. 거래 당사자가 특수관계인인 경우와 특수관계인이 아닌 경우 과세 방법은 각각 다음과 같다.

1) 특수관계인 간 거래일 때

증여가액 = (시가 - 양수도 대가) - Min(시가의 30%, 3억 원)

〈예시〉 특수관계인에 해당하는 조카 명의의 세법상 평가액 5억 원인 주식을 1억 원에 양수하는 경우

증여가액 = (5억 원 - 1억 원) - Min(5억 원의 30%, 3억 원) = 4억 원 - 1.5억 원 = 2.5억 원 → 증여세 과세

2) 비특수관계인 간 거래일 때[2]

증여가액 = (시가 - 양수도 대가) - 3억

〈예시〉 특수관계인이 아닌 친구 명의의 세법상 평가액 4억 원인 주식을 1억 원에 양수하는 경우

증여가액 = (4억 원 - 1억 원) - 3억 원 = 3억 원 - 3억 원 = 0원 → 증여세 없음

4. 양도양수 거래 시 기타 주의할 점

1) 거래 대금의 소명 문제

객관적인 대금 지급 근거가 필요하다. 만일 실제 거래 대금이 오간 증빙을 대지 못하면 양도가 아닌 증여로 간주해 증여세가 과세될 수 있다.

2) 과점주주 간주취득세 납부의무

① 납세의무자: 과점주주 지분율이 처음으로 50%를 초과하여 새롭게 과점주주가 되거나 또는 과점주주의 지분율이 증가한 경우에는 해당 법인이 소유한 부동산 등을 과점주주가 취득했다고 보아 취득세 납세의무가 있음[3]

② 간주취득세 납부세액 = 부동산 등 취득세 과세 대상 자산의 장부가액 × 증가한 과점주주 지분율[4] × 세율[5]

구분	과세 대상 지분율
당초 40% 지분율에서 80%가 된 경우 (최초로 과점주주가 된 경우)	새롭게 과점주주가 되었으므로 과점주주 지분율인 80% 전체에 과세
당초 60% 지분율에서 100%가 된 경우	증가한 40% 지분율에만 과세

2 비특수관계자 간 거래에서 시가와 대가의 차이가 시가의 30% 미만이면 증여의제 규정을 적용하지 않음
3 만일 법인설립 시부터 본인과 가족들을 주주로 구성해 과점주주 지분율을 100%로 한다면 간주취득세 납세 문제는 발생하지 않는다.
4 새롭게 과점주주가 된 경우에는 지분율 전체이며, 과점주주 상태에서 지분율이 증가한 경우에는 증가한 지분율로 함
5 취득세 2% + 농어촌특별세 0.2% = 2.2%(차량 운반구의 경우 농어촌특별세는 비과세). 한편 간주취득세는 수도권 과밀억제권역 내의 부동산 취득에 대한 중과세는 적용되지 않음

신경 쓸 게 한두 가지가 아니네요. 내 주식을 내가 찾아오는데 뭐가 이렇게 복잡한가요? 혹시 또 다른 방법이 있을까요?

한 가지 더 소개해 드릴 방법은 자기주식 취득입니다. 개인 간 주식거래가 아니라 회사가 차명지분을 사 주는 방법입니다. 자기주식은 의결권이 없기 때문에 차명주식을 회사가 전부 취득한다면 대표님의 지분율이 100%가 됩니다. 이 방법 역시 주식평가를 해서 거래 가액을 결정하고, 이를 기준으로 차명주주에게 양도소득세가 부과됩니다. 하지만 법인이 취득하는 것이기 때문에 개인 간 거래에 비해 자금 출처 입증 문제에서는 자유로울 수 있다는 장점이 있습니다. 대신 법인에 충분한 취득 자금이 필요하겠죠.

그렇겠네요. 개인 간 거래는 내가 돈이 있어야 하는데 주식평가액이 얼마인지는 모르겠지만 당장 여유가 있는 것도 아니니까요. 이 방법도 더 고려할 사항은 없나요?

자기주식 취득도 고려할 사항이 더 있습니다. 일단 자기주식 취득에 응하는 주주들에게는 기본적으로 양도소득세가 부과될 텐데요. 혹시라도 자기주식을 취득한 후 소각하면 배당소득세가 과세될 수 있습니다. 비상장법인의 자기주식 취득은 2011년에 상법이 개정되면서 2012년 4월 15일 이후부터 가능해진 방법입니다. 다만 자기주식 취득의 경우 상법상 취득 절차를 엄격히 준수해야 하며 실질적으로 법인에 취득할 자기자금이 있어야 하는 등 과세당국에서 매우 까다롭게 검증하는 항목이므로 신중하게 실행 여부를 결정해야 합니다.

이거 쉽게만 볼 일은 아니네요. 과점주주가 되면 큰일 난다고 해서 그렇게 한 건데 좀 억울하다는 생각도 듭니다.

충분히 이해가 됩니다. 지금이라도 제가 최적의 방법으로 명의신탁 주식을 해결할 수 있도록 도와드리겠습니다. 먼저 대표님 회사의 주식을 평가해야 하는데 최근 3년 치 세무조정계산서를 제공해 주시면 검토해서 말씀드리겠습니다.

알겠습니다. 해결도 해야겠지만 세금도 적게 나와야 할 텐데 걱정입니다. 그럼 잘 부탁드리겠습니다.

2

CHECK POINT
자사주 취득을 통한 명의신탁 주식 해결

예전 상법에서는 특정 목적 외의 자사주 취득을 금지하였다. 이를 위반하여 취득하면 세법상 업무무관 가지급금으로 보았으나, 2011. 4. 14. 개정상법에 따라 2012. 4. 15.부터는 주총 결의에 의한 자기주식 취득이 가능해졌다. 따라서 상법에서 규정한 취득 절차를 준수하면 명의신탁 주식을 자기주식으로 취득할 수도 있다. 다만 자기주식 취득 시 취득 대가는 차명주주에게 귀속되는데, 실질주주가 그 대가를 회수하려면 세무상 여러 문제점이 수반될 수밖에 없다.

구분	내용
장점	회사 자금을 활용해 명의신탁 해결 가능(실질주주의 개인 자금 부담 없음) 자기주식은 발행주식 수에서 제외되어 다른 주주들의 지분율이 올라감
단점	국세청 중점 관리 사항으로 상법상 절차 준수 필요함 자기주식 취득 대가가 사실상 임원이나 대주주에 대한 자금 대여 목적이라고 인정되면 해당 임원이나 대주주에 대한 가지급금으로 간주될 수 있음 ※ 자기주식 취득 요건을 위배한 취득에 해당되는 무효인 거래로 보여지므로 쟁점 자기주식의 취득 자금인 쟁점금액을 주주에 대한 업무무관 가지급금으로 보아 부당행위계산부인 규정을 적용하여 과세한 처분은 잘못이 없다고 판단됨(조심 2010구1615, 2010. 12. 23.)

03 토픽을 마치며

명의신탁 주식에 관한 상담을 하다 보면 가장 어려운 점은 명의신탁을 객관적으로 입증할 증거가 충분하지 않다는 사실이다. 너무 오래전에 명의신탁한 경우는 물론이고, 불과 7~8년 전에 설립한 법인도 당초 명의신탁을 입증할 금융 증빙이 없는 경우가 대부분이다. CEO 본인 입장에서는 명의신탁임이 확실하더라도 차명주식을 임의로 본인 명의로 변경하면 과세당국의 인정 여부에 따라 증여세가 과세될 수도 있다.

반면에 차명임을 입증하기 어렵다는 이유로 양수도의 방법으로 주식을 사 오는 경우에도 주의해야 한다. 양도양수 거래 시 세법상 평가액보다 현저히 낮거나 혹은 높게 거래를 하면 거래 당사자의 특수관계 여부에 따라 양도소득세나 증여세가 부과될 수 있기 때문이다. 또한 양도양수 거래 시 실질적인 대금 수수가 없다면 과세당국에서 양도양수 거래를 부인하고 증여세를 부과할 수도 있으므로 유의해야 한다.

topic
16

가업승계 지원제도를 **적절히 활용하라**

01 토픽 소개

중소·중견기업에 대한 세법상 가업승계 지원제도는 1997년 가업상속공제가 처음 도입되면서 시작되었다. 당시 공제 한도는 1억 원이었으나 이후 점차 확대되어 <u>현재는 가업 영위 기간이 30년 이상인 경우 최대 600억 원까지 늘어났다</u>. 공제 대상도 처음에는 중소기업에 한정되었다가 현재는 직전 3년간 <u>평균 매출액이 5천억 원 미만인 중견기업까지 확대</u>되었다. 사후관리 요건도 점차 완화되었다. 2023년 기준으로 가업상속공제를 받으면 고용유지 조건이나 업종 변경 제한 등 사후관리 요건을 5년간 준수해야 한다.

가업상속공제 외에 생전에 적용 가능한 가업승계 증여세 과세특례도 있다. <u>경영자가 후계자에게 주식을 증여하면 최대 600억 원까지 특례 세율을 적용</u>해 주는 제도다. 또한 창업자금 증여세 과세특례도 있는데 <u>부모가 자녀에게 창업자금을 증여하면 최대 50억 원(요건 충족 시 100억)까지 특례 세율을 적용</u>한다.

FP 입장에서는 각 제도마다 장단점이 있기 때문에 법인 CEO 고객에게 가업승계 지원제도를 적절하게 활용하도록 하는 동시에 생명보험을 이용해 상속세 재원을 마련하게 조언하는 전략이 효과적이다. 이를 위해서는 제도의 주요 내용을 이해할 필요가 있다.

02 실전 화법

상황 01
CEO(만 60세)는 제조업을 영위하는 법인을 설립하여 15년째 운영하고 있으며 주식 지분 90%를 보유하고 있음

상황 02
장남에게 기업을 물려줄 생각이지만 아직 장남의 지분은 5%에 불과함. 나머지 5%는 차남이 보유하고 있음

상황 03
현재 기업의 세법상 주식평가액은 총 200억 원이며 꾸준히 이익이 발생하고 있어 거액의 상속세가 예상됨

FP 안녕하세요, 대표님. 요새 전반적으로 기업들 경제 상황이 안 좋은데 대표님 회사는 굉장히 탄탄한 것 같습니다. 최근 공시된 2022년도 재무제표를 보니 작년에도 매출과 당기순이익이 꽤 많이 늘어났던데요.

아직까지는 나쁘지 않습니다만 기업 경영하기가 점점 어려워지는 건 사실이네요. 특히 세부담이 만만치 않아요. 법인이 각종 세액공제를 받기도 어려워진 것 같고, 개인적으로는 큰 녀석에게 주식을 증여하려니 주식 가치가 올라서 세금이 너무 많이 나올 것 같네요.

CEO

FP 그렇죠. 그래도 법인세는 이익이 나서 내시는 세금이니까 조금은 덜 부담스러우실 텐데, 주식은 당장 이익이 실현된 것도 아닌데 증여세나 상속세를 내야 하니까요. 그래서 세법에서도 가업주식을 상속하거나 증여할 때 세제상 지원하는 제도를 두고 있습니다.

저도 대충은 들어서 알고 있습니다. 나중에 상속으로 법인 주식을 물려주면 상속세를 상당히 줄일 수 있다고 하던데요. 그래서 지금 주식을 증여하기보다는 가업상속공제를 받는 쪽으로 갈까 고민하는 중입니다.

CEO

FP: 그러시군요. 대표님이 말씀하신 가업상속공제는 10년 이상 가업을 영위한 CEO가 주식을 상속하면 최대 600억 원까지 공제해 주는 제도입니다. 대표님은 제조업을 15년이나 운영하셨고 법인 주식도 40% 이상 보유하셨기 때문에 공제 대상이 됩니다. 다만 가업상속공제에는 두 가지 주의하실 사항이 있습니다.

무슨 제약 조건이라도 있나요?

CEO

FP: 국가에서 어떤 세제 혜택을 줄 때는 보통 공제 요건과 사후관리 조건 등이 존재합니다. 가업상속공제도 마찬가지인데요. 첫째, 공제 요건에서 주의할 점은 법인의 업무용자산 비율입니다. 예를 들어 대표님이 보유하신 주식 가치가 200억 원인데 법인의 업무용자산 비율이 70%라면 200억 원의 70%인 140억 원만 공제받을 수 있습니다.

아, 그런 게 있었군요. 저는 막연히 제가 가진 주식가액 전부를 공제받는다고 생각했습니다.

CEO

FP: 그리고 둘째는 사후관리 요건인데요. 상속인이 물려받은 가업주식을 40% 이상 처분하거나 업종 변경[1]을 하면 공제받았던 상속세가 추징됩니다. 또한 고용유지 요건도 있는데요. 상속 개시일 현재 종업원 수 또는 총급여액을 5년간 평균 90% 이상으로 유지해야 합니다.

---

1 표준산업분류는 대분류, 중분류, 소분류, 세분류, 세세분류의 체계를 갖추고 있다. 예전에는 업종 변경을 허용하지 않다가 지속적으로 완화되어 2020년부터는 국세청 전문가 위원회 심의를 거쳐 중분류 내에서까지 변경이 가능해졌으며, 2023년부터는 이를 더 완화하여 대분류 내에서도 업종을 변경할 수 있게 되었다. 예를 들어, 어떤 기업이 '32029.기타 목재가구 제조업'을 영위하고 있다면, 'C.제조업'이라는 대분류 내에서는 다른 제조업, 즉 가구제조업이 아닌 제조업(예를 들면, 식품제조업이나 1차 금속 제조업 등)으로 변경하더라도 사후관리 위반으로 보지 않겠다는 것이다.

CHECK POINT
가업상속 공제제도 개요

1. 가업상속 공제제도 개요 및 적용 요건

구분	내용
공제 한도 및 대상 재산	**가업상속재산가액으로 최대 600억 원 한도** [피상속인의 사업 영위 기간에 따라 아래와 같이 최대 한도를 제한(10년 이상 300억 원, 20년 이상 400억 원, 30년 이상 600억 원 한도)] ※ 가업상속재산 ⓐ 개인기업: 가업에 직접 사용되는 토지, 건축물, 기계장치 등 사업용자산 ⓑ 법인기업: 가업에 해당하는 법인의 주식(사업용자산 비율 상당액에 한함)
대상 기업	조세특례제한법에서 정한 중소(중견)기업으로 개인사업자 및 법인사업자(단, 작물재배업, 축산업, 어업 등은 영농상속공제[2]와 중복 적용을 배제하기 위해 제외되며 부동산 공급/매매/임대업이나 유흥업 등도 제외됨) [중견기업의 경우 <u>매출액 5,000억 원[3] 이하 기업 적용 가능</u>]
피상속인	**다음 요건 중 하나를 충족한 피상속인 1인** 사망일 현재 특수관계인 포함 최대주주로 가업주식을 10년 이상 계속하여 보유(최대주주 등 지분율 요건: <u>비상장 40% 이상, 상장 20% 이상</u>) & 대표이사 재직 요건(아래 3가지 요건 중 하나 만족) ① 가업 영위 기간 중 50% 이상 재직 ② 상속 개시일로부터 10년 중 5년 이상 재직 ③ 가업 영위 기간 중 10년 이상의 기간 재직(상속인이 대표이사직을 승계하여 상속 개시일까지 재직한 경우에 한함)

---

2 영농[양축(養畜), 영어(營漁) 및 영림(營林)을 포함] 상속재산 가액에 대해 30억 원을 한도로 공제함(상속세 및 증여세법 제18조 제2항)
3 2023년 1월 1일 이후 상속 개시분부터 종전 4천억 원에서 5천억 원 이하로 적용 대상 확대

상속인	✅ **18세 이상 자녀나 자녀의 배우자**(상속 개시일 전에 2년 이상 직접 가업에 종사) ※ 다음 요건을 모두 충족해야 함 ⓐ 상속 개시일 전 2년 이상 가업에 종사 ⓑ 상속세 신고 기한(상속 개시일이 속한 달의 말일로부터 6개월) 이내 임원으로 취임 ⓒ 상속세 신고 기한 후 2년 내에 대표자로 취임(상속 개시일로부터 2년 6개월 이내) * 2016. 2. 5. 이후 상속인 1명이 가업의 전부를 상속받아야 하는 요건이 폐지되면서 <u>공동상속이 허용</u>되었다. ○ 사전-2016-법령해석재산-0238 1개 가업을 공동상속 한 경우 대표자로 취임하는 등 가업승계 요건을 충족한 자의 승계 지분에 가업상속공제를 적용함
사후관리	상속 개시일로부터 <u>5년 이내</u> 정당한 사유 없이 다음의 어느 하나에 해당하는 경우 공제받은 금액과 이자상당액(2023년 현재 연 2.9%)을 상속 개시 당시의 상속세 과세가액에 산입하여 상속세를 부과함 ① 해당 가업용 자산의 40% 이상을 처분한 경우(예외적 허용 사유: 수용, 시설의 개체, 사업장 이전으로 처분 및 대체 취득 시, 내용 연수 도달 자산, 업종 변경에 따른 자산 처분 및 재취득, 자산 처분 금액을 연구인력 개발비로 사용하는 경우) ② 상속인이 대표이사 등으로 종사하지 않거나 가업의 주된 업종을 변경하는 경우(단, 대분류 내 업종 변경 허용) ③ 해당 가업을 1년 이상 휴업(실적이 없는 경우를 포함)하거나 폐업하는 경우 ④ 주식 등을 상속받은 상속인의 지분이 감소되어 최대주주에 해당하지 않는 경우(비상장주식의 물납으로 지분이 감소된 경우는 예외) ⑤ 아래 고용유지 요건 또는 총급여액 요건을 모두 충족하지 못한 경우 　가. 상속 개시일부터 5년간 정규직근로자 수의 전체 평균이 상속 개시일이 속하는 법인세(소득세) 과세기간의 직전 2개 과세기간의 정규직근로자 수의 평균의 100분의 90에 미달하는 경우 　나. 상속 개시일부터 5년간 정규직근로자 총급여액 평균이 상속 개시일이 속하는 법인세(소득세) 과세기간의 직전 2개 과세기간의 총급여액의 평균의 100분의 90에 미달하는 경우 ○ 징세과-1184, 2010. 12. 29. 사후관리 위반으로 상속세가 추징되는 경우 신고불성실가산세 및 납부지연가산세는 적용하지 않는다.

2. 업무무관자산(상속세 및 증여세법 시행령 제15조 제5항)

업무무관자산은 법인의 자산 중 아래에 해당하는 자산을 의미한다.

① 비사업용토지, 주택, 별장 등(법인세법 제55의2에 해당하는 자산임)

② 타인에게 임대하고 있는 부동산(지상권 및 부동산 임차권 등 부동산에 관한 권리를 포함)

③ 타인에게 대여한 금액

④ 과다 보유 현금[상속 개시일 직전 5개 사업연도 말 평균 현금(요구불예금 및 취득일부터 만기가 3개월 이내인 금융상품을 포함) 보유액의 150%를 초과하는 것]

⑤ 법인의 영업활동과 직접 관련이 없이 보유하고 있는 주식, 채권 및 금융상품

3. 주요 예규

✓ 상증, 기획재정부 조세법령운용과-571, 2022. 05. 30.

「상속세 및 증여세법」 제18조 제2항 제1호에 따라 가업의 상속에 따른 공제를 적용할 때 피상속인이 상속 개시일 현재 가업에 종사하지 아니하였더라도 동 공제를 적용할 수 있는 것임

※ 가업의 상속에 따른 공제를 적용할 때 피상속인이 상속 개시일 현재 가업에 종사하지 아니하였더라도 동 공제를 적용할 수 있는 것이며, "상속 개시일 현재" 피상속인이 가업을 경영할 것은 가업상속공제 요건이 아님을 명확하게 하였다.

✓ 상증, 서면-2022-상속증여-2304, 2022. 07. 04.

조세특례제한법 제36조의6에 따라 가업의 승계에 대한 증여세 과세특례 적용 시 증여자인 부모가 증여일 현재 가업에 종사하지 아니하였더라도 증여세 과세특례를 적용할 수 있는 것입니다.

✅ 사전-2021-법규재산-0084, 2022. 01. 12.

가업상속에 해당되는 법인의 경우 해당 법인 주식 중 피상속인이 직접 10년 이상 보유하지 않은 주식에 대해서도 가업상속공제가 적용되는 것임(2022.01.05. 이후 결정·경정분부터 적용)

1. 사실관계

✅ 상속인은 2020.10.10. 피상속인(상속인의 父)의 사망으로 피상속인이 운영하던 ㈜□□□□□(이하 "쟁점법인") 주식을 상속받고, 가업상속공제 적용을 검토 중임

✅ 피상속인은 쟁점법인의 최대주주 등으로서 피상속인과 그의 특수관계인의 주식 등을 합하여 쟁점법인 지분의 50% 이상을 10년 이상 계속 보유함

✅ 상속인이 상속받은 쟁점법인 주식 중 대부분은 유상증자 및 유상감자 등으로 피상속인이 10년 미만 보유함

＊ 기타 다른 가업상속공제 요건은 모두 갖춘 것으로 전제함

2. 질의내용

✅ 피상속인이 직접 10년 이상 보유한 주식만 「상속세 및 증여세법」 제18조 제2항 제1호에 따른 가업상속공제 적용 대상이 되는지 여부

생각보다 까다롭군요. 그렇다면 가업상속공제를 활용하는 방안 외에 다른 대안은 없을까요?

CEO

FP: 가업주식을 낮은 특례 세율로 미리 증여할 수 있는 제도가 있습니다. 대표님은 10년 이상 가업을 영위하셨고 현재 만 60세가 되셨기 때문에 이 제도를 활용해서 지금이라도 자녀에게 주식을 증여하실 수 있습니다. 가업주식가액에서 10억 원을 공제한 후 과세표준 60억 원까지는 10%, 60억 원 초과하는 부분은 가업 영위 기간에 따라 300억~600억 원을 한도로 20%의 특례 증여세율이 적용됩니다. 또한 이 제도를 통해 증여하시면 다른 일반 증여재산과 합산되지 않는 장점이 있습니다.

 **CEO**: 그럼 특례증여도 좋은 방법이겠네요. 주의할 점은 없나요?

 **FP**: 네, 물론 주의하셔야 할 점도 있습니다. 가업주식 특례증여도 가업상속공제와 마찬가지로 법인의 업무용자산 비율에만 특례증여가 적용되고, 업무무관자산 비율에는 일반 증여세가 적용됩니다. 자산을 처분하거나 업종을 변경하면 역시 일반 증여세가 추징됩니다. 또한 특례증여 한 재산은 향후 대표님 상속 개시 시점에 상속재산에 포함됩니다.

 **CEO**: 본래 증여재산은 상속 개시 전 10년 내 증여재산만 포함되지 않나요?

 **FP**: 네, 일반적으로는 그렇지만 가업주식 특례증여분은 기간에 관계없이 무조건 합산됩니다. 그렇지만 상속 개시 시점의 가치가 아니라 증여한 당시 가액으로 합산되기 때문에 향후 주식 가치 증가가 예상된다면 유리할 수 있습니다. 또한 특례증여를 통해 장남의 지분율을 높인 후에 배당을 하면 장남이 더 많은 배당을 받을 수 있습니다.

 **CEO**: 우리 회사가 지금은 별문제 없지만 앞으로 10년이나 20년 후에 어떻게 될지는 알 수 없으니 판단하기가 쉽지 않네요.

 **FP**: 그렇습니다. 가업상속공제나 특례증여 중에 어느 제도가 확실하게 더 좋다고 말씀드리기는 어렵습니다. 그렇지만 이런 제도를 전혀 활용하시지 않는다면 거액의 상속세 재원을 다 마련하시기가 쉽지 않을 겁니다.

CHECK POINT
가업승계 증여세 과세특례제도

1. 제도 개요

수증자(자녀) → 수증자의 가업 종사 / 증여(가업승계 주식) →

① **증여세(특례 적용)**
600억 원 한도, 10억 원 공제
10%(과표 60억 원 초과분은 20%) **세율 적용**
(2023년 개정)

① 18세 이상일 것
② 증여세 신고 기한까지 가업에 종사
③ 증여일 기준 3년 이내 대표이사에 취임(2023년 개정)
④ 5년 이내에 휴업, 폐업, 주식지분 감소하지 않을 것(2023년 개정)
 → 위반 시 일반증여세와 가산이자 추징

증여자(부모) → 증여자의 사망 →

② **상속세(정산 과세)**
(가업주식 등을 상속세 과세가액에 가산)

60세 이상일 것
10년 이상 가업 경영

2. 주요 해석 사례

✔ 개인사업체의 경우에는 가업승계에 대한 증여세 과세특례 규정이 적용되지 아니함(상증, 재산세과-282, 2011. 06. 10.)

✔ 증여자의 가업 영위 기간 중 대표이사 재직 요건을 요하지는 않으나 증여일 전 10

년 이상 계속하여 해당 기업을 실제 영위한 것으로 확인되어야 하는 것임(재산-779, 2009. 11. 19.)

✓ 가업승계에 대한 증여세 과세특례는 증여자인 60세 이상의 부 또는 모가 각각 10년 이상 계속하여 가업을 경영한 경우에 적용되는 것임(기재부 재산-825, 2011. 9. 30.)

[사례] 가업승계 과세특례 증여
✓ 현재 주식평가액은 다음과 같으며, CEO는 30억 원까지 특례증여를 하고자 함
✓ 법인의 사업용자산 비율은 75%임
✓ 상증법상 1주당 평가액: 400천 원, 발행주식총수: 50,000주

(단위: 천 원)

	특례증여분	일반증여분	합계
증여재산가액	3,000,000	1,000,000	**4,000,000**
(−)증여재산공제	1,000,000	50,000	
(=)과세표준	2,000,000	950,000	
(×)세율	10%	30%	
(−)누진공제액		60,000	
(=)산출세액	200,000	225,000	**425,000**
(−)신고세액공제		6,750	
(=)납부세액	**200,000**	**218,250**	**418,250**

특례증여분(증여 주식의 75% 상당액)의 증여세는 2억 원이지만, 일반증여분(증여 주식의 25% 상당액)의 증여세도 있으므로 납부세액은 총 4억 1,825만 원이 된다.

창업자금도 특례증여가 가능하다고 하던데요?

CEO

FP

네, 자녀에게 창업자금을 50억 원 이내에서 증여하면 5억 원을 공제하고 10%의 특례 세율이 적용됩니다. 10명 이상 신규고용 시에는 100억 원까지도 특례증여가 가능합니다. 이렇게 증여한 재산도 아까 말씀드린 가업주식 특례증여와 마찬가지로 기간에 관계없이 상속재산에는 포함됩니다. 만일 자녀가 창업을 통해 기업을 키울 수 있다고 판단하신다면 한번 고려해 보실 수 있습니다.

3

CHECK POINT
창업자금 증여세 과세특례제도

1. 제도 개요

50억 원 한도(2023년 개정), 기본공제 5억 원
증여세율 10%

60세 이상일 것

① 18세 이상일 것
② 2년 이내에 창업할 것
③ 창업 4년 이내에 모두 사용할 것

※ 특례 증여재산은 증여자 상속 개시 시 상속재산에 포함
※ 요건 충족(10명 이상 신규고용) 시 100억 원까지 가능(2023년 개정)

2. 창업 해당 업종

창업자금 증여세 과세특례를 적용받을 수 있는 창업은 조세특례제한법 제6조 제3항의 아래 업종을 경영하는 중소기업이어야 한다.

① 광업 ② 제조업 ③ 수도, 하수 및 폐기물 처리, 원료 재생업
④ 건설업 ⑤ 통신판매업 ⑥ 대통령령으로 정하는 물류산업 ⑦ 음식점업
⑧ 정보통신업(단, 비디오물 감상실 운영업, 뉴스제공업, 블록체인 기반 암호화자산 매매 및 중개업은 제외)
⑨ 금융 및 보험업 중 대통령령으로 정하는 정보통신을 활용하여 금융서비스를 제공하는 업종
⑩ 전문, 과학 및 기술 서비스업(대통령령으로 정하는 엔지니어링 사업을 포함하며, 변호사업, 법무사업, 변리사업, 공인회계사업, 세무사업, 수의업 등은 제외함)
⑪ 사업시설 관리 및 조경 서비스업, 사업 지원 서비스업(고용 알선업 및 인력 공급업은 농업노동자 공급업을 포함한다)
⑫ 사회복지 서비스업
⑬ 예술, 스포츠 및 여가관련 서비스업(단, 자영예술가, 오락장 운영업, 수상오락 서비스업, 사행시설 관리 및 운영업 등은 제외)
⑭ 개인 및 소비용품 수리업, 이용 및 미용업
⑮ 학원업 중 직업기술 분야를 교습하는 학원을 운영하는 사업, 직업능력개발훈련을 주된 사업으로 하는 경우
⑯ 「관광진흥법」에 따른 관광숙박업, 국제회의업, 유원시설업 및 대통령령으로 정하는 관광객 이용시설업
⑰ 「노인복지법」에 따른 노인복지시설을 운영하는 사업
⑱ 「전시산업발전법」에 따른 전시산업

위 업종에 해당할 경우에만 특례 적용이 가능한 점에 유의해야 한다. 예를 들어 일반 숙박업, 부동산 매매업/임대업, 일반적인 금융업 및 보험업, 변호사업, 공인회계사업, 의료업, 건축사무소 등 전문업종, 오락 관련 서비스업, 학원업 대부분(단, 직업기술 분야를 교습하는 학원업은 가능)은 창업자금 특례증여 대상에 포함되지 않는다.

3. 창업으로 보지 않는 경우

다음의 어느 하나에 해당하는 경우는 창업으로 보지 않는다.

① 합병·분할·현물출자 또는 사업의 양수를 통하여 종전 사업을 승계하거나 종전의 사업에 사용되던 자산을 인수·매입하여 동종 사업을 영위하는 경우로서 자산가액에서 인수·매입한 사업용자산이 30%를 초과하는 경우
② 개인사업을 법인으로 전환하여 새로운 법인을 설립하는 경우
③ 폐업 후 사업을 다시 개시하여 폐업 전의 사업과 같은 종류의 사업을 하는 경우
④ 다른 업종을 추가하는 등 새로운 사업을 최초로 개시한다고 보기 곤란한 경우
⑤ 창업자금을 증여받기 이전부터 영위한 사업의 운용 자금과 대체 설비 자금 등으로 사용하는 경우

한편 증여받은 자금을 창업자금으로 사용한다는 의미는 아래 용도로 활용하는 것을 말한다.
① '사업용자산'(토지, 건물 및 감가상각 유형자산을 의미함)의 취득 자금
② 사업장의 임차보증금(전세금을 포함한다. 이하 같다.) 및 임차료 지급액

※ 여기서 인건비 지출액은 사용 금액에 포함되지 않는 점에 유의할 필요가 있다.

4. 사후관리와 증여세 추징

다음의 어느 하나에 해당하는 경우에는 해당 금액에 일반세율에 따른 증여세에 이자상당액[4]을 가산하여 부과한다.

① 법에 따라 창업하지 않은 경우: 창업자금
② 창업자금으로 해당 업종 외의 업종을 경영하는 경우: 해당 업종 외의 업종에 사용한 창업자금
③ 증여받은 창업자금을 법에 따라 사용하지 않은 경우: 해당 목적에 사용하지 않은 창업자금
④ 창업자금을 증여받은 날부터 4년이 되는 날까지 모두 해당 목적에 사용하지 않은 경우: 해당 목적에 사용하지 않은 창업자금
⑤ 증여받은 후 10년 이내에 창업자금을 해당 사업 용도 외의 용도로 사용한 경우: 해당 사업 용도 외의 용도로 사용한 창업자금 등
⑥ 창업 후 10년 이내에 해당 사업을 폐업하는 경우: 창업자금
⑦ 증여받은 창업자금이 50억 원을 초과하고, 창업한 날이 속하는 과세연도의 종료일부터 5년 이내에 각 과세연도의 근로자 수가 다음 계산식에 따라 계산한 수보다 적은 경우: 50억 원을 초과하는 창업자금

> **창업한 날의 근로자 수 − (창업을 통하여 신규 고용한 인원수 − 10명)**

---

4 2022년 2월 15일 이후 1일 0.022%(연 8.03%)가 적용됨(종전 1일 0.025%)

그렇군요. 제 작은아들에게는 창업자금을 증여해서 창업을 하도록 하는 방안을 생각해 봐야겠네요. FP님 생각에 저한테 가장 적합한 준비 방안은 무엇일까요?

상속세도 위험관리 차원에서 대비해야 한다고 봅니다. 위험은 분산할수록 감당하기가 수월해지는 법이죠. 그래서 어느 한 가지 방법보다는 여러 가지를 병행해서 준비하시는 방안을 추천해 드립니다.

구체적으로 말씀해 주시면 좋겠습니다.

첫째, 기본적으로 상속세를 대비하려면 사전에 계획적인 증여가 필요합니다. 10년 단위로 나누어 증여하신다면 적어도 2~3번의 증여를 통해 상속세를 절감하실 수 있습니다.

둘째, 가업주식 특례증여도 같이 활용하시면 향후 기업가치가 훨씬 더 높아졌을 때 상속세 부담을 어느 정도 덜 수 있습니다.

셋째, 가능하다면 가업상속공제도 활용하시는 것이 좋습니다. 요건이 까다롭기는 하지만 잘만 활용하면 거액의 상속세 부담을 줄일 수 있습니다.

넷째, 창업자금 특례증여도 자녀가 창업한 기업이 잘 성장하도록 측면에서 지원한다면 증여 이상의 효과를 볼 수도 있습니다.

마지막으로 드리고 싶은 말씀은 상속세 재원 마련도 소홀히 하시면 안 된다는 것입니다. 아무리 세제 지원제도를 잘 활용하시더라도 대표님 기업처럼 가치가 200억 원 이상이라면 일정 수준의 상속세는 피할 수 없습니다. 여력이 되실 때 준비를 튼튼히 해 놓으실수록 향후 선택할 수 있는 여지가 더 많아질 겁니다.

상속세를 나눠서 낼 수도 있다고 하던데 재원을 따로 마련해야 될까요?

거액의 상속세는 연부연납이라는 제도를 활용해서 최대 20년 동안 나눠 낼 수도 있습니다. 또한, 2023년도부터는 가업승계에 대한 상속세나 증여세에 대해 당장 세금을 내지 않고 유예할 수 있는 납부유예제도도 도입되었습니다. 하지만 이러한 연부연납과 납부유예는 세무서장의 허가를 받아야 하며 국가에 납세담보도 제공해야 합니다. 또한 연부연납분 세액 또는 납부유예세액에 대한 이자도 내야 하기 때문에 최선의 방법이라고 하기는 힘듭니다.

CHECK POINT
상속세 연부연납 특례

1. 적용 대상 및 요건(상증법 제71조, 상증령 제68조)

기존에는 가업상속공제 요건을 충족한 기업만 가능했으나, 2020. 1. 1.부터 대상을 중소/중견기업 전체로 확대함. 일반 연부연납은 10년[5]간 나누어 낼 수 있는데, 가업상속을 받은 경우에는 20년 또는 10년 거치 후 10년으로 연장된다(2023. 1. 1. 부터는 가업상속재산이 차지하는 비중에 관계없이 동일).

항목	연부연납 특례 요건
대상 기업	· (규모) 중소기업 및 중견기업 전체 · (업종) 소비성 서비스업 외 전체 업종
피상속인	· 5년 이상 최대주주 및 주식 지분 보유(특수관계인 지분 포함 상장 20%, 비상장 40% 이상) (2023. 1. 1. 개정) · 5년 이상 대표이사로 재직
상속인	· 상속세 신고 기한 내 임원 취임, 2년 내 대표이사 취임 ※ 가업상속공제와 달리 상속 개시 전 2년 이상 가업 종사 요건은 필요 없음

---

5 종전에는 5년이었으나 2022년 1월 1일 이후 상속 개시분부터 10년이 적용됨. 한편 연부연납 한 세액에 대해서는 가산이자(2023년 현재 연 2.9%)를 추가로 부담해야 함

2. 납세담보 제공 가능 자산(국세기본법 제29조)

연부연납 신청 시에는 납세담보를 제공하여야 하며, 납세담보 자산은 다음 중 어느 하나에 해당하는 것이어야 한다.

① 금전
② 국채증권, 지방채증권 및 특수채증권, 상장된 유가증권 등
③ 납세보증보험증권
④ 은행, 신용보증기금 등이 발행하는 납세보증서
⑤ 토지
⑥ 보험에 든 등기·등록된 건물, 공장재단, 광업재단, 선박, 항공기 또는 건설기계

3. 담보의 변경과 보충(국세기본법 제32조)

납세담보를 제공한 자는 세무서장의 승인을 받아 담보를 변경할 수 있다. 세무서장은 납세담보물의 가액 감소, 보증인의 자력(資力) 감소 또는 그 밖의 사유로 그 납세담보로는 국세 및 체납처분비의 납부를 담보할 수 없다고 인정할 때에는 담보를 제공한 자에게 담보물의 추가 제공 또는 보증인의 변경을 요구할 수 있다.

5

CHECK POINT
가업승계 시 상속세(증여세) 납부유예

1. 상속세 납부유예(상증법 제72조의2)

1) 적용 대상 및 요건

'23. 1. 1. 이후 상속이 개시되는 분부터 적용되며 상속인이 승계받은 가업을 영위하는 기간 동안 상속세 납부 부담 없이 경영할 수 있도록 납부유예가 신설되었다.

구분	내용
적용 대상	가업상속공제 요건을 충족하는 중소기업으로 가업상속공제를 받지 않은 기업 * 상속인이 가업상속공제 방식과 납부유예 방식 중 선택 가능
납부유예 가능 세액	상속인이 상속받은 가업상속재산을 양도·상속·증여하는 시점까지 상속세 납부유예 납부유예 가능 세액 = 상속세 납부세액 × (가업상속재산가액 ÷ 총상속재산가액)
신청 방법	상속세 과세표준 신고 시 납부유예 신청서를 납세지 관할세무서장에게 제출하여야 하며 납세담보를 제공해야 함

2) 사후관리

상속 개시일로부터 5년 내에 아래 추징 사유 발생 시 사유 발생일이 속하는 달의 말일부터 6개월 이내에 상속세 및 이자상당액을 납부해야 한다

> *** 이자상당액** = 상속세 납부액 × 당초 신고 기한의 다음 날부터 납부일까지의 일수
> × [국세환급가산금 이자율 ÷ 365]

사유	추징세액
① 정당한 사유 없이 사후관리 요건 위반하는 경우 · 가업에 종사하지 않는 경우(수증자가 대표이사로 종사하지 않는 경우, 해당 사업을 1년 이상 휴업하거나 폐업하는 경우) · (고용유지) 5년 통산 정규직근로자 수 70% 이상 또는 총급여액 70% 이상 유지하지 못한 경우 · (지분 유지) 상속받은 지분 유지 ※ 업종 유지 요건 없음 ② 1년 이상 휴업하거나 폐업하는 경우 ③ 상속인이 최대주주 등에 해당하지 않게 되는 경우 ④ 상속인이 사망하여 상속이 개시되는 경우	납부유예받은 상속세 전액 납부
⑤ 상속인이 상속받은 가업상속재산(주식 등 제외)을 양도·증여하는 경우(단, 40% 미만 양도·증여 시 제외) ⑥ 정당한 사유 없이 주식 등을 상속받은 상속인의 지분이 감소한 경우	납부유예 받은 상속세 중 양도 등 해당분만 납부

※ ④~⑥ 의 경우, 상속인이 다음 상속인·수증자에게 재차 가업승계 시 계속 납부유예 적용 가능 (이자상당액 50% 면제)
※ 납부유예제도는 업종 유지 요건 없음

2. 증여세 납부유예 (조특법 제30의7)

1) 적용 대상 및 요건

'23. 1. 1. 이후 주식을 증여 받은 분부터 적용됨

구분	내용
적용 대상	가업승계 증여세 과세특례 요건을 충족하는 중소기업으로 과세특례를 적용받지 않은 주식 및 출자지분 * 수증자가 저율과세 방식과 납부유예 방식 중 선택 가능
납부유예 가능 세액	수증자가 증여받은 가업주식을 양도·상속·증여하는 시점까지 증여세 납부유예 납부유예 가능 세액 = 증여세 납부세액 × (가업주식상당액 ÷ 총증여재산가액)
신청 방법	증여세 과세표준 신고 시 납부유예 신청서를 납세지 관할세무서장에게 제출하여야 하며 납세담보를 제공해야 함

2) 사후관리

증여일로부터 5년 내에 아래 사유 발생일이 속하는 달의 말일부터 3개월 이내에 증여세 및 이자상당액 납부

> *** 이자상당액** = 상속세 납부액 × 당초 신고 기한의 다음 날부터 납부일까지의 일수 × [국세환급가산금 이자율 ÷ 365]

사유	납부
① 정당한 사유 없이 사후관리요건을 위반하는 경우 · 가업에 종사하지 않는 경우(수증자가 대표이사로 종사하지 않는 경우, 해당 사업을 1년 이상 휴업하거나 폐업하는 경우) · (고용 유지) 5년 통산 정규직 근로자 수 70% 이상 또는 총급여액 70% 이상 유지하지 못한 경우 · (지분 유지) 증여받은 지분 유지 ※ 업종 유지 요건 없음 ② 1년 이상 휴업하거나 폐업하는 경우 ③ 수증자가 최대주주 등에 해당하지 않게 되는 경우 ④ 수증자가 사망하여 상속이 개시되는 경우	납부유예 받은 증여세 전액 납부
⑤ 정당한 사유 없이 주식 등을 증여받은 수증자의 지분이 감소한 경우	납부유예 받은 증여세 중 양도 등 해당분만 납부

※ ④, ⑤ 의 경우 수증자가 다음 상속인·수증자에게 재차 가업승계 시 계속 납부유예 적용 가능
　(이자상당액 50% 면제)

FP님 말씀을 듣고 보니 어느 한 가지에만 의존해서는 안 되겠네요. 덕분에 생각을 정리할 수 있는 좋은 시간이었습니다. 이제는 뭐가 하나라도 실행해 봐야겠다는 생각이 드네요.

CEO

가업승계는 중장기적인 준비가 필요하지만 무엇보다 중요한 것은 실천입니다. 다음번에는 특례증여의 구체적인 실행 방법에 대해서도 논의드리면 좋을 것 같습니다.

FP

오늘 좋은 말씀 감사합니다.
CEO

03 토픽을 마치며

최근 CEO들을 만나 보면 예전보다는 확실히 연령대가 높아진 것을 체감한다. 10여 년 전만 해도 주로 40~50대 CEO가 많았다면 지금은 50~60대가 주를 이룬다. 평균수명도 길어지고 건강관리도 신경 쓰는 시대 분위기라 60대 CEO도 왕성하게 활동하는 경우가 많다. 하지만 이들 역시 고민이 있다. 당장은 별문제 없지만 10년 정도 후에는 경영자 자리를 물려주거나 사업 정리를 판단해야 하기 때문이다.

우리나라 문화에서는 그동안 일군 사업을 남보다는 자녀에게 물려주고자 하는 성향이 강하다. 자녀들도 20대에는 학업에 매진하고 다양한 사회생활을 경험하기도 한다. 그러다가 30대가 넘어서면 부모의 사업을 물려받아 경영자가 될 준비를 하는 경우가 많다. 자수성가하기는 점점 어려운 환경이 되어 가고 있기 때문에 부모의 사업을 물려받는 것이 낫다는 판단 때문이다. 이때 가장 큰 걸림돌이 세금이다. 가업을 물려주려면 법인 주식을 상속하거나 증여해야 하는데 최고세율이 50%이다 보니 적지 않은 부담이다.

앞으로 10~20년은 가업승계가 중요 화두가 될 것이다. CEO들도 사업의 성장 못지않게 승계 문제에 관심을 둘 것이다. CEO가, 아니 대한민국이 나이 들어가고 있으니까.

개정 세법 완벽 반영
2023

화법중심 최고의 상담 가이드북

법인 컨설팅 실전 세무

법인 전문 컨설턴트를 위한

2부
실전 화법

Topic 17	성실신고 대상자는 법인전환을 고려하라
Topic 18	부동산이 없는 개인사업자는 비교적 법인전환이 용이하다
Topic 19	부동산이 있다면 세감면을 받는 방식으로 법인전환 하라

(소득 설계 편) (주식 이동 편) (**법인전환 편**) (부동산 법인 편)

topic
17

성실신고 대상자는
법인전환을 고려하라

01 토픽 소개

　개인사업자는 매년 5월(성실신고 확인 대상자는 6월)에 종합소득세 신고를 해야 한다. 법인세 최고 세율이 24%인 반면, 소득세 세율은 최고 45%이므로 세부담이 높은 성실신고 확인 대상자는 절세 니즈가 많은 편이다.

　또한 개인사업자는 대표자 본인의 급여나 퇴직금을 비용으로 인정받지 못하지만, 법인사업자는 대표이사 본인의 급여, 배당, 퇴직금 등을 비용 처리하며 지급받을 수 있다. 이처럼 법인사업자는 소득 유형을 변경할 수 있기 때문에 개인사업자에 비해 세금 면에서 유리한 점이 있다. 매출액이 큰 성실신고 대상 개인사업자에게 효율적으로 법인전환을 제안하는 방법을 살펴보자.

02 실전 화법

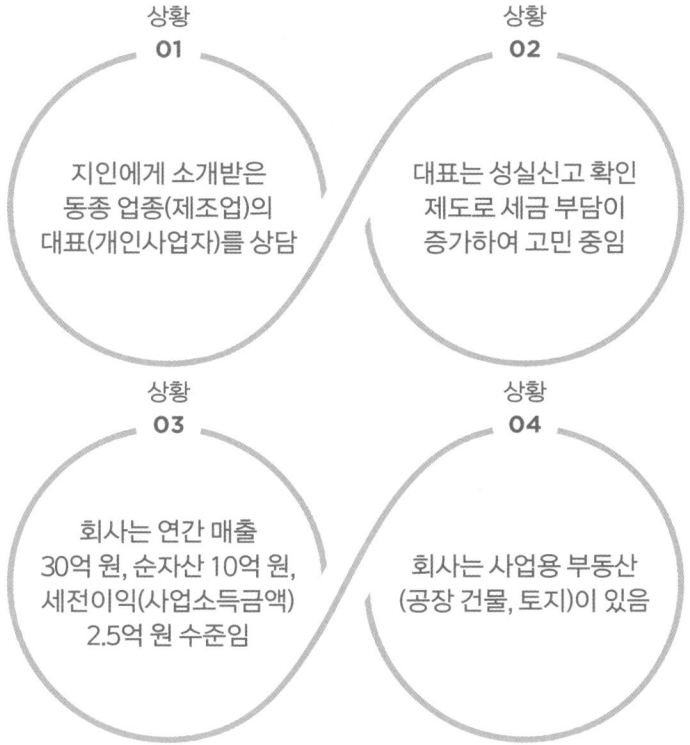

안녕하세요, 대표님. 오늘은 전에 대표님께서 관심 있으시다고 하신 법인전환을 안내해 드리겠습니다.

FP

네, 관심은 있는데 주위 사장들한테 물어보니 잘했다는 사람도 있고, 괜히 했다는 사람도 있어서 뭐가 좋은지 잘 모르겠어요.

CEO

그러시군요. 대표님께서는 지금까지 개인사업을 잘 운영해 오셨는데 왜 법인전환을 생각하셨나요?

FP

다 세금 때문이죠. 매출은 약간 늘었을 뿐인데 성실신고 대상자가 되고 나서 세금은 훨씬 많아졌습니다. 법인으로 전환하면 세금이 줄어든다고 말하는 사람들이 많던데, 저는 법인으로 전환하는 게 좋을지 잘 모르겠네요.

CEO

CHECK POINT
성실신고 대상자 기준

성실신고 대상자 기준 수입금액(2023년 현재)

개인사업자는 업종별로 아래의 수입금액 이상이라면 종합소득세 신고 시 성실신고 확인 대상이 된다.

구분	업 종	연 매출액 기준
1	농업·임업 및 어업, 광업, 도매 및 소매업(상품중개업 제외), 부동산 매매업, 그 밖에 제2호 및 제3호에 해당하지 않는 사업	15억 원
2	제조업, 숙박 및 음식점업, 전기·가스·증기 및 공기조절 공급업, 수도·하수·폐기물 처리·원료 재생업, 건설업(비주거용 건물 건설업은 제외하고, 주거용 건물 개발 및 공급업을 포함함), 운수업 및 창고업, 정보통신업, 금융 및 보험업, 상품중개업	7억 5천만 원
3	부동산 임대업, 부동산업(부동산 매매업은 제외), 전문·과학 및 기술 서비스업, 사업시설 관리·사업지원 및 임대 서비스업, 교육 서비스업, 보건업 및 사회복지 서비스업, 예술·스포츠 및 여가 관련 서비스업, 협회 및 단체, 수리 및 기타 서비스업, 가구 내 고용 활동	5억 원

 저도 개인사업을 하시는 고객분들이 많이 있습니다. 그중에서도 성실신고 대상이신 분들은 대부분 대표님과 비슷한 생각을 하시는 것 같습니다.

그러니까요. 요새는 정말 세금 때문에 사업하기가 힘들 지경입니다. 뭔가 대책을 세우긴 해야 하는데 제가 이런 쪽으로는 별로 아는 게 없어서요.

 법인사업이라고 해도 개인사업과 완전히 다르지는 않습니다. 물론 법인으로 사업을 하시면 개인사업에 비해 조금 더 신경 써야 하는 부분이 있긴 합니다. 법인사업은 <u>9%~24%</u>, 개인사업은 6%~45%가 적용되므로 이익이 클수록 세율 측면에서는 법인이 대체로 유리합니다. 또한 법인은 대표자 인건비와 퇴직금을 경비로 처리할 수 있습니다. 다만 개인사업자와는 달리 법인은 대표자라고 하더라도 법인 자금을 임의로 꺼내서 쓰면 가지급금으로 간주되어 세법상 불이익이 발생한다는 단점도 있습니다.

그렇군요. 다 이해는 안 되지만 말씀을 들어 보니 법인으로 하면 좋을 것 같긴 하네요. 그런데 제가 20년 동안 개인사업만 해 와서 법인에 대해서는 잘 몰라서 고민이 됩니다.

 너무 걱정하지 않으셔도 됩니다. 법인전환을 통한 절세 사례를 간략히 말씀드리겠습니다. 사례를 보시면 연간 세전 소득을 2억 원으로 가정했을 때 법인으로 전환하시면 같은 소득을 기준으로 개인사업자에 비해 매년 2천만 원 이상을 절세할 수 있습니다.(☞ 체크포인트 2 사례 참조) 그 외에 법인전환 시 대외 신용도가 좋아져 대출이나 관공서 입찰 등에 유리한 점도 있고요. 향후 자녀에게 사업체를 물려주겠다고 생각하신다면 법인사업 형태가 좋은 점이 있습니다.

CHECK POINT
법인사업자 vs. 개인사업자 세금 비교

1. 법인전환 시 주요 점검 사항

법인전환 고려 시 단지 현재의 소득세 부담만이 아니라 아래 사항을 충분히 검토한 후 실행 여부를 결정하는 것이 좋다.

- ✓ 성실신고 대상자이거나 적용 소득세율이 적어도 35% 이상(소득세 과표 최소 8,800만 원 이상)이어야 유의미한 절세 효과가 발생할 수 있다.
- ✓ 법인전환으로 인해 개인사업 업력(공공기관 입찰 등에 필요)이나 대출 승계에 문제가 없어야 한다.
- ✓ 가족들로 법인의 주주를 구성해 소득을 분산할 수 있어야 한다. 절세란 소득의 종류, 귀속자, 귀속시기의 분산이 핵심이기 때문이다.
- ✓ 가업승계 지원제도까지 고려해 장기간 계속 운영하면서 자녀에게 승계할 가능성이 높은 경우에 유리하다. 가업승계 지원제도를 적용받으려면 적어도 10년 이상 경영해야 한다.
- ✓ 법인전환 시 부동산이 있다면 부동산을 법인에 이전할지 여부를 고려해야 한다. 부동산 이전 시 양도소득세나 취득세 등 전환 비용이 크게 발생할 수 있다.
- ✓ 세무조사 리스크(소득 신고율)도 중요하다. 만일 매출 누락 등 미신고 소득이 있는데 법인으로 운영하다 적발되면 법인세뿐 아니라 대표자에게 상여 처분에 따른 소

득세까지 과세될 수 있다.

2. 개인사업자와 법인사업자 세금 비교 예시

〈가정〉

사업의 매출액(과세소득) 2억 원, 연간 근로소득 5천만 원, 배당소득세율 14%(지방소득세는 제외하고 분석)

(단위: 원)

개인사업자	항목	법인사업자
200,000,000	급여 차감 전 과세소득	200,000,000
	(-)대표자 인건비	50,000,000
200,000,000	(=)과세표준	150,000,000
38%	(x) 세율	9%
19,940,000	(-)누진공제	
56,060,000	(=)산출세액	13,500,000
143,940,000	세후금액(법인은 이익잉여금에 해당)	136,500,000
세금 없음	세후금액 사용(배당) 시	배당소득세
56,060,000	사업소득세	
	근로소득세(주1)	3,387,500
	법인세	13,500,000
	배당소득세(주2)	18,900,000
56,060,000	총부담 세금	35,787,500

(주1) 근로소득세 계산 근거

(단위: 원)

항목	금액	비고
총급여	50,000,000	
(−)근로소득공제	12,250,000	
(=)근로소득금액	37,750,000	
(−)기본공제	1,500,000	본인 기본공제만 적용
(=)과세표준	36,250,000	
(x)세율	15%	
(−)누진공제	1,260,000	
(=)산출세액	4,177,500	
(−)세액공제	790,000	근로소득세액공제 660,000 + 표준세액공제 130,000
(=)납부할 세액	3,387,500	

(주2) 배당소득세 = 135,000,000 × 14% = 18,900,000 [1]

---

[1] 대표자가 단독주주로서 배당을 받으면 배당소득이 2천만 원을 초과하므로 다른 종합소득과 합산하여 종합과세 된다. 이 경우 세부담은 14%보다 높아지지만, 편의상 자세한 분석은 생략하였음

그렇군요. 그럼 법인전환은 어떤 절차에 따라 하나요?

 CEO

 FP

법인으로 전환하는 방법은 몇 가지가 있습니다. 신설법인설립을 통한 일반양수도, 세 감면 포괄양수도, 현물출자 등입니다. 대표님 회사 상황에 맞게 하나를 선택하셔서 진행 하면 되는데요. 먼저 대표님께서 고민하셔야 하는 부분이 하나 있습니다. 대표님, 혹시 지금 있는 공장과 건물은 임차로 있는 건가요? 아니면 대표님 소유로 되어 있나요?

제가 약 20년 전에 구입한 겁니다.

 CEO

 FP

네, 그러면 혹시 법인전환을 할 때 공장도 같이 법인으로 이전하실 생각이신가요?

그건 아직 생각해 보지 못했는데 어떻게 하는 게 좋은가요?

 CEO

 FP

이 부분은 대표님께서 결정해 주셔야 하는데 일장일단이 있습니다. 만약 법인으로 넘 기면 나중에 회사를 자녀에게 물려주실 때 좋습니다. 가업을 승계하면 가업상속공제를 해 주는 제도가 있기 때문입니다. 반면에 혹시라도 사업이 어려워지면 공장도 같이 문제 가 생길 수 있습니다. 따라서 대표님께서 신중히 생각하시고 결정하셔야 합니다.

그런가요? 그건 좀 더 고민해 봐야겠네요.

 CEO

 FP

네, 만약 대표님께서 부동산을 법인에 넘기지 않겠다고 결정하시면 법인전환 방법은 비교적 단순합니다. 법인을 하나 새로 설립하시고 개인사업의 자산, 부채를 일반양수도 방법으로 하시면 됩니다. 시간도 약 2주 정도면 가능하고 비용도 크게 들지 않습니다.

topic 17 | 성실신고 대상자는 법인전환을 고려하라

CHECK POINT
법인설립 절차

1. 법인설립 절차

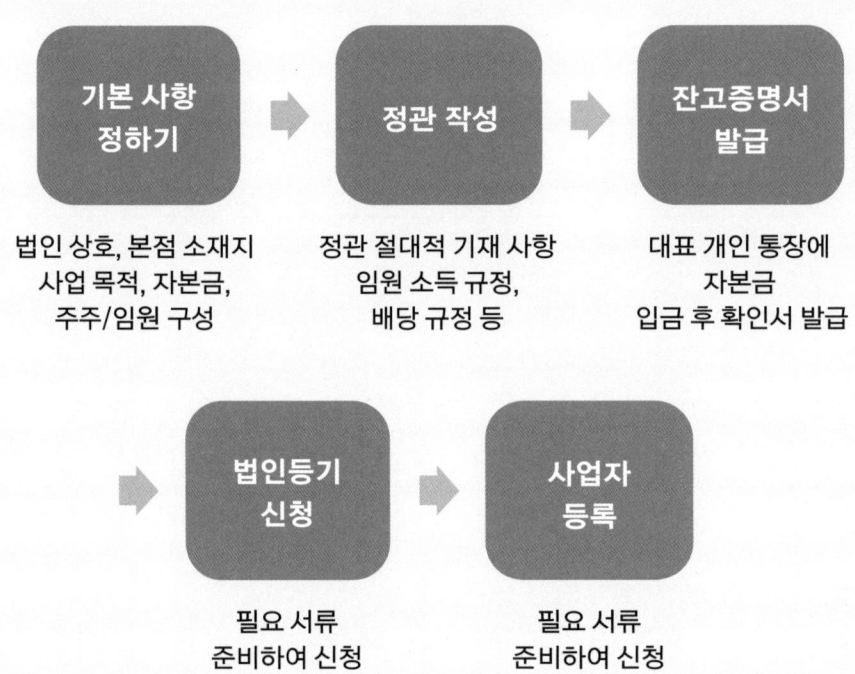

2. 사업자 등록 시 필요 서류

① 사업자 등록 신청서
② 본점 사무소 임대차계약서(임대차계약서를 법인등록번호로 다시 작성해서 제출)
③ 주주명부(관계 기입)

④ 법인등기부등본

⑤ 법인인감도장

⑥ 법인인감증명서

⑦ 정관

⑧ 대표이사 신분증

⑨ 사업 허가증(허가 업종인 경우)

그런데 만약 부동산을 법인으로 넘기겠다고 생각하신다면 법인전환 절차가 조금 복잡해질 수 있습니다. 결국 세금 문제 때문인데요. 법인으로 전환하는 과정에서 소유권이 이전되면 세법에서는 이를 양도로 간주해 법인전환 시점의 평가액을 기준으로 양도소득세를 부과합니다. 그런데 이렇게 거액의 세금을 부과하면 아무도 법인전환을 하지 않겠죠. 그래서 세법에서는 법인전환 시점에 세금을 물리지 않고 나중에 부동산을 처분하거나 사업을 접을 때까지 유예해 주는 '양도소득세 이월과세'라는 제도가 있습니다. 다만 이런 혜택을 받으려면 현물출자나 세감면 포괄양수도로 진행해야 하는데 생각보다 절차나 요건이 까다로운 단점이 있습니다.

FP

그게 많이 복잡한가요?

CEO

현물출자나 세감면 포괄양수도로 법인전환을 하시려면 회계사, 법무사, 감정평가사 등 여러 전문가의 도움이 필수입니다. 그에 따른 비용 문제도 생각해 보셔야 하고요. 현물출자에 비해 세감면 포괄양수도가 조금 더 간단하긴 하지만, 법인 순자산가액 이상의 금액을 현금으로 출자해야 한다는 조건이 있습니다. 대표님 같은 경우에는 순자산이 10억 원이니 이 금액을 실제 현금으로 출자해야 한다는 뜻입니다.

FP

법인전환도 쉽지 않겠네요. 제가 그런 돈이 현금으로 바로 있겠습니까?

 그럼 현물출자를 고려하실 수 있습니다. 사실 제가 아는 대표님들도 부동산을 법인에 이전할 때 대부분 현물출자로 진행하셨습니다. 순자산가액 이상을 현금으로 출자하기가 쉽지는 않거든요.

결국 부동산을 법인에 넘기냐 안 넘기냐가 중요한 부분이겠네요.

 네, 맞습니다. 아까 말씀드렸듯 부동산을 법인 소유로 넘길지 여부를 결정하셔야 합니다. 참고로 개인사업자를 유지하시면서 별도 법인을 하나 더 설립해 사업을 하시는 경우도 있습니다. 개인사업과 법인사업의 장점을 적절히 누리기 위해서입니다.

아, 그런 방법도 있겠네요. 개인사업자를 완전히 폐업하기에는 아무래도 부담이 되긴 합니다.

 네, 대표님께서 부동산 문제를 고민하신 후 답변을 주시면 제가 가장 적합한 방법으로 법인전환을 하실 수 있도록 도와드리겠습니다. 제 주변에 법인전환 관련하여 유능한 전문가들이 있으니 상담을 받으실 수 있도록 해 드리겠습니다.

네. 한번 생각해 보겠습니다. 오늘 방문해 주셔서 감사합니다.

CHECK POINT
상황별 법인전환 방법 요약

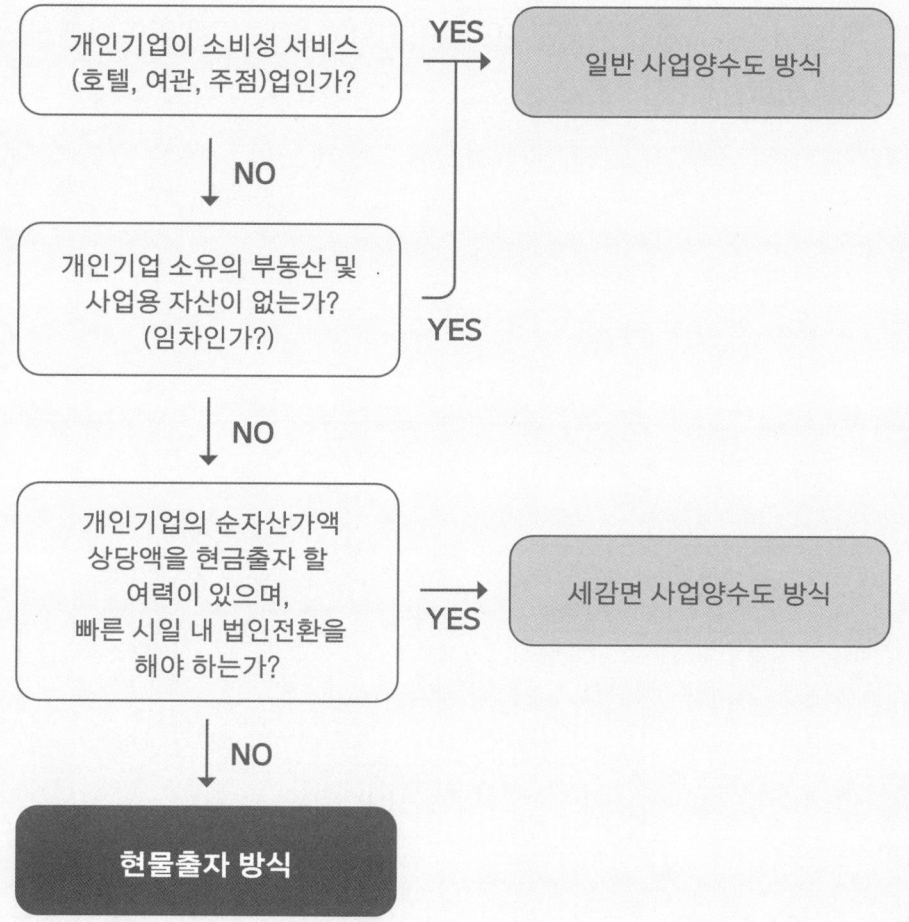

03 토픽을 마치며

개인사업자는 높은 소득세율 때문에 절세 니즈가 큰 반면, 합법적으로 세금을 줄일 수 있는 방법은 별로 없는 것이 사실이다. 그래서 매출을 누락하거나 가공 비용을 장부에 계상하기도 하는데 정상적인 절세 방법은 아니다. 만약 이런 사실이 국세청에 포착되면 미신고한 세금에 가산세까지 부담하게 된다.

따라서 <u>소득이 많은 개인사업자는 법인전환을 고려해야 한다.</u> <u>법인으로 전환하면 소득의 종류(급여, 배당, 퇴직금 등) 및 귀속시기 변경을 통해 개인사업자에 비해 효과적인 절세가 가능</u>하기 때문이다. 하지만 소득 분산이 어렵거나 현금 매출 과다 등의 사유로 세무 리스크가 커지는 상황도 발생할 수 있다. 또한 법인사업자는 개인사업자보다 자금인출이 자유롭지 못한 점도 고려해야 한다. 남에게 좋은 약이 나에게도 약이 될지 꼼꼼하게 따져 보고 결정하자.

topic
18

부동산이 없는 개인사업자는 비교적 법인전환이 용이하다

01 토픽 소개

　공장 등 사업용 고정자산(부동산)이 없거나 있더라도 이를 법인 소유로 전환하지 않을 개인사업자라면 비교적 간단하게 법인전환을 할 수 있다. 부동산을 법인으로 전환하지 않는다면 양도소득세 이월과세, 취득세 감면 등을 받을 실익이 없기 때문에 일반 양수도 방식으로 진행하면 된다. 한편 법인전환 과정에서 개인사업자의 영업권을 별도로 평가하여 법인에 양수도하면 개인과 법인 측면 모두에서 절세할 수 있으므로 적극 활용할 필요가 있다.

02 실전 화법

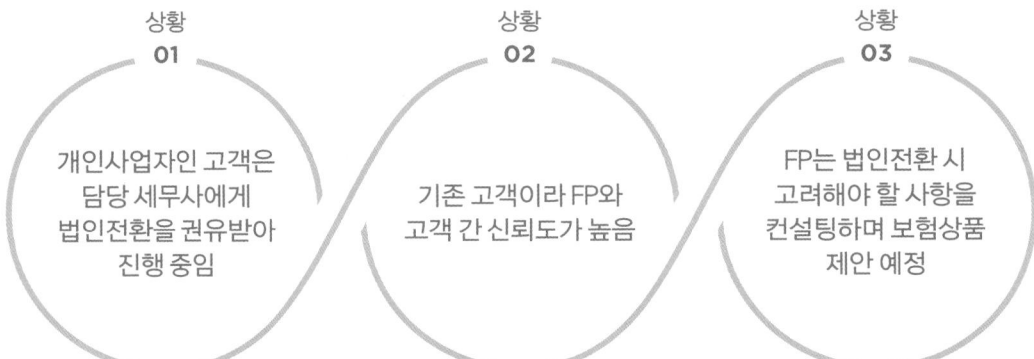

상황 01	상황 02	상황 03
개인사업자인 고객은 담당 세무사에게 법인전환을 권유받아 진행 중임	기존 고객이라 FP와 고객 간 신뢰도가 높음	FP는 법인전환 시 고려해야 할 사항을 컨설팅하며 보험상품 제안 예정

FP 안녕하세요, 대표님. 전에 경리부장에게 법인전환과 관련하여 연락이 와서 몇 가지 안내를 해 드렸는데요. 이후로 잘 진행되고 있는지요?

안 그래도 제가 경리부장에게 지시해 두었습니다. 사실 저는 지금까지도 세금은 나오는 대로 다 내야 한다는 생각이거든요. 아시겠지만 제가 몇 년 전에 세무조사를 받았잖아요. 그때 세무조사를 받고 한동안 회사가 어려웠어요. 이후로는 무리해서 세금을 줄이려다 더 큰 문제가 될 수도 있겠다 싶어서 주의하고 있습니다. **CEO**

FP 맞습니다. 그래서 합법적으로 절세하는 것이 중요하죠.

그런데 내년엔 올해보다 매출이 두 배는 오를 거 같아요. 그래서 세무사하고 의논했더니 법인전환을 권유하더라고요. 저도 여러 군데서 자문을 받아 봤지만 법인전환 외에는 딱히 다른 방법이 없는 것 같습니다. **CEO**

FP 네, 잘 생각하셨습니다. 대표님 회사 정도의 규모면 법인사업으로 운영하시는 것이 여러 측면에서 좋습니다.

네, 그래서 얼마 전부터 담당 세무사를 통해 준비하고 있습니다. 그런데 생각보다 진행이 더딘 듯싶어 조금 걱정입니다. 얼른 해야 할 것 같은데요.

그러시군요. 그런데 대표님 회사는 현재 공장을 임차해서 사용하고 있기 때문에 부동산 관련 세감면이 필요없으므로 그리 어렵지 않게 법인전환을 할 수 있습니다. 우선 법인설립을 하신 후 개인사업자의 자산·부채를 그대로 승계하는 방식이기 때문에 시간이나 비용도 많이 들지는 않습니다. 그런데 혹시 법인전환 하는 과정에서 발생하는 영업권이라는 것도 들어 보셨습니까?

아니요. 저는 우리 세무사한테 다 맡겨 놓아서요. 알아서 잘해 주겠죠. 그런데 영업권이라는 게 무엇이죠?

영업권은 흔히 하는 말로 권리금 같은 것입니다. 목이 좋거나 장사가 잘되는 식당을 다른 사람에게 팔 때 보통 권리금을 받지 않습니까? 마찬가지로 대표님께서 그동안 개인사업을 운영해 오시면서 자연스럽게 형성된 영업상 노하우, 높은 고객 충성도, 신용이나 명성 등을 의미합니다. 한마디로 경영권 프리미엄이라고 말할 수 있습니다.

그렇군요. 그런데 내 사업체를 내가 법인으로 전환하는데 영업권이 왜 필요한가요?

네, 영업권을 잘 활용하시면 법인전환 시 상당한 절세가 가능하기 때문입니다. 법인전환 시에 대표님께서 영업권을 평가해 법인에 이전하시면 법인에서 그 대가를 받을 수 있습니다. 세법에서는 이러한 영업권 양도 대가를 기타소득으로 보아 과세하는데요. 이때 받은 대가의 60%를 경비로 인정해 줍니다. 예를 들어 영업권을 1억 원에 이전하면 1억 원의 60%인 6천만 원은 경비로 인정되어 4천만 원에만 세금이 부과됩니다. 대표님께서도 오랫동안 사업을 하셨으니 이 정도면 상당한 절세라는 점을 아실 겁니다. 영업권 평가는 외부의 감정평가법인을 통해 하시면 됩니다.

그렇군요. 사실 영업권은 경비라고 할 만한 게 딱히 없는데 60%나 경비를 인정해 준다니 괜찮네요.

 게다가 법인 입장에서는 대표님께 매입한 영업권을 자산으로 계상한 후 5년 동안 감가상각을 통해 비용으로 처리할 수 있습니다. 법인이 영업권을 1억 원에 사 왔다면 매년 2천만 원씩 5년간 비용 처리가 되니 법인세 절세 효과도 있습니다. 영업권은 대표님과 법인이 최대한 절세하면서 합법적으로 법인 자금을 인출할 수 있는 방법입니다.

1

CHECK POINT
영업권 양수도를 통한 절세 효과

1. 영업권 평가 방법

법인전환 시 영업권의 평가는 상증법 제60조 '평가의 원칙'에 따라 감정평가액이 있는 경우 그 평가액으로 평가하고, 감정평가액이 없는 경우 상증법상 보충적 평가 방법으로 평가한다.

① 감정평가 방법(상증령 제49조)

당해 재산에 대하여 기획재정부령이 정하는 공신력 있는 감정기관이 평가한 감정가액이 있는 경우에는 그 감정가액

② 보충적 평가 방법(상증령 제59조)

다음 산식에 의하여 계산한 초과이익금액을 평가 기준일 이후의 영업권 지속연수(원칙적으로 5년으로 함)를 감안하여 기획재정부령이 정하는 방법에 의하여 환산한 가액에 의함

> 영업권 평가액 = [최근 3년간(3년에 미달하는 경우에는 당해 연수)의
> 순손익액 가중평균액의 50% - 평가 기준일 현재의
> 자기자본 × 10%[1]] × 3.79078(10%, 5년 연금현가계수)

✓ 상증, 서면인터넷방문상담4팀-3279, 2006. 09. 26

개인으로서 경영하는 사업체의 영업권을 「상속세 및 증여세법 시행령」 제59조 제2항의 규정에 의하여 평가할 때, "최근 3년간(3년에 미달하는 경우에는 당해 연수로 한다)의 순손익액의 가중평균액"은 같은 법 시행령 제56조 제1항의 규정을 준용하여 평가하는 것으로 평가기준일 이전 1년, 2년 및 3년이 되는 사업연도의 사업소득금액을 기준으로 하여 계산하는 것입니다.

✓ 서면인터넷방문상담4팀-896, 2008. 04. 03.

「상속세 및 증여세법 시행령」 제59조 제2항의 규정에 의하여 영업권을 평가할 때 자기자본은 평가기준일 현재 당해 사업과 관련된 자산을 같은 법 제60조 내지 제66조의 규정에 의하여 평가한 가액에서 부채를 차감한 가액으로 하는 것입니다.

---

1 1년 만기 정기예금 이자율을 감안하여 기획재정부령이 정하는 율을 뜻하며, 2023년 현재 10%임(상증법 시행규칙 19조)

[사례] 보충적 평가 방법에 의한 영업권 평가

개인사업의 최근 재무정보가 다음과 같은 경우 세법상 보충적 방법에 의한 영업권 평가액은?

- 직전 3년간 사업소득금액(2022년: 6억 원, 2021년: 4억 원, 2020년: 4억 원)
- 기준일 현재의 자기자본 총계: 10억 원

(해설)

최근 3년간 순손익액의 가중평균액 =
[(6억 원 × 3 + 4억 원 × 2 + 4억 원 × 1) / 6] × 50% = 2.5억 원
자기자본의 10% = 10억 원 × 10% = 1억 원
영업권 = (2.5억 원 − 1억 원) × 3.79078 = 568,617천 원

2. 영업권 양도 대가에 대한 소득세 과세

소득세법상 기타소득으로 과세한다.

[사례] 영업권 양도 대가가 5억 원인 경우 소득세 부담액은?

(해설)

기타소득 총수입금액: 5억 원
(−)필요경비: 5억 원 × 60% = 3억 원
(=)기타소득금액: 2억 원
(×)원천징수세율: 22%(지방소득세 포함)
(=)세부담액: 4,400만 원

한편 영업권 양도 시 연간 기타소득금액이 300만 원을 초과하면 다른 종합소득과 합산하여 종합과세 한다.

3. 영업권 상각을 통한 법인세 절세 효과

〈예시〉 영업권 평가액 5억 원, 법인세율 20.9%(지방소득세 포함), 5년간 상각

매년 영업권 상각액 = 5억 원 / 5년 = 1억 원

매년 법인세 절세 효과 = 1억 원 × 20.9% = 2,090만 원(5년간 매년 발생)

네, 저도 처음 들었는데 좋은 정보 주셔서 감사합니다. 저희 담당 세무사와도 논의해 봐야겠네요. 그런데 영업권을 얼마로 해야 하나요?

 영업권은 대표님께서 임의로 결정하시면 나중에 문제가 생길 수 있습니다. 외부 감정평가법인의 평가를 받는 것이 좋습니다. 당장 비용은 다소 들겠지만 잘 활용하면 절세도 되기 때문에 많이들 활용합니다.

알겠습니다. 그런데 법인을 설립해서 양수도가 끝나면 개인사업체는 그냥 없어지는 건가요?

 개인사업체를 유지하실 필요성이 적다면 폐업 신고를 하시면 됩니다. 폐업 신고는 폐업일이 속하는 달의 다음 달 25일까지 하시면 되고, 이때 부가가치세 신고도 같이 하시면 됩니다.

그럼 개인사업체에서 올해 발생한 사업소득은 어떻게 신고하나요?

 그건 내년 5월(성실신고 대상자는 6월)에 신고하시면 됩니다.

그렇군요. 더 고려해야 할 사항은 없나요?

 네, 대표님. 법인전환 관련해서 주주구성도 중요한 고려 사항입니다.

그냥 제가 주주가 되는 것이 아닌가요?

 물론 대표님 혼자 100%의 주식을 보유하실 수도 있습니다. 그렇지만 다른 주주를 넣을 수도 있는데요. 법인은 주주구성에 따라 향후 절세 측면에서도 많은 차이가 납니다. 가능하면 법인설립 과정에서 이 문제를 검토하고 넘어가야 합니다.

그럼 어떻게 하면 좋을까요?

 일단 대표님뿐만 아니라 사모님과 자녀도 주주로 올리면 좋습니다. 게다가 사모님은 이미 회사에서 일하고 계시니 임원으로도 올리면 좋겠습니다.

우리 애들은 이제 고등학생인데 괜찮을까요?

 물론입니다. 나이에 관계없이 얼마든지 가능합니다. 다만 자녀들은 아직 법인에 자본금을 댈 만한 능력이 없기 때문에 대표님께서 현금을 일부 증여하시고 그 자금으로 출자하면 됩니다.

그럼 증여세를 내야 하지 않나요?

CEO

물론 그렇긴 합니다만 미성년 자녀에게는 2천만 원까지 증여하셔도 세금이 없기 때문에 너무 걱정하지 않으셔도 됩니다.

FP

군이 그렇게까지 해야 하는 이유라도 있나요? 어차피 주주들이 가족이라면 그렇게 하나 안 하나 마찬가지일 것 같은데요?

CEO

그렇지 않습니다. 법인전환 후 법인에 이익이 생기면 배당도 하실 텐데요. 단기적으로는 배당 시에도 세금을 줄일 수 있습니다. 예를 들어 1억 원을 배당한다면 대표님께서 100% 주주로 있을 때는 대표님 근로소득과 배당소득을 합쳐서 세금이 부과되기 때문에 40% 때의 높은 세율이 적용될 수 있습니다. 하지만 사모님이나 자녀들을 주주로 하신 후 배당을 적절하게 활용하면 15.4% 정도의 세금만 내는 경우도 많아 상당히 절세가 됩니다.

FP

그렇군요.

CEO

게다가 장기적으로 자녀는 배당받은 재원으로 경제적인 기반을 마련할 수 있고요. 향후 대표님 지분을 매수할 자금 출처로도 활용할 수 있습니다. 이 과정을 통해 자연스럽게 승계가 이루어질 수 있고 향후 예상되는 상속세나 증여세도 절세할 수 있습니다.

FP

네, 잘 알겠습니다. 이거 법인전환이라는 중요한 내용에 제가 너무 무관심했군요. 늘 좋은 정보를 주셔서 감사합니다. 이렇게 계속 도움만 주시는데 제가 뭐라도 도와드리고 싶습니다.

CEO

FP 아닙니다. 대표님 오늘 말씀드리지 못한 것 중에도 법인설립 과정에 필요한 몇 가지가 더 있습니다. 회사 정관이나 임원과 관련된 각종 규정 등입니다. 이것도 잘 마련하시면 유용하게 활용하실 수 있습니다. 나머지는 법인전환을 하면서 적당한 시기에 다시 말씀드리겠습니다.

CEO 네, 알겠습니다. 저도 법인전환 하면서 궁금한 게 생기면 중간중간에 연락드릴 테니 많은 도움 부탁드립니다. 감사합니다.

FP 네, 감사합니다. 그럼 오늘은 이만 가 보겠습니다. 안녕히 계십시오.

CHECK POINT
관련 예규

1. 사업장 양수도 시 영업권 인정 여부

[법인46012-3049(1998. 10. 19.)]

법인이 다른 법인의 사업을 양수함에 있어서 양수하는 사업의 부채를 인수하지 아니하거나 종업원을 부분적으로 승계한 경우에도 양수도 자산과는 별도로 그 사업으로 소유하고 있는 허가·인가 등 법률상의 특권, 사업상 편리한 지리적 여건, 영업상의 비법, 신용·명성·거래선 등 영업상의 이점 등을 감안하여 적절한 평가 방법에 따라 유상으로 취득한 금액은 법인세법 시행규칙 별표 4에서 규정하는 영업권의 범위에 포함되는 것이나, 이에 해당되는지 또는 양수하는 자산의 가액으로 지급하는 것인지 여부는 그 실질 내용에 따라 사실판단 할 사항임

2. 법인전환 이후 성실신고 대상 여부

성실신고 대상 개인사업자가 법인으로 전환한 후 3년간은 성실신고 확인을 받아야 한다(법인세법 제60조의2 제1항). 이때 개인사업의 자산과 부채를 포괄적으로 양수한 법인은 신설법인이 아닌 경우에도 성실신고를 받아야 하는 점에 유의해야 한다.

✓ **사전-2020-법령해석법인-1147, 2020. 12. 24.**

신설법인설립을 통한 법인전환이 아니더라도 기존 법인이 성실신고 확인 대상 개인

사업자의 사업을 포괄양수 한 경우에도 성실신고 확인서 제출 대상에 해당함

✓ 사전-2019-법령해석법인-0136, 2019. 04. 03.

내국법인이 제조업을 영위하는 「소득세법」 제70조의2 제1항에 따른 성실신고 확인서 제출 대상 개인사업자로부터 토지와 건물을 제외한 그 사업에 관한 일체의 권리와 의무를 양수하여 법인을 설립한 경우, 해당 내국법인은 「법인세법」 제60조의2 제1항 제2호에 따른 성실신고 확인서 제출 대상에 해당하는 것임

1. 질의 내용

내국법인이 제조업을 영위하는 성실신고 확인서 제출 대상 개인사업자로부터 토지와 건물을 제외하고 그 사업에 관한 일체의 권리와 의무를 양수하여 법인을 설립한 경우 해당 법인이 성실신고 확인서 제출 대상에 해당하는지 여부

2. 사실관계

- ✓ 「소득세법」 제70조의2 제1항에 따른 성실신고 확인서 제출 대상 사업자에 해당하는 거주자 갑은 제조업을 영위하던 중 2018. 6. 30. 법인을 설립하여 해당 법인에게 토지와 건물을 제외한 사업에 관한 일체의 권리와 의무를 양도하였음
- ✓ 갑은 A 법인에게 사업을 양도한 후 기존 사업장으로 사용하던 토지와 건물을 A 법인에게 임대하면서 부동산 임대업으로 업종을 변경하였음
- ✓ 갑은 사업양도일(2018. 6. 30.)까지 발생한 제조업 소득으로 인하여 2018 과세연도에도 성실신고 확인 대상 사업자에 해당함

03 토픽을 마치며

부동산이 없는 개인사업자의 법인전환은 간단하게 진행할 수 있다. 부동산 이전에 따른 양도소득세나 취득세 관련 이슈가 없기 때문이다.

법인설립 및 양수도 과정에서 몇 가지 키(key)포인트를 정리해 보면 다음과 같다.

첫째, 영업권을 계상하여 법인에 양도양수 하면 개인은 60% 필요경비를 적용한 기타소득세를 납부하고, 법인은 양수한 영업권을 5년간 상각하므로 개인과 법인 모두에게 절세 효과가 있다.

둘째, 법인 주주구성이다. 개인사업자에 비해 법인의 세부담이 적은 가장 큰 이유는 주주구성을 분산할 수 있기 때문이다. 법인의 잉여금을 가족 위주로 구성된 주주에게 배당하면 대표 혼자가 주주일 때보다 당연히 세금이 줄어든다.

셋째, 법인 정관 정비다. 법인 정관은 법인설립 후 변경 사항이 있을 때 언제든 수정할 수 있지만, 법인설립 초기에 컨설팅하여 잘 구비해 두면 CEO의 급여 및 퇴직금 설계, 주주들의 배당 설계가 용이해진다.

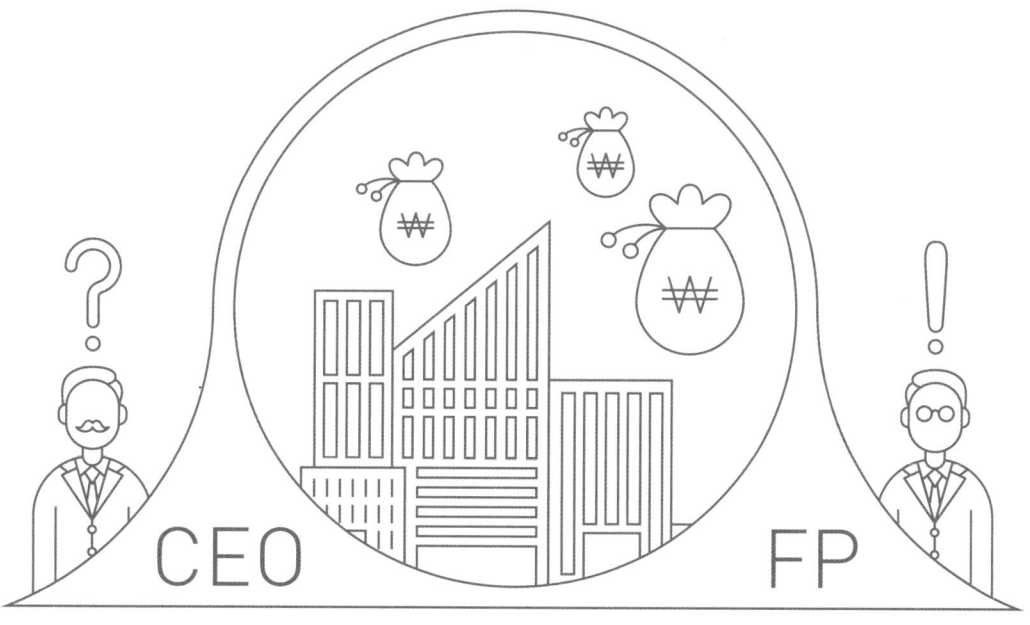

topic 19

부동산이 있다면 세감면을 받는 방식으로 **법인전환 하라**

01 토픽 소개

사업용 고정자산(공장, 본사 건물 등의 사업용 부동산)이 있다면 법인전환 시 법인으로 부동산 명의의 이전이 필요한 경우가 있다. 이때 양도소득세 및 취득세 부담이 발생한다. 그런데 법인전환 과정에서 거액의 양도소득세 및 취득세를 부담해야 한다면 쉽게 법인전환을 실행하기 어렵다. 이런 문제점 때문에 세법에서는 일정한 요건을 갖추어 법인전환을 하면 양도소득세는 나중에 낼 수 있도록 하는 이월과세를 허용하고 있으며, 취득세는 상당 부분 감면받을 수 있도록 하고 있다.

법인전환 시 세부담을 최소화하려면 세감면 포괄양수도나 현물출자 방법을 활용한다. 이하에서는 세감면 포괄양수도와 현물출자를 활용한 법인전환 방법을 살펴보자.

02 실전 화법

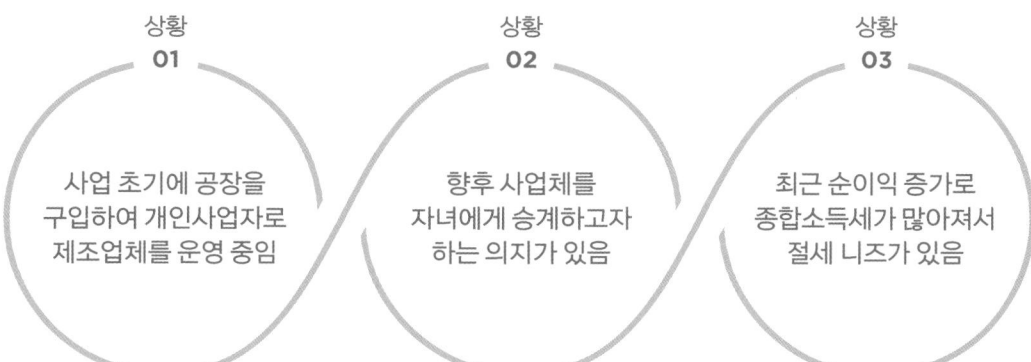

상황 01 사업 초기에 공장을 구입하여 개인사업자로 제조업체를 운영 중임

상황 02 향후 사업체를 자녀에게 승계하고자 하는 의지가 있음

상황 03 최근 순이익 증가로 종합소득세가 많아져서 절세 니즈가 있음

FP: 안녕하세요, 대표님. 전에 법인전환과 관련하여 말씀드렸는데 생각 좀 해 보셨는지요?

CEO: 네, 저희 담당 세무사에게도 문의해 봤는데 이제 법인전환이 필요한 시점이라고 하더라고요. 법인전환을 하긴 해야 할 텐데, 아무래도 어차피 할 거면 빨리 하는 게 좋겠지요?

FP: 네, 잘 생각하셨습니다. 현재 상황에서는 하루라도 빨리 법인전환을 하는 것이 대표님께도 절세 차원에서 도움이 됩니다.

CEO: 저도 그게 좋을 듯합니다. 그런데 법인으로 전환하려면 어떤 준비를 해야 합니까?

FP: 네, 대표님. 우선 어떤 방식으로 법인전환을 할지 결정해야 합니다. 전환 방법에 따라 준비 서류도 천차만별입니다.

CEO: 그래요? 그럼 어떻게 해야 하죠?

 **FP**: 대표님, 회사의 공장은 처음 사업 시작하실 때 구입하셨다고 알고 있는데 맞지요? 그럼 법인전환을 할 때 공장을 법인으로 이전하실 건가요?

 **CEO**: 그건 고민 중인데 어떻게 하면 좋을까요?

 **FP**: 네, 공장 건물과 토지를 법인으로 이전하시면 나중에 사업체를 자녀에게 물려주실 때 유리할 수 있습니다. 이미 사장님은 20년 넘게 사업을 하고 계신데요. 세법에는 자녀에게 가업을 승계하는 경우에 세금을 상당히 감면해 주는 제도가 있습니다. 따라서 사업체를 키워서 자녀에게 물려주실 생각이 있으시다면 법인으로 이전하는 것이 좋습니다. 하지만 법인으로 이전한 후 혹여 사업이 어려워지면 대출 담보로 제공된 공장 등 부동산 압류도 가능하기 때문에 법인으로 이전하지 않는 사장님도 많습니다.

 **CEO**: 그렇군요. 법인으로 이전하지 않으면 나중에 자녀에게 회사를 물려줄 때 상속세나 증여세가 많이 나올 수 있다는 말이군요.

 **FP**: 맞습니다. 개인으로 가지고 계시면 나중에 상속세나 증여세가 많이 나올 수 있죠. 대표님 말씀대로 20년 전에 구입하셨으면 현재 시세가 상당하겠는데요?

 **CEO**: 이게 금방 팔려고 구입한 것이 아니라서 시세에는 관심이 없었는데, 1년 전쯤에 근처 부동산에서 70억 원에 팔 생각이 없는지 문의가 온 적은 있습니다.

 **FP**: 그럼 나중에 상속세나 증여세가 상당하겠는데요? 증여세는 과세표준이 30억 원만 넘어도 최고세율인 50%가 적용됩니다.

 **CEO**: 그것도 상당하네요. 그럼 이번에 법인전환을 하면서 공장도 포함해야겠네요.

FP: 제 생각도 그렇습니다. 이미 큰아드님도 회사에서 일하고 있고, 어차피 대표님 은퇴하시면 회사를 물려주실 것 아니겠습니까?

그렇죠. 또 고려해야 할 사항이 있습니까?

CEO

FP: 네, 공장을 법인으로 넘기기로 하셨으면 법인전환 방법을 크게 두 가지로 생각해 볼 수 있는데요. 하나는 (세감면)포괄사업양수도이고 다른 하나는 (세감면)현물출자입니다. 용어가 좀 어려운데요. 부동산 명의를 법인으로 이전하면 양도소득세와 취득세 문제가 생깁니다. 예를 들어 사장님께서 20년 전에 공장을 10억 원에 사셨는데 현재는 70억 원이라 가정하면 그사이에 오른 60억 원의 차익에 대한 양도소득세가 사장님께 부과됩니다. 그리고 법인은 취득한 부동산에 대한 취득세를 내야 하고요.

그럼 양도세나 취득세가 엄청 나올 텐데 부담스럽네요.

CEO

FP: 너무 걱정하실 필요는 없습니다. 사장님 말씀대로 양도세와 취득세를 다 내야 한다면 부담스러워서 아무도 법인전환을 하지 않을 것입니다. 다행히 세법에는 일정한 요건을 갖추면 양도소득세는 나중에 낼 수 있도록 해 주고 취득세도 75%나 감면해 주는 제도가 있습니다.

CHECK POINT
법인전환 시 양도소득세 이월과세

1. 양도소득세 이월과세란?

개인사업을 법인으로 전환할 때 사업용 고정자산(토지, 건물)을 포함하여 법인전환을 하는 경우 최초 취득가액과 법인전환 당시 시가와의 차액에 양도소득세를 부과한다. 하지만 법인전환 시 거액의 양도소득세를 부과하면 법인전환이 원활히 이루어지기 어렵다. 따라서 세법에서는 일정한 요건을 충족하면 법인전환 시 납부해야 하는 양도소득세를 나중에 재산을 매각하거나 사업을 폐지하는 등의 일정 시점까지 연기해준다.

거주자가 사업용 고정자산을 현물출자 하거나 대통령령으로 정하는 사업양도양수의 방법에 따라 법인(대통령령으로 정하는 소비성 서비스업을 경영하는 법인은 제외함)으로 전환하는 경우 그 사업용 고정자산에 대해서는 이월과세를 적용받을 수 있다. 다만 2021. 1. 1. 이후 법인전환분부터는 해당 사업용 고정자산이 주택 또는 주택을 취득할 수 있는 권리인 경우는 이월과세 대상에서 제외한다(조세특례제한법 제32조).

2. 세감면 포괄양수도 및 현물출자의 취득세 감면

개인기업의 법인전환 시 현물출자 또는 사업양도양수의 방법으로 법인전환 하는 경우에는 법인이 취득하는 사업용 고정자산의 취득세를 75% 감면해 준다. 다만 2020. 8. 12.부터 한국표준산업분류에 따른 부동산 임대 및 공급업의 법인전환에는 취득세 감면을 배제하였다(지방세특례제한법 57의2 ③). 한편 취득세 감면금액에는 농어촌특별세(감면분의 20%)가 과세된다.

3. 양도소득세 이월과세 및 취득세 감면을 위한 요건

① 설립되는 법인의 자본금은 개인사업의 순자산(자산 합계액 - 부채 합계액)가액 이상일 것
② 순자산가액: 법인전환일 현재 '시가'로 평가한 자산의 합계액에서 충당금을 포함한 부채의 합계액을 공제한 금액임
③ 시가: 불특정 다수인 사이에 인정되는 가액. 경매, 공매, 수용 및 감정가액 등 상증세법에서 시가로 인정되는 가액 포함
④ 현물출자 방식: 법인의 설립등기 전에 발기인으로서 현물출자를 이행해야 함
⑤ 세감면 사업양수도 방식: 당해 개인사업주가 발기인이어야 하며 법인설립일부터 3개월 이내에 당해 법인에게 사업에 관한 권리와 의무를 포괄양도 해야 함
⑥ 세감면 제외 업종: 호텔업 및 여관업(관광진흥법에 의한 관광숙박업 제외), 주점업(관광진흥법에 의한 외국인 전용 유흥음식점업 및 관광유흥음식점업 제외), 부동산 임대업, 부동산 공급(매매)업

4. 조세 감면에 대한 사후관리

세감면 포괄양수도 또는 현물출자에 의해 설립된 법인의 설립등기일부터 5년 이내에 다음의 어느 하나에 해당하는 사유가 발생하는 경우에는 이월과세나 취득세 감면

을 적용받은 거주자가 사유 발생일이 속하는 달의 말일부터 2개월 이내(취득세는 60일 이내)에 이월된 양도소득세액 또는 취득세 감면세액을 납부하여야 한다(조특법 제32조 ⑤, 지특법 제57조의2 ④).

① 법인이 승계받은 사업을 폐지하는 경우
② 거주자가 법인전환으로 취득한 주식 또는 출자지분의 100분의 50 이상을 처분하는 경우

그럼 당장은 큰 부담은 없겠네요. 그래도 세금이 전혀 없지는 않으니 저희 자금 사정도 좀 고려해야겠네요.

CEO

FP

그렇습니다. 아, 혹시 사장님 회사의 최근 재무제표가 있는지요? 그걸 보면 좀 더 구체적으로 말씀드리기 좋을 것 같네요.

잠시만요. 아, 여기 있습니다.

CEO

FP

사장님, 여기 보시면 자산이 60억 원이고 부채가 40억 원이지 않습니까? 만일 자산평가액이 120억 원이라면 부채 40억 원을 차감한 금액인 80억 원 이상이 자본금이 되어야 합니다. 아까 말씀드린 양도소득세 이월과세와 취득세 감면은 무조건 해 주는 것이 아니라 일정한 요건을 갖추어야 합니다. 가장 중요한 요건이 순자산가액 이상 자본금 출자입니다. 그러니까 사장님께서는 80억 원 이상을 출자해서 법인을 만들어야 한다는 뜻입니다.

내가 당장 그런 돈이 있겠습니까?

CEO

하하. 네, 너무 걱정하지 않으셔도 됩니다. 세감면 포괄양수도 방법은 현금으로 80억 원 이상을 출자해야 하지만, 현물출자 방법으로 법인전환 하시면 다릅니다. 현물출자는 현금을 출자할 필요 없이 부동산이라는 현물로 자본금을 대서 법인을 설립하는 방식입니다.

내용이 상당히 복잡하네요.

아무래도 법인전환 시 부동산 명의이전 문제가 있다 보니 그렇습니다. 그래서 사장님 같은 경우에는 경험이 많은 전문가의 도움을 받으셔야 합니다. 실제로 부동산을 감정하려면 감정평가사도 필요하고, 법인을 설립하려면 법무사도 필요하고, 재무제표를 감사하려면 공인회계사도 필요합니다.

2 CHECK POINT
현물출자와 포괄사업양수도 비교

1. 세감면 법인전환 방식의 비교(현물출자와 포괄사업양수도)

구분		현물출자	포괄사업양수도
법인설립	1. 등록면허세 2. 등록면허세할 교육세 3. 인지세 4. 국민주택채권매입 5. 공증수수료 6. 법무사수수료	○	○
	7. 검사인수수료 8. 회계감사수수료	○	X
	9. 자산감정수수료	○	○ (필수 비용은 아님)
부동산 명의이전	1. 양도소득세 2. 양도소득세할 지방소득세	이월과세	이월과세
	3. 등록면허세 4. 등록면허세에 대한 교육세 5. 취득세	일부 감면	일부 감면
	6. 등록면허세에 대한 농특세 7. 취득세에 대한 농특세 8. 법무사수수료	○	○
	9. 국민주택채권매입	면제	○

기타	1. 등록면허세(차량 등) 2. 등록세에 대한 교육세 3. 취득세(차량 등)	면제	면제
	4. 등록면허세에 대한 농특세 5. 취득세에 대한 농특세 6. (법인전환 계약서)인지세·공증수수료	○	○
	7. 부가가치세	비과세	비과세

포괄사업양수도는 준비부터 법인전환 완료까지 약 2달 정도의 기간이 필요하며, 현물출자 방법의 경우 법원의 심사 과정이 필요하여 적어도 3개월 이상의 기간이 필요하다. 각 법인전환 방법의 절차는 후술 내용을 참조하기 바란다.

2. 포괄사업양수도 법인전환 프로세스

① 개인기업 순자산가액 추정

신설법인 자본금 결정을 위해 개인기업의 당해 연도 1월 1일부터 폐업일인 법인전환 기준일까지의 가결산(부동산 등 자산의 대략적인 감정 포함)

② 자본금 결정과 법인설립

개인기업의 순자산가액 추정에 의해 법인설립등기 시 자본금 결정

(자본금은 여유 있게 추정 순자산가액보다 약간 높게 결정 → 양도소득세 이월과세 적용 위함)

순자산가액 추정은 법인전환 기준일 현재로 평가

③ 사업양수도 계약

설립한 법인과 기존 개인사업자 간에 양도양수 계약 체결

④ 법인설립등기 및 사업자 등록 신청

법인설립 후 법인전환 기준일 3일 전까지 관할 세무서에 사업자 등록 신청과 법인설립신고

⑤ **자산감정**

부동산 등 자산·부채 양도양수 거래의 정당성을 입증하기 위해 감정을 받는 것이 좋음

⑥ **개인기업 결산**

법인에 자산·부채를 포괄적으로 이전하였으므로 법인전환 기준일까지의 개인기업을 결산해야 함

⑦ **개인기업 부가가치세 확정신고, 폐업 신고**

기존 개인사업자는 폐업해야 하므로 법인전환 기준일 이전의 부가가치세를 확정신고 하면서 동시에 폐업 신고도 함

⑧ **명의이전 등 후속 조치**

금융계좌, 유형자산 등의 명의를 개인에서 법인으로 변경함

⑨ **양도소득세 예정신고 및 이월과세 적용 신청**

부동산 양수도일이 속한 달의 말일부터 2개월 이내에 양도소득세 예정신고와 함께 이월과세 적용 신청서 제출

3. 현물출자 법인전환 프로세스

① **현물출자 계약 체결**

개인사업주와 신설될 법인의 발기인 대표 간에 현물출자 계약을 체결

② **사업자 등록 신청**

법인전환 기준일 3일 전까지 신청(아직 법인이 설립되지 않았지만 예외적으로 현물출자 법인전환 시에는 사업자 등록이 가능함)

③ **자산의 감정 및 공인회계사 감사**

부동산 등 유형자산은 감정평가를 받고, 나머지 자산·부채는 공인회계사의 감사를 받아야 함

④ **개인기업 결산**

개인기업을 결산하여 법인전환 기준일이 속하는 달의 익월 25일까지 개인기업의 부가가치세 신고와 폐업 신고 필요

자산감정과 결산을 통해 순자산가액과 현물출자가액이 정해짐

⑤ **정관작성과 인증**

정관에 현물출자에 관한 내용이 기재되어야 함(현물출자자, 출자의 목적인 재산의 종류, 가격 등)

⑥ **주식회사 실체 구성**

발행할 주식의 총수, 발행주식총수, 1주의 금액, 이사·감사 등 사항 결정

⑦ **현물출자 보고 및 법인심사**

법인의 이사(발기인)는 공인된 감정인을 선임하여 법원에 현물출자에 관한 조사 보고서를 제출하여 심사받아야 함(경우에 따라 법원의 심사 과정이 까다롭고 기간이 예상보다 길게 소요될 수 있음을 고려해야 함)

⑧ **법인설립등기**

검사인의 조사 보고서가 송달된 날 또는 조사 보고서에 대한 법원의 변경 처분이 완료된 날로부터 2주 이내에 회사설립등기를 완료해야 함

⑨ **명의이전 등 후속 조치**

⑩ **양도소득세 예정신고 및 이월과세 적용 신청**

현물출자일이 속한 달의 말일부터 2개월 이내에 양도소득세 예정신고와 함께 이월과세 적용 신청서 제출

그럼 이 부분을 의뢰하면 다 실행이 가능한가요?

가능합니다. 요청드리는 서류만 제때 준비해 주시면 전문가들을 연결해서 진행해 드리겠습니다.

알겠습니다. 그럼 오늘 말씀해 주신 내용을 좀 더 검토해서 궁금한 것이 있으면 다시 연락드리겠습니다. 회사 자금 사정도 한번 봐야 할 것 같고요.

알겠습니다. 오늘 시간 내 주셔서 감사합니다.

3

CHECK POINT
세감면 포괄양수도 및 세감면 현물출자 관련 예규

✓ 법인설립 후 현물출자 한 경우 법인전환에 대한 양도소득세 이월과세 적용 여부
[서면부동산2019-619(2019. 10. 30.)]

사업용 고정자산을 현물출자 하거나 사업양수도 방법에 의하는 경우 법인을 설립한 후에 사업용 고정자산을 현물출자 한 경우에는 동 규정을 적용받을 수 없는 것입니다.

✓ 법인전환에 대한 양도소득세 이월과세
[서면5팀-840(2007. 03. 14.)]

사업용 고정자산을 현물출자 하거나, 같은 법 시행령 제29조에서 정하는 사업양수도 방법에 의하여 법인(소비성 서비스업을 영위하는 법인을 제외함)으로 전환하는 경우 당해 사업용 고정자산에 대하여는 이월과세를 적용받을 수 있는 것임

✓ 동일 사업장 중 일부를 법인전환 시 양도소득세 이월과세 적용 여부
[부동산납세-247(2014. 04. 14.)]

동일 사업장 전체를 현물출자 하여 법인으로 전환하는 경우 양도소득세 이월과세를 적용할 수 있는 것으로, 법인전환 시 동일 사업장 중 일부만 법인으로 전환하는 경우에는 「조세특례제한법」 제32조의 규정을 적용할 수 없음

✓ 사업양도양수의 방법으로 법인전환 하는 경우 출자금액 요건
   [부동산거래관리-469(2012. 09. 07.)]
개인사업자가 법인으로 전환하기 전 사업장의 순자산가액 미만으로 출자하여 법인을 설립하는 경우에는 해당 법인에게 사업용 고정자산을 포괄적으로 양도하는 때에도 양도소득세 이월과세를 적용받을 수 없음

✓ 법인전환 이월과세 적용 후 5년 내 건물 철거 시 사후관리 규정 적용 여부
   [서면-2017-법령해석재산-0233(2017. 12. 14.)]
「조세특례제한법」 제32조 제1항에 따른 양도소득세의 이월과세를 적용받은 다음 건물을 철거 후 신축하여 그 사업을 계속하는 경우는 「조세특례제한법」 제2조 제1항 제6호에 따른 사업용 고정자산 등을 양도하는 경우와 같은 법 제32조 제5항 제1호에 따른 사업을 폐지하는 경우에 해당되지 않는 것임

1. 사실관계
신청인은 부동산 임대업을 영위하는 자로 토지·건물을 현물출자 하여 법인전환 시 「조세특례제한법」 제32조에 따른 현물출자 이월과세 신청 예정임

현물출자 법인전환 이월과세를 적용 후 전환 법인은 현물출자를 받은 해당 건물을 철거하고 새로운 건물을 신축하여 계속 부동산 임대업을 영위하고자 함

2. 질의 내용
「조세특례제한법」 제32조 제1항에 따라 토지·건물을 현물출자 하여 양도소득세 이월과세를 적용받은 후, 5년 이내에 건물 철거 시 같은 조 제5항의 사후관리 규정 적용 대상인지 여부

03 토픽을 마치며

사업용 부동산이 있다면 세감면 포괄양수도 또는 현물출자의 방법으로 법인전환을 진행해 양도소득세 이월과세 및 취득세 감면을 받을 수 있다. 다만 부동산 임대 및 매매업은 취득세 감면이 배제되며, 특히 주택은 법인전환 시 양도소득세 이월과세도 적용받을 수 없다.

세감면 포괄양수도 또는 현물출자는 실무상 내용이 매우 복잡하고 고려해야 할 사항이 많으므로 반드시 경험이 많은 전문가의 조력을 받아야 한다. 세감면 방법은 특히 기간도 수개월이 소요되는 경우가 많으므로 지속적인 의사소통이 필수다.

컨설팅을 하는 FP는 단순히 전문가에게 일임하여 진행하기보다는 여러 법인전환 방법의 전체 과정을 이해하고 전문가와 함께 고객에게 가장 적합한 방법을 선택할 수 있도록 도움을 주어야 한다.

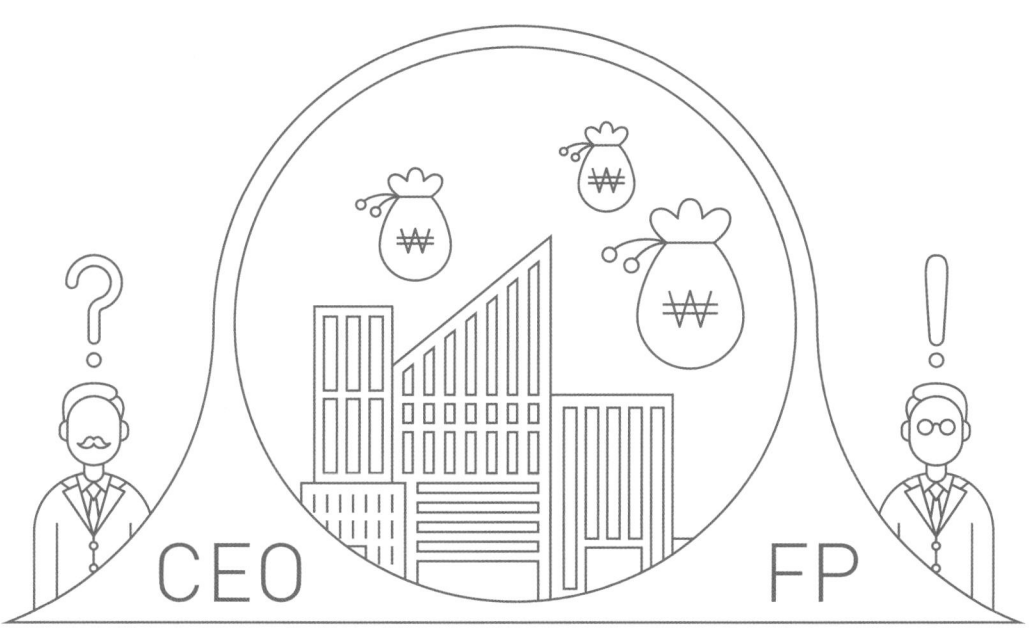

개정 세법 완벽 반영
2023

화법중심 법인 컨설팅 실전 세무

최고의 상담 가이드북

법인 전문 컨설턴트를 위한

2부
실전 화법

Topic 20   부동산 법인을 활용하라

Topic 21   특정 법인에 가수금을 활용하라

(소득 설계 편)   (주식 이동 편)   (법인전환 편)   (부동산 법인 편)

topic
20

부동산 법인을 **활용하라**

01 토픽 소개

부동산 임대사업은 개인사업자로 등록하는 경우가 많다. 개인 임대사업자의 임대소득은 소득세법상 사업소득이므로 종합과세가 원칙이다. 따라서 임대소득이 많거나 다른 종합소득이 있으면 6~45%의 누진세율이 적용되어 세금 부담이 상당히 커질 수 있다.

반면 <u>부동산 임대업을 법인으로 운영하면 법인소득의 유형을 급여, 배당, 퇴직금 등으로 다양화할 수 있다. 또한 소득의 귀속처나 귀속시기를 조정하여 개인사업자에 비해 세금을 낮출 수 있다.</u> 이하에서는 부동산 법인을 활용한 절세 상담과 관련된 내용을 살펴보도록 한다.

02 실전 화법

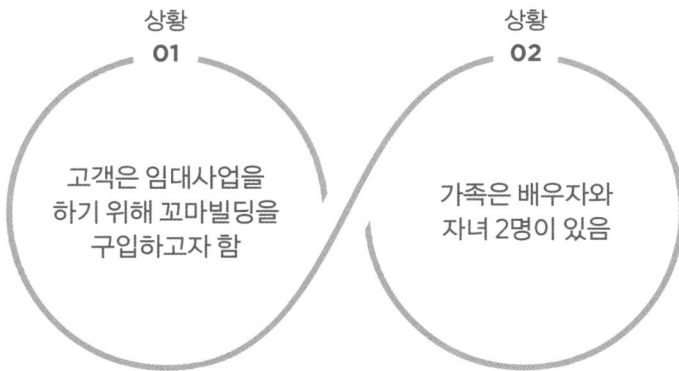

상황 01: 고객은 임대사업을 하기 위해 꼬마빌딩을 구입하고자 함

상황 02: 가족은 배우자와 자녀 2명이 있음

FP: 대표님 전에 빌딩 구입 알아보신다고 하셨는데 잘 진행되고 있으세요?

CEO: 네, 여러 부동산에 의뢰해 놓았습니다. 몇 군데 보긴 했는데 아직 결정은 못 했습니다.

FP: 네, 지금까지 누구보다 성실히 사업을 해 오셨는데 이번에 좋은 물건을 선택하셨으면 좋겠습니다. 그런데 이번에 빌딩을 구입하시면 임대 놓으실 생각이시죠?

CEO: 그렇죠. 일부는 우리 회사 사무실로 쓰고 나머진 임대 놔야지요.

FP: 그러시군요. 빌딩은 사장님 명의로 구입하시는 건가요?

CEO: 당연히 제 이름으로 해야겠지요.

 대표님, 기왕이면 이번에 법인을 만들어서 법인명의로 구입하시면 향후 세금 측면에서 상당히 유리할 수 있습니다.

그건 한 번도 생각을 안 해 봤는데유. 주위에 임대업을 하는 친구들이 많은데 법인으로 운영하는 경우는 별로 못 들어 봤습니다.

 그러시군요. 부동산 법인이란 법인으로 부동산을 구입해서 운영하는 형태를 말하는데요. 개인 임대사업자에 비해 유리한 점이 많습니다.

어떤 부분이 유리한가요?

사장님은 이미 오래전부터 개인사업체를 운영하고 계시니까 앞으로 임대사업까지 개인으로 하시면 아마 소득세가 상당히 나올 것으로 예상됩니다. 또한 지금 구입하시려는 빌딩을 나중에 자녀에게 물려주실 때도 상속세나 증여세가 많이 나올 수 있습니다. 그런데 임대사업을 법인으로 하시면 소득세가 아닌 법인세가 부과되는데 세율이 소득세보다 훨씬 낮습니다. 또한 소득을 급여, 배당, 퇴직금 등으로 나누어 처리하면 소득세도 절세할 수 있습니다. 법인의 소득을 배우자나 자녀에게 배당을 통해 지급하면 소득이 분산되기 때문에 법인세 절세도 가능합니다.

CHECK POINT
개인기업과 법인기업의 차이

1. 개인기업과 법인기업의 차이

구분	개인기업	법인기업
세율	6~45% (법인에 비해 높은 세율의 소득세 부담)	**9~24%** (낮은 세율의 법인세를 부담하지만 개인이 급여, 배당, 퇴직금으로 소득 발생 시 소득세 추가 발생)
설립 절차	간단 (세무서에 사업자 등록 신청만 하면 됨)	복잡 (별도의 법인설립 절차 완료 후 사업자 등록 신청)
설립 비용	거의 없음	설립등기 비용, 등록면허세 및 지방교육세 등
회사 자금 인출	인출이 자유로움	임의 인출 시 가지급금 처리됨
대표자 인건비	비용 처리 불가	비용 처리 가능
대표자 퇴직금	비용 처리 불가	비용 처리 가능
사업주의 책임 범위	무한책임	유한책임 (단, 합명회사나 합자회사의 무한책임사원은 무한책임)

그런데 법인으로 하면 너무 복잡하지 않나요? 법인이 안 좋은 점도 있을 것 같은데요.

 말씀하신 대로 법인으로 할 경우 절차가 약간 신경 써야 할 부분이 있긴 합니다. 그리고 소득세는 절세가 가능하지만, 부동산 취득 시 발생하는 취득세는 오히려 불리할 수도 있습니다.

법인으로 사면 취득세가 더 나오나요?

 네, 법인이 부동산을 취득하면 취득세가 중과세될 수 있어서 신중하게 판단할 필요가 있습니다. 세법에서는 설립 후 5년이 경과하지 않은 법인이 수도권 과밀억제권역에서 부동산을 취득하면 취득세를 중과세합니다. 따라서 취득할 부동산의 소재지도 중요하게 검토할 사항입니다. 취득세 부분은 좀 더 고려하실 사항이 많으므로 취득 전에 전문가와 상의하시는 것이 좋습니다.

그렇군요.

 그리고 취득 이후 보유세를 좀 더 설명드리면, 빌딩을 보유하실 경우 개인과 법인 간에 세부담 차이는 없습니다. 임대소득의 세금은 앞서 말씀드렸다시피 법인이 유리한 점이 많고요. 최종적으로 부동산을 양도하실 때도 법인이 좀 더 유리합니다. 개인은 장기보유특별공제를 적용받는 대신 양도차익에 6.6~49.5%(지방소득세 포함)의 누진세율이 적용됩니다. 반면에 법인은 장기보유특별공제를 적용받지 못하지만, 양도차익이 크다면 세금 면에서 좀 더 유리할 수 있습니다.

CHECK POINT
법인의 부동산 취득세

1. 법인이 수도권 과밀억제권역에서 부동산 취득 시 취득세율

구분	취득세율
과밀억제권역에서 설립한 지 5년 경과한 법인* 이 취득 시	일반 취득세율 적용(개인과 동일)
과밀억제권역에서 설립한 지 5년 미경과 법인이 취득 시	중과세 적용
과밀억제권역 외 지역에서 설립한 법인** 이 취득 시	중과세 적용(원칙)

* 다만, 법인의 기존 사업장에서 사용하는 부동산취득이 아니라 지점이나 사무소를 새로이 설치하면서 그 지점이나 사무소용 부동산을 지점 등을 설치한 시점부터 5년 내에 취득하는 경우에도 중과세됨. 그리고 예외적으로 서울 외 수도권 과밀억제권역에 설립된 법인이 서울로 전입하는 경우에는 서울로 전입한 지 5년 내에 서울 소재 부동산을 취득하는 경우에도 중과세됨

** 취득한 부동산을 본점이나 지점 등으로 직접 사용하는 경우에는 중과되나, 부동산 전체를 순수 임대용으로만 사용하는 경우에는 중과되지 않음

주택 외의 부동산(오피스텔, 상가, 사무용 빌딩 등)을 유상(매매)으로 취득할 경우 일반 취득세율은 4.6%이나, 수도권 과밀억제권역에서 취득 시 중과세율은 9.4%(세율은 부가되는 세금을 포함)가 적용된다.

[과밀억제권역, 성장관리권역 및 자연보전권역의 범위]

수도권정비계획법 시행령[별표 1]

과밀억제권역, 성장관리권역 및 자연보전권역의 범위(수도권정비계획법 제9조 관련)

	성장관리권역	
1. 서울특별시 2. 인천광역시[강화군, 옹진군, 서구 대곡동·불로동·마전동·금곡동·오류동·왕길동·당하동·원당동, 인천경제자유구역(경제자유구역에서 해제된 지역을 포함함) 및 남동 국가산업단지는 제외함] 3. 의정부시 4. 구리시 5. 남양주시(호평동, 평내동, 금곡동, 일패동, 이패동, 삼패동, 가운동, 수석동, 지금동 및 도농동만 해당함)	1. 인천광역시[강화군, 옹진군, 서구 대곡동·불로동·마전동·금곡동·오류동·왕길동·당하동·원당동, 인천경제자유구역(경제자유구역에서 해제된 지역을 포함함) 및 남동 국가산업단지만 해당함] 2. 동두천시 3. 안산시 4. 오산시 5. 평택시 6. 파주시 7. 남양주시(별내동, 와부읍, 진접읍, 별내면, 퇴계원면, 진건읍 및 오남읍만 해당함) 8. 용인시(신갈동, 하갈동, 영덕동, 구갈동, 상갈동, 보라동, 지곡동, 공세동, 고매동, 농서동, 서천동, 언남동, 청덕동, 마북동, 동백동, 중동, 상하동, 보정동, 풍덕천동, 신봉동, 죽전동, 동천동, 고기동, 상현동, 성복동, 남사면, 이동면 및 원삼면 목신리·죽릉리·학일리·독성리·고당리·문촌리만 해당함) 9. 연천군 10. 포천시 11. 양주시 12. 김포시	1. 이천시 2. 남양주시(화도읍, 수동면 및 조안면만 해당함) 3. 용인시(김량장동, 남동, 역북동, 삼가동, 유방동, 고림동, 마평동, 운학동, 호동, 해곡동, 포곡읍, 모현면, 백암면, 양지면 및 원삼면 가재월리·사암리·미평리·좌항리·맹리·두창리만 해당함 4. 가평군 5. 양평군 6. 여주시 7. 광주시

6. 하남시 7. 고양시 8. 수원시 9. 성남시 10. 안양시 11. 부천시 12. 광명시 13. 과천시 14. 의왕시 15. 군포시 16. 시흥시[반월특수지역(반월특수지역에서 해제된 지역을 포함함)은 제외함]	13. 화성시 14. 안성시(가사동, 가현동, 명륜동, 숭인동, 봉남동, 구포동, 동본동, 영동, 봉산동, 성남동, 창전동, 낙원동, 옥천동, 현수동, 발화동, 옥산동, 석정동, 서인동, 인지동, 아양동, 신흥동, 도기동, 계동, 중리동, 사곡동, 금석동, 당왕동, 신모산동, 신소현동, 신건지동, 금산동, 연지동, 대천동, 대덕동, 미양면, 공도읍, 원곡면, 보개면, 금광면, 서운면, 양성면, 고삼면, 죽산면 두교리·당목리·칠장리 및 삼죽면 마전리·미장리·진촌리·기솔리·내강리만 해당함) 15. 시흥시 중 반월특수지역(반월특수지역에서 해제된 지역을 포함함)	8. 안성시(일죽면, 죽산면 죽산리·용설리·장계리·매산리·장릉리·장원리·두현리 및 삼죽면 용월리·덕산리·율곡리·내장리·배태리만 해당함)

예외적으로 과밀억제권역에 있더라도 「산업집적활성화 및 공장설립에 관한 법률」을 적용받는 산업단지는 과밀억제권역으로 보지 않는다(지방세법 제13조 제2항).

2. 과밀억제권역 외 지역에 본점을 둔 법인이 과밀억제권역에 순수 임대 목적 부동산 취득 시

이 경우에는 사실관계 판단에 따라 순수 임대용인 경우 취득세가 중과되지 않음

✔ 서울특별시 세제과-7845(2014. 06. 12.)

가. 사실관계

전북 군산시에 소재한 A 법인이 2014. 3. 3. 임대 목적으로 서울시 소재 부동산을 취득하여 2014. 4. 1. A 법인의 주식 45.51%를 소유한 C 법인에게 임대

나. 질의 요지

해당 부동산은 자산관리 위탁계약을 체결한 B 법인이 관리(임대차 관리, 회계 관리 등 업무는 B 법인 본점에서 이루어지고, 해당 부동산에서는 B 법인 직원 1명이 단순한 시설관리 등 업무만 수행함)하고 위탁업무를 제외한 부동산 임대 관련 영업활동 내지

대외업무는 A 법인의 본점에서 수행하며 A 법인은 해당 부동산에 인적·물적 설비가 없을 때, 해당 부동산이 A 법인의 사업장으로서 취득세 중과세 대상에 해당하는지 여부. 단, A 법인과 B 법인은 법인 실체 및 업무처리에 있어서 완전 독립되어 있음

[회신]

「지방세법」 제13조 제2항 제1호에 따라 취득세가 중과세되는 대도시 내 사무소 또는 사업장에 대하여 「지방세법 시행규칙」 제6조에서는 「법인세법」 제111조, 「부가가치세법」 제8조 또는 「소득세법」 제168조에 따른 등록 대상 사업장으로서 인적 및 물적 설비를 갖추고 계속하여 사무 또는 사업이 행하여지는 장소를 말한다고 규정하고 있습니다.

위 규정에서 '인적 및 물적 설비를 갖추고 계속하여 사무 또는 사업이 행하여지는 장소'라 함은 당해 법인의 지휘·감독하에 영업활동 내지 대외적인 거래업무를 처리하기 위한 인원을 상주시키고 이에 필요한 물적 설비를 갖추었으며 실제로 그러한 활동이 행하여지고 있는 장소를 말한다고 해석함이 상당하므로(대법원 1999. 5. 11. 선고99두3188 판결),

귀 질의와 같이 완전 독립된 B 법인이 자산관리 위탁계약에 따라 소속 직원 1명을 상주시켜 시설관리 등 대내적인 업무를 처리하고 있을 뿐 해당 부동산에서는 A 법인의 영업활동 내지 대외적인 거래업무가 이루어지지 않고 있다면, 해당 부동산은 인적 및 물적 설비를 갖추고 계속하여 사무 또는 사업이 행하여지는 장소로 보기 어렵다 할 것인바, 취득세 중과세 대상 사업장에 해당되지 아니한다 할 것입니다. 다만 위 사항에 해당하는지 여부는 그 구체적인 사실관계 및 관계 증빙 자료를 확인하여 과세권자가 최종 결정할 사항이라 할 것입니다.

3. 휴면법인을 인수하는 경우

아래에 해당하는 과밀억제권역 소재 법인을 인수하는 경우에는 이를 인수 시점에 설립한 것으로 보아 중과 여부를 판단한다(지방세법 시행령 제27조 제1항).

① 「상법」에 따라 해산한 법인
② 「상법」에 따라 해산한 것으로 보는 법인
③ 「부가가치세법 시행령」 제13조에 따라 폐업한 법인
④ 법인 인수일 이전 1년 이내에 「상법」 제229조, 제285조, 제521조의2 및 제611조에 따른 계속 등기를 한 해산 법인 또는 해산 간주 법인
⑤ 법인 인수일 이전 1년 이내에 다시 사업자 등록을 한 폐업법인
⑥ 법인 인수일 이전 2년 이상 사업 실적이 없고, 인수일 전후 1년 이내에 인수 법인 임원의 100분의 50 이상을 교체한 법인

FP: 사장님처럼 향후 배우자나 자녀에게 물려줄 재산이 많아 소득세, 상속세 등 세금이 걱정되는 경우에는 부동산 법인이 유리할 수 있습니다.

CEO: 그럼 한번 생각해 봐야겠네요. 그런데 부동산 법인은 어떻게 시작하는 건가요?

FP: 개인으로 하시려면 부동산을 취득하신 후 세무서에 가서 사업자 등록만 하면 됩니다. 법인으로 하시려면 일단 법인을 먼저 만들어야 합니다. 이후에 사업자 등록을 합니다. 아무래도 개인사업자보다는 조금 절차가 복잡하지만 법무사를 통해 진행하시면 시간을 절약하실 수 있습니다.

그 외에 또 고려해야 할 사항이 있습니까?

법인설립 전에 상호는 무엇으로 할지, 누구를 대표이사와 임원으로 할지, 주주는 어떻게 구성할지, 법인 정관은 어떻게 만들지 등 생각해 봐야 할 사항이 좀 있습니다. 특히 주주 문제는 향후 임대소득을 배당할 때 매우 중요하기 때문에 가능하면 사장님뿐 아니라 배우자나 자녀까지도 포함하시면 좋습니다.

네, 알겠습니다. 말씀을 들어 보니 법인으로 하는 방법도 생각해 볼 만하겠네요.

맞습니다. 다시 한번 말씀드리지만 부동산 법인은 개인사업자에 비해 소득 분산도 가능하고, 배당을 활용하면 자녀에게 미리 재산을 증여하는 효과도 있기 때문에 나중에 물려주실 때도 유리합니다.

네, 가족들과 한번 상의해 보고 결정하도록 하겠습니다. 좋은 정보 주셔서 감사합니다.

네, 오늘 시간 내 주셔서 감사합니다.

CHECK POINT
임대소득, 양도소득의 세금 비교 (개인 vs. 법인)

[사례1] 임대소득의 세금 비교

임대 수입에 대한 정보가 다음과 같은 경우 개인인 경우와 법인인 경우의 세부담은?

- 임대료 수입 3억 원 - 필요경비 1억 원 = 임대소득금액 2억 원
- 대표이사, 배우자, 자녀 2명(대표 외 다른 사람은 배당 외 소득 없음)
- 대표이사 연간 근로소득 6천만 원 / 배당소득 대표 2천만 원, 가족 각 4천만 원 (총 1.4억 원)
- 퇴직금은 분석 대상에서 제외하며, 지방소득세는 고려하지 않음

(해설)

개인사업의 경우 소득은 전액 사업소득으로 과세된다. 반면에 법인의 경우 법인의 소득에 대해 법인세를 부담하고 나서 개인의 소득화 과정에서 근로소득세나 배당소득세가 발생한다.

(단위: 원)

구분	개인	법인
수입금액	200,000,000	200,000,000
(-)급여 비용 처리	-	60,000,000
(=)과세표준	200,000,000	140,000,000
(x)세율	38%	9%
(-)누진공제	19,940,000	-

(=)소득세(법인세)	56,060,000	12,600,000
근로소득세		5,827,500
배당소득세		19,619,600
연간 절세 금액 : 56,060,000 - 38,047,100(법인세, 근로소득세, 배당소득세 합산) = 18,012,900원		

[사례 2] 양도소득의 세금 비교

일반 상업용 건물이며 부동산 양도가액 80억 원, 취득가액 30억 원, 양도비용 1천만 원인 경우 개인 보유 시와 법인 보유 시 양도에 대한 세부담은?(단, 보유 기간은 10년이며 지방소득세는 고려하지 않음)

(해설)

개인이 부동산을 양도할 경우에는 양도소득세로 과세되는데 장기보유특별공제를 적용받을 수 있지만 세율은 최대 45%가 적용된다. 법인의 경우는 장기보유특별공제는 없지만 상대적으로 낮은 세율의 법인세가 과세된다.

(단위: 천 원)

개인이 양도 시	금액	법인이 양도 시	금액
양도가액	8,000,000	영업수익	8,000,000
(-)취득가액	3,000,000	(-)영업비용	
(-)양도비용	10,000	취득가액	3,000,000
(=)양도차익	4,990,000	양도비용	10,000
(-)장기보유특별공제	998,000	(=)과세표준	4,990,000
(=)양도소득금액	3,992,000	(x)세율	19%
(-)기본공제	2,500	(-)누진공제액	20,000
(=)과세표준	3,989,500	(=)산출세액	928,100
(x)세율	45%		
(-)누진공제액	65,940		
(=)산출세액	1,729,335		

세부담 차이 = 1,729,335천 원 - 928,100천 원 = 801,235천 원

03 토픽을 마치며

　최근 주택 가격이 상승하면서 주택 취득과 관련해 많은 규제가 생겨났다. 이는 법인도 마찬가지이다. 그러나 주택을 제외한 상업용 부동산은 여전히 법인으로 취득하는 것이 각종 세금 측면에서 유리할 수 있다. 특히 임대용 부동산은 법인으로 취득하면 개인에 비해 소득세 부분이 유리할 수 있고, 나아가 향후 매각 시에 양도차익이 크다면 더욱 법인이 유리할 수 있다. 그리고 임대소득을 주주에게 배당하는 경우 배우자나 자녀에게 자금 출처를 형성해 줄 수 있으며 배당의 귀속자가 분산되면 절세가 가능하다.

　한편 상속세나 증여세 측면에서도 법인 주식으로 상속(증여)하면 부동산 명의변경이 필요 없으므로 취득세도 절세할 수 있다. 다만 법인이 수도권 과밀억제권역에서 부동산을 취득하면 개인에 비해 취득세가 중과세될 수 있다. 따라서 부동산을 취득할 때는 개인과 법인의 장단점을 사전에 분석하여 의사 결정을 해야 한다.

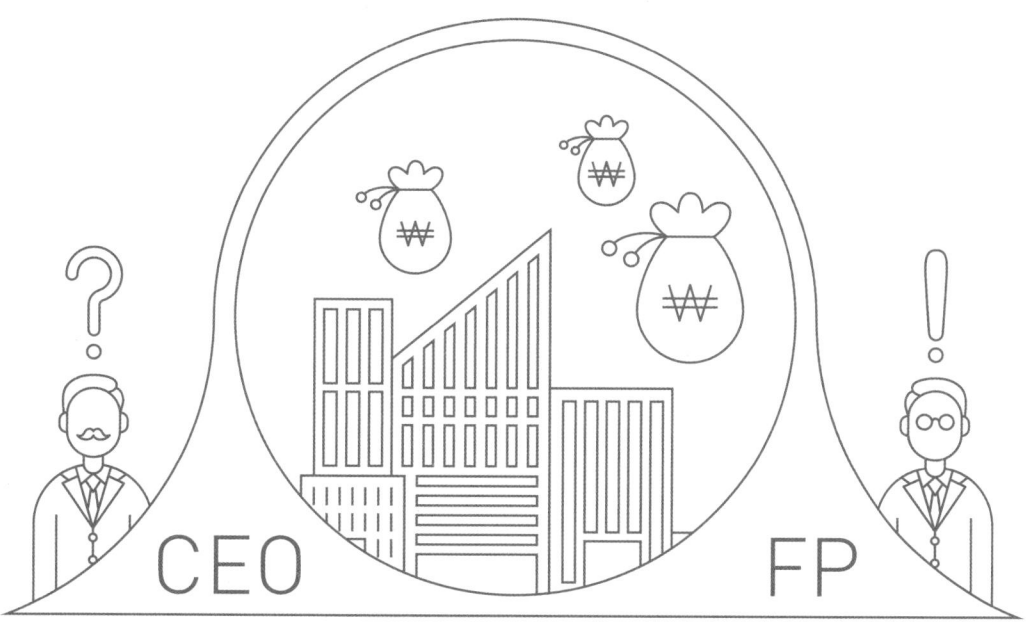

topic
21

특정 법인에
가수금을
활용하라

01 토픽 소개

　법인을 설립할 때 소액의 자본금으로 시작하는 경우가 많다. 예전에는 상법상 최소 자본금이 5천만 원이었으나 현재는 최저 자본금 제도가 없어졌다. 또한 법인설립 시 자본금이 크면 등록면허세 등 세금과 공과금이 커지는 이유도 있다.

　그런데 부동산 매매나 임대를 주업으로 하는 소위 부동산 법인은 소액 자본금으로 설립하면 부동산을 취득할 자금이 부족할 수밖에 없다. 예를 들어 자본금 1천만 원으로 법인을 설립한 후 5억 원짜리 부동산을 취득하려면 4.9억 원은 외부에서 조달해야 한다. 하지만 자본금이 적은 법인에 금융기관에서 거액의 자금을 대출해 주는 경우는 거의 없다. 따라서 대부분 법인의 대표이사나 주주가 자금을 법인에 빌려주는 형태를 취하게 된다.

　이와 같이 주주나 대표이사가 법인에 빌려주는 돈을 보통 실무적으로 가수금이라고 부른다. 가수금을 적절하게 활용하면 외부 차입금을 최소화하면서 자금을 활용할 수 있다. 가수금도 일종의 특수관계인 차입금이므로 원칙적으로 이자를 지급해야 하지만 일정 한도까지는 무이자로 대여할 수도 있다. 상증법상 특정 법인(지배주주와 그 친족의 지분 보유 비율이 30% 이상인 법인)이 가수금을 활용하는 방안을 살펴보자.

02 실전 화법

 **FP** 대표님 전에 투자용 부동산을 알아보신다고 하셨는데 잘 진행되고 있으세요?

네, 몇 군데 보긴 했는데 아직 좀 더 알아보고 있습니다. 자금조달 방안도 더 고민해 봐야 하고요. **CEO**

 **FP** 그러시군요. 만약 부동산을 구입하신다면 법인으로 진행하시려는 거죠?

아무래도 그럴까 합니다. 나중에 임대소득이 생기면 가족들에게 배당도 할 수 있고 소득세보다는 법인세가 세율도 낮으니까요. 그런데 문제는 법인 자본금이 적어서 은행에서 대출받기가 쉽지 않아요. 구입하려는 부동산 가격이 30억 원 정도 되는데 대출은 10억 원 받기도 어렵네요.  **CEO**

 **FP** 그런 경우라면 대표이사 가수금을 활용하는 방안도 있습니다.

가수금이요? 대표이사가 법인에 돈을 빌려줘서 그걸로 사라는 말씀이시죠?

맞습니다. 대표님께서 개인적으로 자금이 있으시다면 법인에 빌려주고 그 돈으로 부동산을 구입하는 것입니다. 법인에서는 나중에 받는 임대료로 대표님께 변제하면 됩니다.

저도 그걸 생각해 보긴 했는데 인터넷에서 알아보니 법인에 가수금이 있으면 여러 세금 문제가 발생할 수 있다고 하더라고요. 이 부분에 대해서도 상담을 좀 받고 싶었습니다.

네, 일단 부동산 취득을 위해 법인에 돈을 빌려주는 것 자체는 아무 문제가 없습니다. 하지만 이 과정에서 대표님과 회사 간에 이자를 주고받는 경우에는 몇 가지 고려해야 할 사항이 있습니다.

어떤 부분을 고려해야 하나요?

일단 법인에 자금을 빌려주고 대표님께서 이자를 받는다면 그 이자소득에는 이자소득세가 부과됩니다. 세법에서는 이런 경우에 비영업 대금의 이익이라고 해서 기본적으로 27.5%(지방소득세 포함)의 원천징수를 하고 있습니다. 일반적으로 은행에서 받는 이자에는 15.4%(지방소득세 포함)의 이자소득세가 부과되는 것과 비교하면 세부담이 많습니다. 그리고 이렇게 받은 이자를 다른 금융소득과 합산해서 2천만 원이 넘으면 종합과세 대상이 됩니다. 즉, 대표님의 다른 소득과 합산하여 고율의 세금이 부과될 수 있습니다.

CHECK POINT
가수금과 이자소득

1. 가수금

가수금이란 실제 현금의 수입은 있지만 거래 내용이 불분명하거나, 거래가 완전히 종결되지 않아 계정과목이나 금액이 미확정인 경우에 현금 수입을 일시적인 채무로 표시하는 것이다. 일반적으로 중소기업에서 자금이 부족할 때 대표이사 개인의 돈을 회사 운영을 위해 사용하는 경우에 가수금이 발생한다.

2. 가수금에 대한 이자 지급 시 원천징수

국내에서 거주자나 비거주자에게 이자소득을 지급하는 자는 그 거주자 또는 비거주자에 대한 소득세를 원천징수 해야 한다.(소득세법 제127조 ①)

3. 원천징수세율(소득세법 제129조)

주요 이자소득에 대한 원천징수세율은 다음과 같다.

① 비영업 대금의 이익: 금융업자가 아닌 거주자가 금전을 대여하여 받은 이익(수입이자)을 말하며 25%(지방소득세 포함 27.5%)를 원천징수 한다.

② 일반적인 이자소득금액: 14%(지방소득세 포함 15.4%)

③ 비실명 이자소득: 42%(지방소득세 포함 46.2%), 금융실명법 적용분은 90%(지방소득세 포함 99%)

아, 생각보다 세금이 많군요. 그런데 세금만 내면 이자는 제가 마음대로 받아 갈 수는 있나요?

 그렇지 않습니다. 법인에서 대표이사에게 너무 많은 이자를 주면 그 역시도 제재를 받을 수 있습니다. 세법에서는 법인이 세법상 적정 이자율인 4.6%나 가중평균 차입 이자율보다 높은 금리로 지급하는 경우에 시가를 초과하여 지급한 이자는 손금으로 인정하지 않고 또 배당이나 상여로 소득처분 하므로 이중으로 세금을 부담해야 합니다.

그렇다면 아예 이자를 안 받아도 괜찮은가요?

 그런 경우에도 문제가 있을 수 있습니다. 우선 법인은 무이자로 자금을 조달한 것이기 때문에 이자비용을 계상할 수 없으므로 법인세가 증가합니다. 그리고 가수금이 소액이면 큰 상관이 없지만, 만약 가수금이 많다면 법인의 주주들에게 증여세가 부과될 수도 있습니다.

증여세요? 그건 잘 이해가 안 되는데요?

 네, 이 부분은 다소 복잡하긴 한데요. 만약 대표님께서 거액의 자금을 법인에 빌려주고 이자는 안 받는다고 하면 그 법인의 주주는 이자상당액만큼 이익을 봅니다. 이때 법인의 주주가 얻는 이익에 증여세가 부과될 수 있습니다. 다만 증여 이익이 1억 원 이상인 경우에만 증여세를 과세하도록 되어 있기 때문에 너무 큰 걱정은 안 하셔도 될 것 같습니다.

CHECK POINT
특정 법인과의 거래를 통한 이익의 증여 (상증법 제45조의 5)

1. 과세 요건

1) 특정 법인

특정 법인은 지배주주와 그 친족이 직접 또는 간접으로 보유하는 주식 보유 비율이 30% 이상인 법인을 말한다(2020.1.1. 개정).

2) 과세 대상

① 재산 또는 용역을 무상으로 제공하는 것

② 재산 또는 용역을 통상적인 거래 관행에 비추어 볼 때 현저히 낮은 대가로 양도·제공받는 거래

③ 재산 또는 용역을 통상적인 거래 관행에 비추어 볼 때 현저히 높은 대가로 양도·제공받는 거래

④ 해당 법인의 채무를 면제, 인수 또는 변제하는 것

⑤ 시가보다 낮은 가액으로 해당 법인에 현물출자 하는 것

2. 증여재산가액

아래와 같이 계산하여 주주 등이 받은 증여 이익이 1억 원 이상이라면 증여세가 과세된다.

> [거래 이익(*) - {(법인세 산출세액-공제·감면세액) × 거래 이익 / 각 사업연도 소득금액}] × 주주 등의 지분율

(*)거래 이익: 시가(4.6% 이자상당액)와 대가(실제 이자 수수액)와의 차액에 상당하는 금액

✔ 서면4팀-1457, 2006. 05. 24.

「상속세 및 증여세법」 제41조 및 같은 법 시행령 제31조 제6항의 규정에 의하여 특정 법인의 주주 등과 특수관계에 있는 자가 당해 특정 법인에게 무상으로 금전을 대부하여 당해 특정 법인의 주주가 증여받은 것으로 보는 이익은 같은 법 제41조의4의 규정을 준용하여 계산한 이익(같은 법 시행령 제31조 제1항 제1호의 규정에 해당하는 법인의 경우에는 당해 결손금을 한도로 함)에 같은 법 시행령 제31조 제5항에 규정된 자의 주식 비율을 곱하여 계산한 금액으로 하는 것이며, 당해 금액이 1억 원 이상인 경우에 한하여 증여세가 과세되는 것입니다.

다만, 이 경우 같은 령 제31조의10 제2항 제8호의 규정에 의하여 같은 법 제41조 제1항 각호의 행위에 따른 이익별로 구분하여 당해 그 이익과 관련한 행위 등을 한 날로부터 소급하여 1년 이내에 동일한 행위 등이 있는 경우에는 각각의 행위 등에 따른 이익을 해당 이익별로 합산하여 1억 원 이상인지 여부를 판단하는 것입니다.

(질의1) 특정 법인과의 거래를 통한 이익의 증여에서 2003.12.30. 개정된 상속세 및 증여세법 시행령 제31조 제6항의 "1억 원이상인 경우에 한함"에서 주주인별로 1억 원

을 말하는 것인지 아니면 본인(대표이사)를 제외한 특수관계인 B, C, D, E의 증여의제액을 더한 1억 원을 말하는 것인지 여부

(질의2) 위 질의1과 관련하여 같은 조 제3항에서 증여의제가액을 법 제41조의 4의 규정을 준용하여 이익을 계산하도록 하고 있는 바, 증여의제가액이 연 단위로 계산하여 1억 원 미만이면 증여의제에 해당되지 않는지 아니면, 연 단위로 계산하여 누적하여 1억 원이상이 되면 증여의제에 해당하는지.

주주명	관계	주식수	지분율
A	본인	7,000	35%
B	배우자	3,000	15%
C	자녀1	3,000	15%
D	자녀2	3,500	17.5%
E	자녀3	3,500	17.5%
합계		20,000	100.0%

3. 계산 사례

⟨가정⟩

✓ 주주 현황: 甲(본인) 50%, 乙(자녀) 50%

✓ 甲(본인)은 법인에 가수금 40억 원을 무상 대여

✓ 무상 대여로 발생한 이익에 대한 법인세 산출세액은 2천만 원이며, 공제·감면세액은 없음

(해설)

1) 해당 거래를 통한 이익: 40억 원 × 4.6% = 1.84억 원

2) 주주별 증여재산가액

① 甲(본인): 甲은 본인으로부터 증여받은 재산에 해당하기 때문에 증여세 과세제외

② 乙(자녀): (1.84억 원 − 0.2억 원) × 50% = 0.82억 원

(1억 미만이므로 증여세 과세제외)

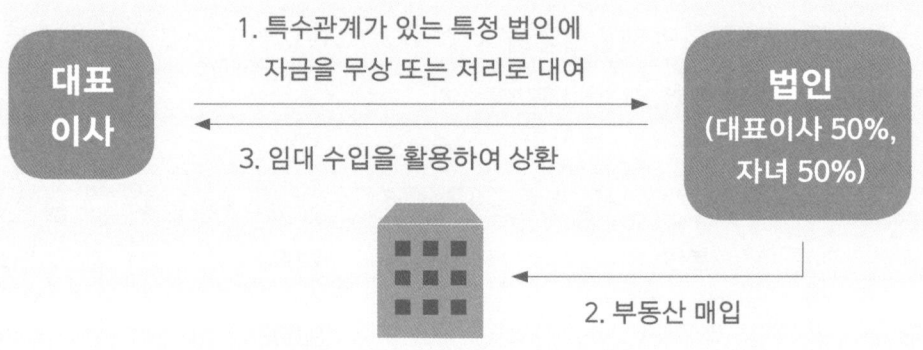

 위에서 보시는 것처럼 가수금 처리 후 이자를 받지 않아도 금액이 아주 크지만 않다면 증여세 문제는 걱정하지 않으셔도 됩니다.

FP

역시 세금 문제는 복잡하군요. 그렇다면 가수금 처리 후 이자를 받지 않거나 받더라도 조금만 받는 것이 좋겠네요. 그런데 가수금은 언제든 법인에 돈만 있으면 받아 올 수 있나요?

CEO

 그렇습니다. 가수금 입금 시에 법인과 차용증(금전소비대차 약정서)만 잘 작성해 두시고 차후 임대소득이 생기면 상환받으시면 됩니다.

FP

법인에 가수금이 생기면 재무제표에는 어떻게 표시가 되나요?

CEO

 가수금은 법인에서 대표님 또는 주주에게 언젠가는 상환해야 하는 돈이므로 재무상태표 상의 부채 항목에 주임종 단기(장기)차입금 항목으로 표시하면 됩니다.

가수금이 갑자기 많아지면 문제가 생기지는 않나요?

 네, 주의하실 점도 있습니다. 가수금이 갑자기 많아지면 과세당국에서는 가수금의 자금 출처를 의심할 수도 있습니다. 예를 들면 매출이 누락되어 가수금으로 표시한 경우가 있습니다.

제 자금 출처가 분명해야 한다는 말씀이군요. 한 가지 더 궁금한 것이 있는데, 만일 제가 갖고 있는 부동산을 법인에 담보로 제공해서 법인이 대출을 받으면 증여세 문제가 없을까요?

 그 경우에도 증여세가 과세될 수 있습니다. 상증세법에서는 법인이 특수관계인의 담보를 제공받아 대출을 유리한 조건으로 받는 경우, 그 부분을 이익으로 보아 법인의 주주들에게 증여세를 과세[1]하도록 하고 있습니다. 예를 들어 법인이 10억 원을 연 3% 이자율로 대출을 받았다면, 세법상 이자율인 연 4.6%와의 이자 차이인 1,600만 원을 이익으로 봅니다. 이 경우에도 특수관계의 주주가 얻은 이익이 1억 원 이상일 때만 증여세가 과세됩니다.

잘 알겠습니다. 오늘 좋은 말씀 많이 들었습니다. FP님께서 늘 신경 써 주시니 든든하네요.

---

[1] 특정 법인의 채무를 보증하기 위해 금융기관에 담보를 무상으로 제공한 경우에도 상속세 및 증여세법 제41조(구 조문번호이며, 현행 상증법 제45조의5 규정임)에 따른 특정 법인과의 거래를 통한 이익의 증여 규정이 적용됨(상증, 상속증여세과-458, 2013. 08. 08.)

03 토픽을 마치며

보통 법인에서 부동산을 구입할 때는 일시에 많은 자금이 필요하다. 그런데 금융기관에서의 대출이 충분하지 않다면 대표이사나 주주의 가수금을 활용하는 방법을 고려해 볼 수 있다.

앞서 살펴본 것처럼 법인과 특수관계에 있는 개인이 특정 법인에 자금을 무상으로 대여하는 것이다. 이 경우 상증법상 특정 법인과의 거래를 통한 이익의 증여의제 규정에 따라 특정 법인의 주주가 받은 이익(연 4.6% 이자상당액과 실제 받은 이자와의 차액에 특수관계인 주주 지분율을 곱한 금액)이 1억 원 미만이면 주주에게 증여세가 과세되지 않는다.

만일 가수금의 이자를 수령하는 경우에는 일반적인 이자소득보다 높은 원천징수세율(27.5%)이 적용되는 점과 금융소득이 연 2천만 원을 초과하면 종합과세가 되는 점을 고려해야 한다. 이와 함께 가수금의 자금 출처에 문제가 없는지도 검토해야 한다.

최근에는 가수금 활용 외에도 특정 법인이 기존 법인의 주식을 취득하게 하여 법인주주로 만든 후 이 법인주주에게 초과배당을 하거나 특정 법인에 부모의 개인 재산을 증여하는 방안도 활발하게 진행되고 있다. 개인 간 증여가 많아지면 증여세율이 최고 50%까지 도달하는데 특정 법인에 증여를 하게 되면 세금 중 일정 부분이 법인세로 과세되어 수증자인 개인의 세부담이 줄어드는 장점이 있기 때문이다.

topic 21 | 특정 법인에 가수금을 활용하라

개정 세법 완벽 반영
2023

화법중심 최고의 상담 가이드북
법인 전문 컨설턴트를 위한
법인 컨설팅 실전 세무

3부
보험 활용

Topic 22	사업의 리스크를 종신보험으로 헤지하라
Topic 23	CEO 퇴직금에 맞는 금융상품을 선택하라
Topic 24	부부 임원이나 동업 경영자라면 법인 교차계약을 활용하라
Topic 25	보험계약을 현물배당하라
Topic 26	보험료를 손비 처리하면 법인세 이연 효과가 발생한다
Topic 27	종신보험 보험차익 비과세를 활용하라
Topic 28	종신보험 3대 플랜을 활용하라

topic
22

사업의 리스크를
종신보험으로
헤지하라

01 토픽 소개

대다수의 중소기업은 중견기업이나 대기업에 비해 인력이나 경영 시스템 측면에서 부족한 부분이 많고 CEO에 대한 의존도가 높은 편이다. 따라서 갑작스레 CEO의 유고가 발생하면 사실상 기업의 존립이 위태로울 수 있다. <u>CEO 유고 시에는 상속인이 법인의 주식을 상속받게 되는데, 비상장주식은 상속 개시일 현재의 순자산과 직전 3년간의 순손익을 가중평균 하여 세금을 부과한다</u>. 이때 실제 가치에 비해 훨씬 높은 세금을 부담하는 경우도 많다.

이러한 리스크를 헤지하기 위해 최근에는 많은 중소기업이 생명보험에 가입하고 있다. <u>법인이 가입한 생명보험계약을 CEO나 상속인이 이전받거나 보험금을 상속인이 지급받으려면 법인에 적절한 지급 규정이 구비</u>되어야 한다. 종신보험이나 정기보험의 본질적이면서 가장 중요한 기능인 CEO 유고 리스크 헤지에 대해 살펴보자.

02 실전 화법

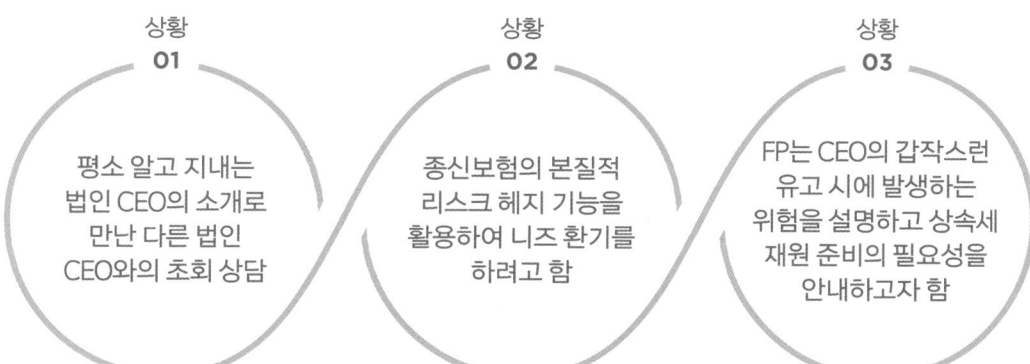

FP: 대표님 안녕하세요? 저는 김세무 FP라고 합니다. 이렇게 만나 뵙게 되어서 반갑습니다.

네, 안녕하세요. 방문해 주셔서 감사합니다.

CEO

FP: 대표님, 오늘 제가 방문드린 이유는 대표님께서 회사를 경영하시는 과정에 도움이 될 만한 정보를 드리기 위해서입니다. 구체적으로는 대표님 재직 중에 혹시라도 닥칠지 모르는 문제로부터 회사와 대표님의 가족을 보호할 수 있는 방안을 안내해 드리려고 합니다.

결국 보험 가입하라는 거 아닌가요? 정보를 주시는 건 좋지만, 사실 저는 보험을 별로 좋아하지 않습니다.

CEO

FP: 네, 대표님. 제가 불편하게 해 드렸다면 죄송합니다. 하지만 제가 단지 보험 가입을 권하기 위해서 온 것만은 아닙니다. 평소에 사업에만 열중하신 대표님이 잘 생각하시지 못했던 문제를 이번 기회에 함께 고민해 보면 어떨까 해서 방문드렸습니다. 즉, 법인의 리스크를 효과적으로 대비하는 방법을 안내드리려고 합니다.

요새 많은 보험회사에서 컨설팅을 해 주겠다고 와서 사실 업무에도 조금 지장이 있는 상황입니다. 가능하면 짧게 부탁드립니다.

CEO

FP

네, 대표님. 바쁘신데도 시간 내 주셔서 감사합니다. 15분 정도면 충분하니 너무 부담은 안 가지셔도 됩니다. 대표님, 법인을 설립하신 지가 20년이 다 되어 가는 걸로 알고 있는데요. 혹시 임원 퇴직금 관련 세법 내용을 알고 계신지요? 또 회사의 지분 구조나 배당은 어떤 형태로 하고 계신지요?

그 부분이라면 담당 세무사가 알아서 잘해 줄 겁니다. 그리고 배당도 예전에 한 번 해 봤는데 세금을 많이 내서 그 후로는 안 하고 있습니다.

CEO

FP

아, 그러세요? 제가 그동안 많은 대표님을 만나 뵈었는데 가지급금이나 회사 채무 문제, 가업승계, 상속세 재원 마련 등 한두 가지 정도는 고민을 하고 계시더라고요.

저도 가지급금이나 상속세 준비에 조금 관심은 있습니다. 최근 저와 친한 거래처 사장이 갑자기 사망했는데 상속세가 10억이나 나와서 유가족들이 고생했다고 들었습니다. 그것도 6개월 내에 다 내야 한다면서요?

CEO

FP

그렇습니다. 저도 일하면서 많은 대표님을 만났는데요. 사장의 사망이 회사와 유가족 모두에게 리스크가 되는 경우를 많이 봤습니다. 회사 대표님의 갑작스런 유고 시 채권자 문제부터 시작해서 여러 이유로 회사를 유지하기가 사실상 힘들어집니다. CEO의 장례식장을 가 보면 가장 먼저 오는 화환이 채권자 화환이고 채무자들은 얼굴도 비치지 않는다고 하지 않습니까?

우리 같은 중소기업이 다 그렇죠 뭐. 달리 무슨 방법이 있겠습니까?

CEO

FP 보통 대표님들께서는 회사가 어렵거나 신규 투자를 위해 은행 대출을 받을 때 연대보증을 하시는 경우가 있습니다. 이런 상황에서 대표님의 갑작스런 유고는 기업의 파산으로 이어지고 결국 대표님 가족에게도 문제가 생길 수 있습니다. 게다가 대표님의 개인 자산과 회사 지분에 대한 상속세도 준비하셔야 합니다. 회사 지분의 평가는 세법상 비상장주식 평가 방법을 통해 이루어지는데 가업승계를 위한 상속세 준비도 필요합니다.

아, 그런데 전 20년 동안 사업만 하느라 따로 개인 재산을 모아 둔 건 없습니다. 주식이야 뭐, 이게 얼마짜리인지는 모르지만 정 나중에 문제가 되면 사업을 점점 줄여 나가면 되지 않습니까? 요새 경기도 안 좋은데요. 우리 같은 조그만 회사에 별문제가 있을까요?
CEO

FP 대표님 말씀도 틀리지는 않습니다. 하지만 만에 하나 준비되지 못한 사고 때문에 회사 일을 잘 모르는 상태로 상속이 된다면 남은 가족들에게는 고통일 수 있습니다. 경우에 따라 법인 채무가 유가족의 개인 채무로 바뀌는 경우도 있기 때문입니다.

아니, 회사 채무가 가족들에게까지 넘어갑니까?
CEO

FP 연대보증채무가 있는 경우 상속 개시일로부터 3개월 내에 상속포기를 하지 못하면 법인 채무가 개인 채무로 넘어올 수 있습니다.

CHECK POINT
상속의 승인과 포기

1. 단순승인(민법 제1025조~1027조)

피상속인(돌아가신 이)의 권리(재산)와 의무(채무)가 포괄적으로 상속인에게 귀속되는 것이며, 특별한 승인 절차가 필요 없다. 만일 피상속인의 재산보다 채무가 많은 경우에는 단순승인을 한 상속인이 그 채무를 변제할 의무를 부담한다.

다음의 경우에는 단순승인을 한 것으로 본다.
1) 상속인이 상속재산에 대한 처분행위를 한 때
2) 상속인이 한정승인 또는 포기를 하지 아니한 때
3) 상속인이 한정승인 또는 포기를 한 후에 상속재산을 은닉하거나 부정하게 소비하거나 고의로 재산목록에 기입하지 아니한 때

2. 한정승인(민법 제1028조~1040조)

피상속인의 권리(재산) 한도 내에서 의무(채무)를 부담할 것을 조건으로 상속을 승인하는 것을 뜻한다. 한정승인을 하려면 상속 개시가 있음을 안 날로부터 3개월 이내에 상속재산 목록을 작성하여 가정법원에 한정승인 신청을 해야 한다.

피상속인이 사업을 하다 사망한 경우 연대보증채무 외에 상속인이 알지 못하는 채무가 있을 수 있으므로 한정승인을 해 놓는 것이 좋다. 한편 한정승인자는 한정승인을

한 날로부터 5일 이내에 일반 상속채권자와 유증받은 자에게 한정승인 사실과 일정한 기간 내에 그 채권 또는 수증을 신고할 것을 공고하여야 한다. 그 기간은 2개월 이상이어야 한다.

3. 상속포기(민법 제1041조~1044조)

피상속인의 권리(재산)와 의무(채무)를 전부 포기하는 방식이다. 상속포기를 하려면 상속 개시가 있음을 안 날로부터 3개월 이내에 가정법원에 상속포기 신고를 해야 한다. 상속포기는 상속인별로 해야 하며, 모든 상속인이 채무를 면하려면 상속 4순위인 방계혈족까지 모두 포기해야 한다. 상속을 일단 포기하면 이를 취소할 수 없다. 한편 피상속인 생전에 상속인이 상속포기를 약정했더라도 이는 효력이 없다.

※ **상속인의 상속포기와 보험금**

피상속인이 불입한 보험계약에서 상속인이 수익자로서 받은 보험금은 상속인의 고유재산이므로 상속인이 상속포기를 한 경우에도 확보할 수 있다. 다만 피상속인이 미납한 국세나 지방세가 있다면 상속인이 받은 보험금을 한도로 납세의무가 발생한다.

4. 주요 법 규정 및 판례

✅ **대법원 2004. 7. 9. 선고, 2003다29463판결**

보험계약자가 피보험자의 상속인을 보험수익자로 하여 맺은 생명보험계약에 있어서 피보험자의 상속인은 피보험자의 사망이라는 보험사고가 발생한 때에는 보험수익자의 지위에서 보험자에 대하여 보험금 지급을 청구할 수 있고, 이 권리는 보험계약의 효력으로 당연히 생기는 것으로서 상속재산이 아니라 상속인의 고유재산이라고 할 것인데, 이는 상해의 결과로 사망한 때에 사망보험금이 지급되는 상해보험에 있어서 피보험자의 상속인을 보험수익자로 미리 지정해 놓은 경우는 물론, 생명보험의 보험계약자가 보험수익자의 지정권을 행사하기 전에 보험사고가 발생하여 상법 제733조에 의해 피보험자의 상속인이 보험수익자가 되는 경우에도 마찬가지라고 봐야 한다.

✅ **국세기본법 제24조(상속으로 인한 납세의무의 승계)**

① 상속이 개시된 때에 그 상속인[「민법」 제1000조, 제1001조, 제1003조 및 제1004조에 따른 상속인을 말하고, 「상속세 및 증여세법」 제2조 제5호에 따른 수유자(受遺者)를 포함한다. 이하 이 조에서 같다.] 또는 「민법」 제1053조에 규정된 상속재산관리인은 피상속인에게 부과되거나 그 피상속인이 납부할 국세 및 체납처분비를 상속으로 받은 재산의 한도에서 납부할 의무를 진다.

② 제1항에 따른 납세의무 승계를 피하면서 재산을 상속받기 위하여 피상속인이 상속인을 수익자로 하는 보험계약을 체결하고 상속인은 「민법」 제1019조 제1항에 따라 상속을 포기한 것으로 인정되는 경우로서 상속포기자가 피상속인의 사망으로 인하여 보험금(「상속세 및 증여세법」 제8조에 따른 보험금을 말한다.)을 받는 때에는 상속포기자를 상속인으로 보고, 보험금을 상속받은 재산으로 보아 제1항을 적용한다.

그렇다면 최소한 뭔가 준비는 해 둬야겠네요. 저도 나이가 들어서 그런지 건강도 예전 같지 않네요.

CEO

네, 실제로 예전에 신문에 났던 기사도 있는데요. 기사에 따르면 아버지에게 200억 원대 회사를 물려받은 자녀가 상속세 납부 때문에 파산했다고 합니다. 상속재산이 250억 원이면 상속세가 약 100억 원 정도 나오는데요. 돈이 없어서 물납 40억 원에 대출 60억 원을 받고 이자로 월 4천만 원씩 내다가 결국 파산했다는 내용입니다.
FP

아니, 받은 재산의 절반 가까이를 상속세로 냅니까? 상속세 세율이 얼마인가요?

CEO

FP 상속세와 증여세는 세율이 동일한데요. 과세표준이 30억을 넘어가면 50%의 세율이 적용되니 사실상 상속재산의 절반이 세금이라는 뜻입니다. 여기 보시면 상속재산이 30억에서 50억, 100억으로 오르는 동안 상속세는 3.2억에서 7.6억, 27억으로 오르는 것을 볼 수 있는데요. 세금 자체도 중요하지만 재산 증가 속도보다 세금 증가 속도가 훨씬 빠르다는 사실을 염두에 두셔야 합니다. 특히 상속재산에 부동산과 주식 같은 비유동성 자산이 많다면 상속세를 납부하기 위해 자산을 급하게 처분해야 하기 때문에 막대한 손해를 보고 팔아야 하는 낭패를 보실 수도 있습니다.

2

CHECK POINT
상속세 신고 기한과 세부담

1. 상속세 신고 기한(상증법 제67조)

구분	신고 기한
일반적인 경우	상속 개시일이 속하는 달의 말일로부터 6개월 이내
피상속인이나 상속인이 외국에 주소를 둔 경우	상속 개시일이 속하는 달의 말일부터 9개월 이내

한편 상속세 신고 기한까지 상속인이 확정되지 않은 경우에는 상속세 신고와는 별도로 상속인이 확정된 날부터 30일 이내에 확정된 상속인의 상속 관계를 적어 납세지 관할세무서장에게 제출해야 함

2. 상속세 세부담

〈예시〉 상속재산이 30억, 50억, 100억 원일 때 상속세

(상속인은 배우자와 자녀 2명, 공제는 배우자공제와 일괄공제 외에는 없다고 가정)

(단위: 천 원)

	CASE 1	CASE 2	CASE 3
상속재산가액	3,000,000	5,000,000	10,000,000
(−)배우자공제	1,285,714	2,142,857	3,000,000
(−)일괄공제	500,000	500,000	500,000
(=)과세표준	1,214,286	2,357,143	6,500,000
(×)세율	40%	40%	50%
(−)누진공제액	160,000	160,000	460,000
(=)산출세액	325,714	782,857	2,790,000
(−)신고세액공제	9,771	23,486	83,700
(=)납부세액	315,943	759,371	2,706,300

그동안 막연하게만 생각했는데 상속세가 많긴 하네요.
CEO

 그렇습니다. 그리고 혹시 회사를 경영하시면서 주식평가를 받아 보신 적이 있나요?
FP

아니요. 아직 받아 본 적이 없습니다.
CEO

FP 비상장주식은 시장에서 거래가 되지 않기 때문에 세법에 별도의 평가 방법이 정해져 있습니다. 그렇게 산출한 평가액을 양도양수, 상속, 증여 시에 기준 금액으로 삼습니다. 평가 방식은 좀 복잡하긴 한데 회사의 순자산과 과거 3년치 순이익을 가중평균 해서 계산합니다.

CEO 방금 말씀드렸지만 저희 회사는 아직 평가를 받아 본 적이 없습니다. 그렇게 말씀하시니 궁금하긴 하네요.

FP 네, 그래서 제가 대략적으로 미리 평가해 보았습니다. 제가 평가한 바로는 현재 약 2십만 원 정도로 판단됩니다. 대표님께서 회사설립 시 주당 5천 원에 시작하셨는데 현재는 약 40배가 증가한 것입니다. 전체 주식 수가 1만 주니까 회사 가치는 20억 정도로 보시면 됩니다. 향후에도 지금처럼 매년 이익이 난다면 평가액은 계속 올라갈 것이고, 이는 대표님 기업의 리스크로 돌아올 수 있습니다.

CEO 그럼 주식평가액을 낮춰야 유리하다는 이야기인데 무슨 방법이 있나요?

FP 물론 있습니다. 그중 하나가 퇴직급여 규정을 정비하는 것입니다. 대표님께서 일정 시점에 퇴직소득 등을 받으시면 주식 가치의 하락 효과를 가져와 증여 및 상속 시점에 기업 가치를 낮출 수 있습니다. 이는 대표님의 퇴직소득으로 자산을 이전하는 적법한 방법입니다. 그리고 보험계약으로 퇴직급여 재원도 마련하고 퇴직 전에 CEO 유고 같은 만일의 리스크도 대비할 수 있는 장점이 있습니다.

CEO 아, 그래서 다들 CEO 플랜인가 하는 것을 준비하는 거군요.

CHECK POINT 3
법인 보험계약을 활용한 리스크 관리 및 재원 마련 방안

1. 보험계약의 형태

✓ 계약자 및 수익자: 법인
✓ 피보험자: CEO(임원)

〈주의〉 법인이 계약자인 보험에서 수익자를 CEO(임원)로 설정하면 보험료 납부액을 CEO(임원)의 급여로 보아 CEO(임원)에게 근로소득세가 과세됨

2. 보험 활용 방법

재직 時

법인 장기금융상품
계약자: 법인
피보험자: CEO
수익자: 법인

- **사업 운영 시**
  중도 인출/약관 대출을 통한 운영 자금 확보
- **CEO의 갑작스러운 유고 시**
  보험금을 통한 법인 유동성 확보
  보험금을 통한 CEO 퇴직자금 및 유족보상금 마련
  *정관에 임원 유족보상금 지급 규정 마련 필요

퇴직 時

퇴직금 수령
계약자: 법인→CEO
피보험자: CEO
수익자: 법인→CEO

- **CEO 퇴직 시 계약자 및 수익자 변경**
  근로소득세 대비 낮은 퇴직소득세 부담

  *정관에 임원 퇴직금 지급 규정 마련 필요
  보험계약의 평가 방법: MAX(납입보험료+이자상당액, 해약환급금)

은퇴 後

상속세 납부 재원

- **상속세 재원 마련**
  연금 전환을 통한 노후자금 마련도 가능

FP: 네, 그렇습니다. 정리하면 가장 중요한 세금은 지금까지 말씀드렸듯이 결국 상속세입니다. 상속세는 모든 세금의 종착역이라고 할 수 있습니다. 다른 세금보다도 특히 상속세 때문에 가업승계 등에 어려움을 겪는 경우가 많습니다. 기업을 운영하시는 분들의 사정을 잘 알기 때문에 FP인 제가 대표님을 도와드리겠습니다. 감사합니다.

03 토픽을 마치며

중소기업의 CEO가 갑자기 사망하면 여러 문제가 생길 수 있다. 우선 기업 자체의 존립이 문제가 된다. 어느 기업이나 마찬가지지만 특히 중소기업에서는 CEO가 차지하는 비중이 절대적이기 때문이다. 두 번째로 기업에 종사하는 종업원도 회사가 없어지면 새로운 직장을 찾아야 한다. 즉, 고용이 불안정해질 수 있다. 마지막으로 가장 큰 문제는 유가족이 부담해야 하는 상속세. 상속세는 이번 토픽에서 살펴본 것처럼 미리 준비가 되어 있지 않으면 유가족들에게는 매우 큰 고통이 될 수 있다. 물론 물납, 연부연납 등을 활용하여 상속세를 해결할 수도 있겠지만, 사전에 충분한 준비가 되어 있다면 고민은 훨씬 줄어들 것이 분명하다.

이때 가장 효율적으로 대비할 수 있는 방법이 바로 종신보험 또는 정기보험이 될 수 있다. 다만 CEO 유고 시 법인이 가입한 보험계약의 보험금은 일단 법인으로 귀속된다. 이를 유가족에게 지급하려면 법인에 적절한 퇴직금 지급 규정이나 유족보상금 규정이 구비되어 있어야 한다.

topic
23

CEO 퇴직금에 맞는 금융상품을 선택하라

01 토픽 소개

   법인의 임원인 CEO는 재임 시 법인에서 급여를 받고 퇴직 시에는 임원 퇴직금 규정에 따라 퇴직금을 받을 수 있다. 최근에는 임원도 퇴직연금제도를 활용하는 경우가 많아지고 있다. <u>전통적으로 CEO 퇴직금 재원 마련을 위한 금융상품으로는 장기금융상품인 보험상품이 많이 활용</u>되어 왔다. <u>최근에는 퇴직연금과 보험이 모두 많이 활용되고 있는데 그 장단점에 대해 정확하게 알고 선택하는 지혜가 필요하다.</u>

   퇴직연금은 근로자의 퇴직급여 수급권 보장과 노후자금 마련을 목적으로 2005년 12월에 도입되었다. 퇴직연금은 「근로자 퇴직급여 보장법」(이하 '근퇴법')에 근거를 두고 있는데 이 법은 근로자가 적용 대상이다. 근퇴법에 따르면 사용자는 근로자를 위해 퇴직금제도, 퇴직연금제도(확정급여형, 확정기여형) 중 하나 이상을 채택하여 운영해야 한다. 다만 아직까지는 퇴직연금에 가입하지 않아도 실질적인 불이익은 없다.[1] 기업이 퇴직연금제도에 가입하는 주목적은 법인세법상 손비 처리를 위함이다.

---

[1] 현행 근로자 퇴직급여 보장법 제5조에 따라 새로 성립(합병·분할된 경우는 제외)된 사업의 사용자는 근로자대표의 의견을 들어 사업의 성립 후 1년 이내에 확정급여형 퇴직연금제도나 확정기여형 퇴직연금제도를 설정해야 한다. 하지만 동법 제11조에서는 사용자가 퇴직급여제도나 개인형 퇴직연금제도를 설정하지 않은 경우에는 퇴직금제도를 설정한 것으로 본다고 되어 있으며, 퇴직연금제도 미설정에 대한 벌칙 조항은 없다.

법인 CEO를 비롯한 임원은 근로자가 아니므로 퇴직연금 가입이 의무는 아니지만, 선택적으로 가입할 수 있다. 임원 및 근로자인 직원이 퇴직연금에 가입해 회사가 납입하는 부담금은 법인세 손비 혜택을 받을 수 있다. 그리고 직원이 퇴직 후에 연금을 받으면 퇴직연금 수령액에 대한 소득세를 30%(10년을 초과하여 수령하는 금액은 40%) 감면받을 수 있다.

02 실전 화법

상황 01
CEO는 노후자금 준비를 위해 주거래은행인 OO은행의 퇴직연금 DC형에 가입했으며, 매년 연간 총급여액의 20%가 회사 부담금으로 DC계좌에 납입되고 있음

상황 02
현재까지 CEO의 근속연수는 10년, 연간 총급여액은 2억 원임

상황 03
회사의 임원 퇴직금 규정상 임원 퇴직금 배수는 3배수(2019년 이전분) 및 2배수(2020년 이후분)로 되어 있음

안녕하세요, 대표님.
FP

네, FP님. 어서 오세요.

CEO

회사 건물도 크고 직원분들이 바쁘게 일하고 계신 걸 보니 꽤 탄탄한 회사라는 느낌이 들었습니다.
FP

하하. 그렇게 말씀해 주시니 감사합니다. 그런데 오늘 뭐 중요한 하실 말씀이라도 있나요?

 네. 오늘은 대표님이 가입하고 계신 DC형 퇴직연금에 대해 말씀드릴까 합니다. 전에 제가 전화드렸을 때 DC형 퇴직연금에 가입하고 계시다고 들어서요.

제가 2006년에 법인을 설립하고 나서부터 가입했으니까 벌써 17년이 지났네요. 처음에는 직원들만 가입했었는데 한 5년 전부터 저도 가입해서 이제는 모두 DC형에 가입하고 있습니다. 원천징수 업무처리도 더 편해지고, 회사 재무상태표상에 퇴직급여 충당부채도 없어져서 부채비율도 좋아지니 괜찮은 제도라고 생각하고 있습니다. 그런데 이 부분까지 안내해 주신다고요?

 네, 은퇴 설계 차원에서 도움이 되실 만한 내용이 있어 퇴직연금 등 퇴직금 재원 마련 방안을 안내드리려고 합니다.

좋습니다.

CHECK POINT
퇴직연금제도의 이해

1. 퇴직급여제도의 변천

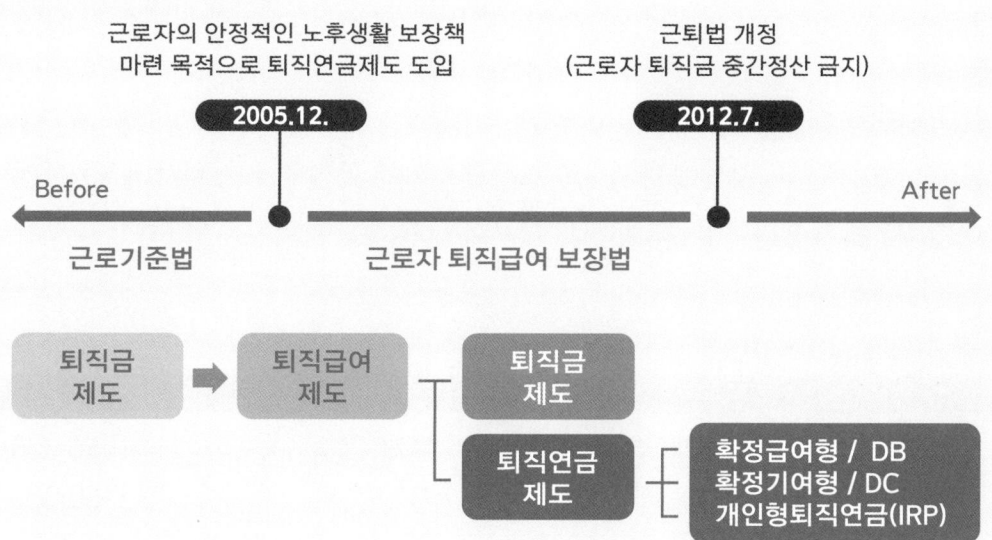

2. 퇴직연금제도의 장점

1) 법인 손비 처리(법인세 과세이연)

퇴직급여 추계액 범위 내에서 부담금으로 지출한 금액을 지출 당해 연도의 손비로 인정한다. 즉, 퇴직연금에 가입하지 않았다면 퇴직 시 퇴직금 지급 시점에 손비로 처리하지만, 퇴직연금에 가입하면 부담금 지출 연도에 손비를 조기 인식 하는 결과가 된다. 다만 이는 세금의 영구 감면이 아니라 과세이연 효과에 해당한다.

2) 소득세 감면

퇴직 시 퇴직급여가 IRP로 이전되면 가입자는 만 55세 이후에 연금으로 수령할 수 있다. 연금으로 수령하면 퇴직소득세로 부담할 금액에서 30%(연금 수령 11년 차부터는 40%)를 감면한다.

3) 업무처리 간편

확정기여형(DC형) 퇴직연금에 가입하면 퇴직금 지급과 관련한 세무 업무(퇴직소득세 계산 및 소득세 원천징수)를 금융회사가 담당하기 때문에 회사의 업무처리가 간편해진다.

4) 부채비율 감소

퇴직연금에 가입해 사외에 예치하면 자산과 부채가 함께 감소해 회사의 부채비율이 줄어드는 효과가 있다. 예를 들어 현재 회사의 재무상태가 다음과 같다고 하자.

(단위: 천 원)

재무상태표			
자산	100,000	부채	50,000
		자본	50,000
합계	100,000	합계	100,000

상기 부채 중 퇴직급여 충당부채가 20,000천 원이라고 가정하고, 퇴직연금에 10,000천 원을 납입하면 아래와 같이 부채비율이 감소한다.

(단위: 천 원)

재무상태표			
자산	90,000	부채	40,000
		자본	50,000
합계	90,000	합계	90,000

※ 상기 내용은 주로 외부감사를 받는 법인에 적용되는 사항이다. 외부감사를 받지 않는 법인은 퇴직급여 충당부채를 계상하지 않아도 되기 때문에 퇴직연금 가입이 부채비율에 큰 영향을 주지 않는다.

FP: 대표님은 이미 DC형 제도의 특징은 잘 알고 계시리라 생각됩니다. 매년 연간 임금총액의 1/12 이상을 DC계좌로 납입받아서 직접 선택하신 상품으로 운용 중이실 텐데요. 대표님은 현재 연봉의 몇 퍼센트를 퇴직연금에 납입하고 계신가요?

은행 직원의 권유로 제 퇴직연금은 2배수(연간 총급여액의 20%)를 연말에 납입하고 있습니다.

CEO

FP: 그러시군요. 대표님 법인은 정관에 임원 퇴직급여 규정이 있고, 퇴직급여로 2배수를 받기로 되어 있다고 하셨습니다. 그렇다면 그중 대부분을 DC계좌로 납입하고 계신 거군요?

가입하고 있는 은행 직원의 설명으로는 납입액이 전액 손비 처리도 되고, 나중에 소득세도 깎아 준다고 하니 그렇게 안 할 이유가 없죠.

CEO

네, 퇴직연금은 매년 부담금 납입 시 법인세법상 손비로 인정되므로 법인세 절세 효과가 있습니다. 그런데 지금 손비로 인정받는 것은 분명 좋은 일이지만, 향후 대표님이 퇴직하실 때는 추가로 손비 인정되는 금액이 없습니다. 퇴직 시에 손비로 인정될 부분을 재직 중에 미리 인정받았기 때문이죠. 이 경우 상증법상 비상장주식 평가 측면에서는 오히려 손해를 볼 수도 있습니다.

FP

손해를 볼 수도 있다니 무슨 의미인가요?

CEO

비상장주식 평가는 순자산가치와 순손익가치를 가중평균 하여 반영하는데 이때 순손익가치는 최근 3개 연도의 손익을 3:2:1로 가중평균 하여 반영합니다. 즉, 최근 연도의 가중치가 높기 때문에 손익이 높을수록 주식 가치도 높게 평가됩니다. 따라서 퇴직 후에 주식의 양도나 증여를 생각하신다면 퇴직연금 불입이 많을수록 불리할 수 있다는 뜻입니다.

FP

그렇군요. 저도 앞으로 5년 정도 후에는 아들에게 회사를 물려줄 생각을 하고 있는데, 주식 가치가 정말 그렇게 평가된다면 주식 증여 시 세금 부분도 좀 고려해 봐야겠네요.

CEO

가업승계를 고려하신다면 현재의 법인세도 중요하지만 나중에 내야 할 증여세나 양도소득세도 반드시 검토하셔야 합니다. 그리고 세제 관련해서 한 가지 더 말씀드릴 내용이 있는데요. 대표님께서는 퇴직연금을 퇴직 후 노후자금으로 준비하시는 거라고 하셨지요?

FP

네, 개인연금도 조금 있긴 하지만 어차피 퇴직금이 가장 중요한 재원이니까 안전하게 퇴직연금으로 준비하고 있지요.

CEO

네, 그러시군요. 당연히 미리 준비를 많이 해 두시면 좋습니다. 그런데 퇴직 후에 퇴직연금을 연금으로 수령하시면 세금 면에서는 별 이득이 없을 수도 있습니다.

FP

그럴 리가요? 연금으로 받으면 일시금보다 세금을 30%나 깎아 준다는데 훨씬 이득 아닌가요?

연금 수령이 일시금보다 30%(또는 40%)만큼 유리한 것은 사실입니다. 다만 퇴직연금 적립금의 원천에 따라 과세 방법에 차이가 있습니다. 즉, 회사에서 매년 납입한 금액은 성격이 퇴직금이므로 나중에 연금으로 받으면 퇴직소득세의 70%만 부담하시면 됩니다. 그런데 퇴직급여가 IRP로 이전되고 나서 발생한 운용수익에서 연간 1,200만 원을 넘게 수령하시면 해당 연금소득을 종합과세 또는 15%의 세율로 과세 하게 됩니다. 즉, 소득이 많으시면 적어도 15% 세율이 적용됩니다.

연금으로 받으면 무조건 유리한 것은 아니군요.

네. 소득세법에서는 퇴직연금계좌에서 연금을 수령할 때 그 원천에 따른 인출 순서를 규정해 놓고 있습니다. 즉, 연금계좌에서 인출 시 이연 퇴직소득[2]을 원천으로 먼저 연금을 수령하고, 개인 부담금[3] 및 운용수익에서는 나중에 수령하는 것으로 본다고 되어 있습니다. 그래서 연금 수령 초기에는 회사 부담금인 퇴직소득 원천에서 지급되므로 이연된 퇴직소득세의 70%만 내시면 됩니다. 하지만 연금 수령 후기에는 개인 부담금과 운용수익 원천에서 지급받기 때문에 연간 연금수령액이 1,200만 원을 넘으면 다른 소득과 합산하여 종합과세 되거나 15%의 세율로 과세 됩니다.

2　'이연 퇴직소득'이란 퇴직 시 회사의 DB형이나 DC형 계좌에서 IRP로 이전된 금액을 의미한다. 즉, 퇴직금 원금 부분이라고 할 수 있다.
3　'개인 부담금'이란 DC형이나 IRP에 개인 자금을 추가로 불입한 금액을 의미한다. 회사에서 부담한 금액과는 구별되는 자금이다.

퇴직연금 인출 시 세제

1. 연금계좌 인출 시 세제

소득세법에서는 연금저축(세액공제 상품)과 퇴직연금을 묶어서 '연금계좌'라는 명칭을 쓰며, 연금계좌 인출에 대해 아래와 같이 과세한다.

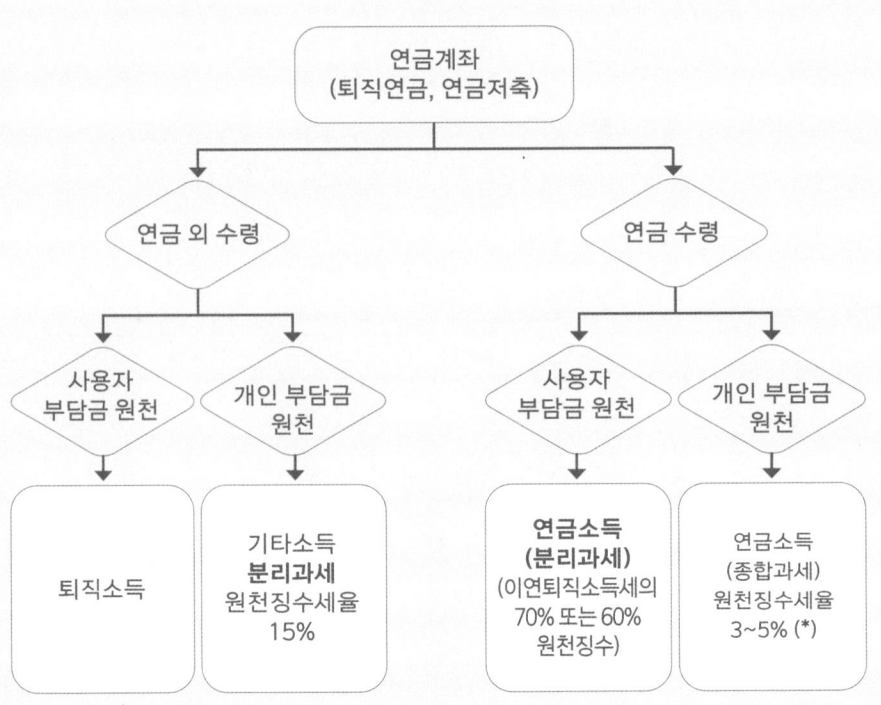

(*) 가입자 연령 및 연금 형태에 따라 원천징수세를 차등 과세(일반적인 경우: 5%, 종신연금형 또는 70세 이상: 4%, 80세 이상: 3%)함. 한편 연금 수령액이 연간 1,200만 원을 초과하면 15% 세율로 과세 하거나 연금소득에서 연금소득공제를 제한 금액을 종합소득금액에 합산하여 과세함(선택 가능)

✅ 연금소득공제(소득세법 제47조의2)

종합과세 되는 연금소득에서 아래 금액을 공제함(한도 900만 원)

350만 원 이하	총연금액
350만 원 초과~700만 원 이하	350만 원 + (350만 원을 초과하는 금액의 100분의 40)
700만 원 초과~1400만 원 이하	490만 원 + (700만 원을 초과하는 금액의 100분의 20)
1400만 원 초과	630만 원 + (140만 원을 초과하는 금액의 100분의 10)

2. 연금계좌 원천별 연금 수령 순서

[예시] 퇴직급여 8억 원을 IRP로 이전받아서 연금으로 수령(수령하는 동안 운용수익 4억 원이 발생하여 연금 수령액 합계는 12억 원임)

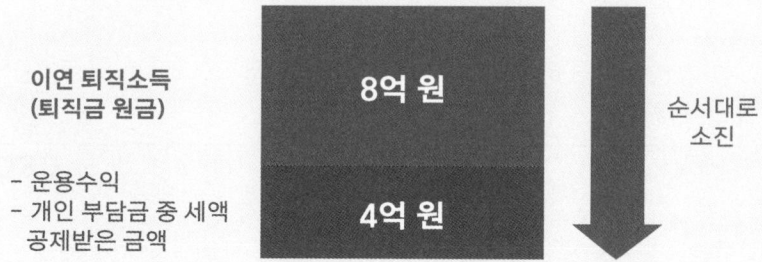

연금계좌의 인출 순서: 과세제외 금액(세액공제 받지 않은 개인부담금) →

이연 퇴직소득 → IRP 운용수익/개인 부담금 순

(근거 법령: 소득세법 시행령 제40조의3)

연금 수령 초기: 이연 퇴직소득을 원천으로 인출 시

→ 연금소득(이연 퇴직소득세의 70% 또는 60%)으로 분리과세

연금 수령 후기: 개인 부담금과 운용수익을 원천으로 인출 시

→ 연금소득(3~5%)으로 원천징수 후, 연간 수령액이 1,200만 원을 초과하면 다른 종합소득과 합산하여 종합과세 하거나 15% 세율로 과세함(소득세법 제64조의4)

네. 퇴직연금도 무조건 세금이 절감되는 것만은 아니군요.

덧붙이면 퇴직연금은 퇴직 시까지 자금이 DC계좌에 묶여 있기 때문에 회사 자금으로 운용할 수 없고, 대표님께서 자금이 필요하시더라도 퇴직 전까지는 임의로 인출하기 어렵다는 점도 고려하셔야 합니다.

그동안 퇴직연금만 생각했었는데 다른 대안도 고려해야겠군요.

퇴직금은 장기간 운용이 필요한 만큼 알맞은 수단을 선택하셔야 합니다. 비록 지금은 걱정이 없으시겠지만, 앞으로 10년 후를 대비하신다면 위험관리 차원에서 바구니를 나누어 담을 필요도 있습니다. 즉, 주식 가치나 자금 운용의 유연성까지 고려한다면 장기 운용에 적합한 상품과 퇴직연금을 병행하여 준비하시는 방법도 좋습니다.

대안으로 고려할 만한 것이 있나요?

대표님에게는 퇴직연금 외에도 보장성 기능과 향후 상속세에도 대비할 수 있는 보험상품도 좋은 대안이 될 수 있습니다. 만일의 유고 시에 법인의 경영 안정을 도모하고 향후 퇴직시 퇴직금으로 받아서 상속에도 대비할 수 있는 상품입니다.

이제껏 퇴직연금이 최선일 것으로 알았는데 다른 대안도 생각해 봐야겠군요. 오늘 FP님의 정보는 상당히 유익했던 것 같습니다.

대표님께 조금이나마 도움이 되었다니 감사합니다. 오늘은 간략하게나마 몇 가지를 안내해 드렸는데요. 바쁘신데 제가 대표님 시간을 너무 많이 빼앗은 것이 아닌가 싶네요. 다음 주에 다시 방문드리고 대표님께 필요한 상품도 구체적으로 안내해 드리겠습니다.

CHECK POINT
퇴직금 재원 마련(퇴직연금 vs. 보험상품)

법인의 CEO는 본인의 퇴직금 재원 마련을 위해 퇴직연금이나 보험상품을 선택적 또는 병행하여 활용할 수 있다. 임원의 퇴직금은 정관에서 정한 임원 퇴직금 규정에 따라 정해지는 것이며, 그 퇴직금 범위 내에서 퇴직연금이나 보험상품으로 운용이 가능하다. 각 CEO가 처한 상황은 각기 다를 것이므로 본인의 니즈에 따라 적절하게 활용하는 전략이 필요하다.

구분	퇴직연금	보험상품
법인세 손금 인정 시기	부담금 납입 연도	퇴직 연도
퇴직 시 처리 방법	IRP 계좌로 자동 이전	보험계약의 계약자 변경 (법인 → CEO 개인)
연금 수령 시 세제 혜택	퇴직소득세 30% 절감(10년을 초과하여 수령하는 분은 40% 절감)	요건 충족 시 개인 보험차익 비과세
장점	재직 중 비용 처리 금액이 고르게 발생하므로 연도별 손익 관리가 필요한 상장사에 유리할 수 있음 연금 수령 후반부에 연간 연금액(IRP에서 운용수익 원천금액 부분)이 1,200만 원 이하이면 3~5%로 분리과세되므로 연금액이 연 1,200만 원 이내인 경우 유리	퇴직 다음 연도에 비상장주식 평가액 하락폭이 커져 가업승계에 유리하므로 비상장기업에 유리할 수 있음 연금액이 연 1,200만 원 초과하는 경우 유리 중도인출이나 보험계약 대출을 통한 유동성 확보 가능
단점	연금 수령 후반부(IRP 운용수익을 원천으로 수령 시)에 연금액이 **연 1,200만 원을 초과하면 종합과세 또는 15% 세율**로 과세되어 세부담이 증가할 수 있음 일단 사외 예치한 금액은 퇴직급여 지급 이외에는 활용 불가(유동성 제약)	조기 해지 시 사업비로 인한 손실 발생

03 토픽을 마치며

2005년 말 우리나라에 퇴직연금이 도입되고 벌써 거의 20년이 되어 간다. 과거에는 중소기업 CEO 중에 퇴직연금에 가입하지 않은 경우가 더 많았지만, 지금은 시대가 변했다. 대부분 CEO들이 퇴직연금에 가입되어 있다. 따라서 CEO에게도 그리고 상담하는 FP에게도 퇴직연금에 대한 이해는 필수다. 꼭 퇴직연금 영업을 하지 않더라도 말이다.

"왜 퇴직연금에 가입하셨나요?"

이렇게 물으면 대부분 CEO들이 같은 답을 한다.

"법인세를 좀 줄여 보려고요."

필자가 또 묻는다.

"나중에 연금으로 받으실 생각도 있으신가요?"

"소득세를 깎아 준다니 연금으로 받는 것도 고려하고 있습니다."

거의 대부분 CEO는 지금 당장의 법인세 절세만 생각할 뿐 향후의 상속증여세나 연금 수령 시기(인출 시기)의 세금은 잘 생각하지 않는다.

많은 CEO가 멀지 않은 미래에 은퇴를 해야 한다. 지금까지는 납입에 초점을 맞췄다면 앞으로는 인출 전략이 중요해진다. 좀 더 멀리 보고 긴 호흡으로 퇴직금 재원을 준비해야 하는 이유다.

topic
24

부부 임원이나 동업 경영자라면 법인 교차계약을 활용하라

01 토픽 소개

    비상장법인은 CEO와 배우자 또는 자녀가 함께 근무하는 경우가 많다. 소위 가족 법인인데, 이런 경우는 <u>CEO와 배우자(임원)를 각각 피보험자로 하는 보험을 활용해 퇴직금 재원을 마련하면 상속세를 더욱 효과적으로 대비할 수 있다. 즉, CEO와 배우자(임원)가 각각 상대방을 피보험자로 하는 보험을 퇴직 시 퇴직금으로 수령</u>하는 것이다. 그러면 <u>미래에 피보험자가 사망하여 받는 보험금은 상속세 과세 대상에서 제외</u>된다.

    한편 CEO가 동업자와 함께 경영을 하는 경우에도 CEO와 동업자를 각각 피보험자로 하는 법인 보험계약을 활용하면 유용하다. <u>동업자 유고 시에 법인이 보험금을 받아 사망한 CEO의 퇴직금을 지급하거나 상속인들에게서 주식을 매입하는 자금으로 활용</u>할 수도 있기 때문이다.

02 실전 화법

상황 01
법인 지분은 CEO와 배우자가 각각 50%와 40%를 보유하고 있으며, 10%는 자녀들이 보유하고 있음

상황 02
CEO와 배우자는 각각 법인의 대표이사와 사내이사를 맡고 있음

상황 03
현재 주식 가치가 높아 거액의 상속세가 예상되는 상황이나 아직 충분한 준비는 못 하고 있음

상황 04
그동안 상속에 별 관심이 없던 CEO는 최근에 지인의 사망을 접하고 상속 대비의 필요성을 느낌

FP: 대표님, 안녕하세요.

CEO: FP님, 안녕하세요. 실은 전에 제안해 주셨던 보험 내용에 궁금한 점도 있고, 저도 이제는 뭔가 준비를 해야 할 것 같아 연락드렸습니다. 얼마 전에 알고 지내던 분이 갑자기 돌아가셨는데 유가족이 상속세 때문에 고민이 많다고 하더라고요. 그래서 저도 어떻게 준비를 해야 하는지 상의를 드리고 싶어서요.

FP: 네, 대표님. 전에 제가 제안드린 내용을 간단히 말씀드리면 법인 보험계약을 활용해서 대표님의 퇴직금 재원을 마련하는 방법이었습니다. 대표님이 퇴직하실 때 보험계약을 퇴직금으로 수령해서 나중에 가족들이 받는 보험금을 상속세 재원으로 활용하는 방안입니다.

네, 저도 요즘 들어서 상속세가 조금 고민이네요. 그동안은 건강에 아무 문제가 없다고 생각했는데 몸도 예전 같지 않고, 더 늦기 전에 준비를 해야겠다는 생각이 드네요.

네, 예전과는 달리 상속세에 관심을 가지는 대표님들이 많아졌습니다. 대표님 회사도 제가 2년 전에 주식평가를 했을 때는 약 80억 원 정도였는데, 지금은 100억 원으로 거의 20억 원이 증가했습니다. 대표님 지분율이 50%이니 대표님 주식 가치는 약 50억 원입니다. 다른 재산까지 포함해서 상속재산이 70억 원이라면, 상속인이 사모님과 자녀 3명이므로 납부하셔야 할 상속세는 약 15.7억 원 정도가 됩니다.

네, 그래서 예전에 제 퇴직금 재원 마련 목적으로 법인계약으로 보험에 가입해 놓았습니다.

네, 말씀하신 대로 일부는 준비하고 계십니다. 5년 전에 가입하신 종신보험의 보장금액이 10억 원이니까요. 그런데 대표님은 2차 상속세도 준비가 필요합니다.

2차 상속이라면 무엇을 의미하죠?

네, 대표님 유고 시의 상속을 1차 상속이라고 한다면, 배우자인 사모님 상속을 보통 2차 상속이라고 부릅니다. 자녀들이 대표님과 사모님, 이렇게 두 분에게서 상속을 받으므로 1차 상속, 2차 상속으로 나누어 부르는 것입니다. 요지는 대표님뿐만 아니라 사모님 상속세도 준비를 하셔야 한다는 점입니다.

그렇군요. 미처 그 생각은 못 했어요. 1차 상속세를 내는데도 2차 상속세가 많이 나오나요?

네, 대표님. 사모님은 1차 상속 시 상속인으로서 재산을 상속받은 후, 2차 상속 때는 본인 재산과 상속받은 재산을 자녀에게 물려줍니다. 이때 다시 한번 상속세를 납부해야 합니다. 사모님의 주식 지분(40%)가치는 약 40억 원이고 개인 재산까지 합쳐서 50억 원이라고 가정하면 2차 상속세는 약 21억 원이 됩니다. 결코 적지 않은 금액입니다.

본인 및 배우자 상속세 계산 예시

본인 재산 70억 원, 배우자 재산 50억 원,
상속인은 배우자와 자녀 3명인 경우의 1, 2차 상속세

(단위: 천 원)

	본인(1차 상속)	배우자(2차 상속)
본인 재산가액	7,000,000	5,000,000
(+)1차 상속수령액 (*)	–	758,700
(-)배우자공제	2,333,333	–
(-)일괄공제	500,000	500,000
상속세 과세표준	4,166,667	5,258,700
(×)세율	50%	50%
(-)누진공제	460,000	460,000
(=)산출세액	1,623,333	2,169,350
(-)신고세액공제	48,700	65,081
납부세액	1,574,633	2,104,270

✅ **상증, 재삼46014-1497, 1977. 6. 19.**

공동 상속인은 각자가 받았거나 받을 상속재산을 한도로 하여 상속세 연대 납세의무를 지는 것이며, 그 연대 납세의무자로서 상속세를 납부하는 경우에는 증여세 과세 문제가 발생하지 아니하는 것임

✅ **상증, 재삼46014-457 , 1998. 03. 16.**

상속세 및 증여세법 제3조의 규정에 의하여 상속인 또는 수유자는 상속재산(같은 법 제13조의 규정에 의하여 상속재산에 가산한 증여재산 중 상속인 또는 수유자가 받은 증여재산을 포함) 중 각자가 받았거나 받을 재산을 한도로 하여 상속세를 연대하여 납부할 의무가 있는 것이므로 그 상속받은 재산가액의 범위 내에서 본래의 상속인 재산에 대하여도 국세징수법 제24조 제1항의 요건에 해당하는 때에는 압류를 할 수 있는 것입니다. 이 경우 같은 법 제15조의 규정에 의하여 상속세 과세가액에 산입하는 재산은 위의 「상속인이 받았거나 받을 재산」에 해당하는 것입니다.

(*) 1차 상속에서 배우자 수령액은 본인 법정 지분을 받아서 상속세를 전부 배우자가 부담한다고 가정한 것임(2,333,333천 원 - 1,574,633천 원 = 758,700천 원)
  상속세는 연대 납세가 적용되므로 상속인 가운데 특정 상속인이 상속받은 재산 한도 내에서 다른 상속인보다 더 많은 세금을 부담하더라도 상속인 간의 증여로 보지 않음

생각보다 금액이 크군요. 그렇다면 상속세를 어떻게 준비해야 좋을까요?

상속세를 줄이려면 사전에 계획을 세워서 증여하는 전략이 필요합니다. 사전증여 재산은 10년 단위로 합산되므로 10년마다 금액을 나누어 증여하는 방법이 좋습니다. 법인 주식도 나누어 증여하시면 효과적입니다. 다만 적극적으로 증여를 하시더라도 상속세 부담을 완전히 없애기는 어렵습니다. 또한 증여를 하면 당장 증여세 부담이 생기는 점도 고려하셔야 합니다. 그래서 대표님처럼 사모님과 함께 근무하시는 경우에는 법인에서 보험계약 2개를 준비하시면 좋습니다.

보험계약 2개를 어떻게 활용하는 거죠?

네, 대표님과 사모님을 각각 피보험자로 하는 법인 보험에 가입합니다. 그리고 퇴직 시에 각자 상대방이 피보험자로 된 보험계약을 퇴직금으로 받으시면 됩니다. 예를 들어 사모님 퇴직 시 피보험자가 대표님인 계약을 이전하면서 계약자와 수익자를 법인에서 사모님 개인으로 변경합니다. 이렇게 하면 나중에 피보험자(대표님) 사망으로 사모님이 받는 보험금은 상속재산에서 제외되는 이점이 생깁니다.

CHECK POINT
부부 임원 교차 법인계약

1. 교차계약 개요

법인이 부부 임원을 각각 피보험자로 하는 생명보험계약 2개에 가입하고 퇴직 시 배우자가 피보험자인 계약을 퇴직금으로 수령한다. 만일 재임 중 유고가 생기면 법인이 보험금을 받아 경영 안정 자금으로 활용할 수도 있다.

2. 상속받은 보험계약의 평가
✅ 상증, 서일46014-10284, 2000. 3. 7.

상속세 및 증여세법 제8조의 규정에 의하여 상속재산으로 보는 보험금의 가액은 상속인이 지급받은 보험금의 총합계액에 의하는 것이며, 피상속인에게 귀속되는 보험금을 지급받을 수 있는 권리의 가액은 상속 개시일까지 피상속인이 불입한 보험료의 합계액과 불입한 보험료에 가산되는 이자수입 상당액을 합계하여 평가하는 것이다. 다만 상속인이 상속 개시 후에 당해 보험계약을 해지하고 수령하는 해약환급금을 상속재산의 가액으로 하여 상속세를 신고하는 경우에는 그 해약환급금 상당액으로 평가할 수 있다.

그런 방법이 있었군요. 좋은 방법이네요. 그런데 만일 제가 퇴직하면서 받은 보험(피보험자가 배우자인 계약)에서 피보험자인 배우자보다 계약자인 제가 먼저 사망하면 상속세는 어떻게 되나요?

CEO

네, 대표님 말씀대로 피보험자보다 계약자가 먼저 사망하면 보험계약이 유지되며 상속인이 보험을 물려받습니다. 따라서 상속재산인 보험계약의 평가가 필요한데요. 이때는 일반적으로 보험의 해지환급금 상당액과 '납입보험료 + 이자상당액' 중 큰 금액으로 평가하여 상속세 과세 대상에 포함됩니다. 그렇더라도 사망보험금보다는 낮은 금액으로 평가되기 때문에 여전히 유용한 재원 마련 수단이 됩니다.
FP

네, 잘 알겠습니다. 덕분에 좋은 해답을 얻었습니다.

CEO

CHECK POINT
동업 경영자 교차 법인계약

두 명의 경영자가 동업을 하는 경우에도 부부 임원과 비슷하게 2개의 법인계약을 통해 교차플랜으로 활용할 수 있다.

〈상황〉
- 법인을 A, B 두 명(지인 관계)이 공동으로 운영하며, 지분도 반반씩 공동소유 중임
- 법인의 안정적인 경영과 영속성 확보를 위해 법인명의의 보험계약을 활용하고자 함

1. A와 B는 안정적인 공동경영을 위한 약정을 체결

어느 한 경영자의 유고 시에 해당 대표의 상속인이 원할 경우 법인이 상속받은 주식을 매입하도록 약정(단, 이 경우에도 법인이 자기주식을 취득하는 형태이므로 배당가능이익 범위 안에서 취득해야 함)

2. 아래와 같이 2개의 법인계약 체결

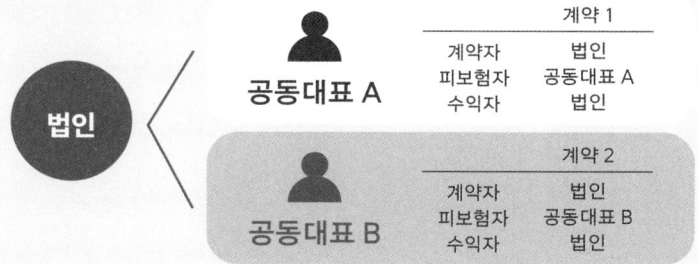

3. 피보험자가 재임 중 유고 시(아래 순서대로 진행)

① 법인이 보험금 수령

② 법인이 유고 대표의 주식 취득(상법상 자기주식 취득 절차를 따름)

③ 취득한 자기주식은 이익소각(또는 감자)을 하거나 매각

④ 유고 대표의 상속인은 주식 매각 대금을 활용하여 상속세 납부, 생존 대표는 경영권을 안정적으로 확보

4. 경영자가 은퇴할 때까지 유고 미발생 시

동 보험계약을 공동대표의 퇴직금(또는 배당)으로 지급(각각 본인이 피보험자로 설정된 계약을 현물 퇴직금으로 수령)

03 토픽을 마치며

일반적인 중소기업은 부부가 같이 임원으로 근무하는 경우가 많고, 최근에는 처음부터 공동으로 창업하는 스타트업도 증가하는 추세다. 이러한 케이스에서는 효율적인 상속세 대비, 공동 창업자의 사망 시 경영권 안정을 위해 교차계약이 매우 효율적이다.

즉, 부부가 같이 임원으로 근무한다면 보장성보험에 각각 가입하여 퇴직 시 서로 상대방의 계약을 계약자와 수익자를 변경하여 퇴직금으로 받는다. 이렇게 하면 향후 발생하는 보험금은 상속재산으로 보지 않기 때문에 상속세 절세 및 납부 재원으로 활용할 수 있다.

공동 창업의 경우에도 마찬가지로 각 대표를 피보험자로 보장성보험에 가입한다. 이후에 공동 창업자 중 한 명이 사망하면 법인에서 보험금을 수령해 공동 창업자의 주식 인수 및 이익소각(감자)의 재원으로 사용한다. 이렇게 하면 남은 대표는 경영권을 유지하는 데 도움이 되며, 사망한 대표의 유가족은 주식 매각 대금을 상속세 납부 재원으로 이용할 수 있다.

이처럼 부부 임원이나 공동 창업자의 경우에는 보장성보험을 통해 상속세 절세 및 효율적인 재원 마련을 할 수 있으므로 교차플랜을 적극적으로 활용할 필요가 있다.

topic
25

보험계약을
현물배당 하라

01 토픽 소개

현물배당이란 법인이 보유한 현금 외 자산으로 주주에게 배당하는 것이다. 예를 들어 제조업을 영위하는 법인이 생산한 제품으로 배당하거나, 법인이 보유한 차량을 배당하면 현물배당이다. 또는 법인이 취득해서 보유한 자기주식을 주주에게 배당할 수도 있다. 현물배당을 하려면 법인 정관에 현물배당 규정이 필요하다. 과거 상법에서는 허용하지 않다가 2011년 개정상법에서 현물배당을 도입했다. <u>보험계약도 현물배당을 할 수 있다. 법인을 보험의 계약자 및 수익자로 하고 피보험자를 법인의 CEO로 설정해 가입하고 보험료 납입 완료 후 주주에게 배당하면 된다.</u>

<u>자녀 주주에게 보험계약을 현물배당 하면 배당 시점에 계약자 및 수익자가 자녀로 변경된다. 현물배당 시점에 수익자인 자녀는 배당소득세를 부담한다.</u> 이렇게 계약자와 수익자가 자녀로 설정된 보험이 되면 <u>피보험자 사망 시에 수익자가 받는 보험금에 상속세가 과세되지 않는 장점</u>이 있다.

02 실전 화법

상황 01
CEO는 법인 주식을 50% 보유하고 있으며, 후계자인 아들의 지분은 30%임(나머지 20%는 일시 보유 목적으로 2015년에 취득한 자기주식임)

상황 02
향후 기업을 물려주는 계획의 일환으로 법인이 보유한 자기주식을 자녀들이 취득하는 방법을 궁금해하고 있으며, 보험을 활용한 상속세 재원 마련에도 관심이 있음

FP 오늘은 전에 미처 설명드리지 못한 배당 방법을 말씀드릴까 합니다.

현물배당 말씀이죠?
CEO

FP 그렇습니다. 정관에 금전이나 주식 외에 다른 회사 자산으로 배당한다는 규정을 두고 있다면 회사의 부동산이나 금융재산으로 현물배당이 가능합니다.

구체적으로 말씀해 주세요. 혹시 저희 법인이 갖고 있는 자사주나 보험계약도 배당이 가능한가요?
CEO

FP 네. 법인의 자사주(자기주식)나 보험계약도 배당을 할 수 있습니다.

그렇지 않아도 보유한 자사주를 어떻게 처분할까 고민입니다. 자녀의 지분율을 좀 높여 주고 싶은데 주식 가치가 높아서 매매로 취득하기는 좀 부담스러운 상황입니다. 그렇다고 소각을 하자니 저희 담당 세무사 말로는 세금이 더 나온다고 하던데요.
CEO

대표님은 자사주를 일시 보유 목적으로 취득하셨기 때문에 향후 처분 방안을 생각하셔야 합니다. 전에 대표님 지분을 법인에 양도하면서 양도소득세(당시 비상장중소기업 대주주 양도소득세율 10%)를 내셨는데, 만일 지금 주식을 소각하시면 배당소득세(누진세율 적용)로 다시 과세될 수 있습니다.

그럼 주식을 어떻게 처분하면 좋을까요?

외부에 매각하는 방법도 있겠지만 아무래도 비상장주식은 거래가 쉽지 않습니다. 대안으로 현물배당을 생각해 볼 수 있습니다. 주주들에게 자기주식을 나눠 주는 것이죠.

그런 방법도 있군요. 그런데 제 지분율이 높아서 현물배당으로 아들의 지분율을 높이기는 어렵겠네요.

그런 한계는 있지만 외부에 처분하거나 종업원들에게 나눠 주기 곤란한 상황이라면 대안으로 고려해 볼 수 있습니다. 일시 보유 목적으로 취득한 주식을 계속 보유만 하고 있는 것도 문제 소지[1]가 없지는 않으니까요.

---

1 과거 일시 보유(양도) 목적으로 취득한 자기주식은 목적에 맞게 향후 처분이 필요하다. 만일 처분하려는 시도도 없이 계속 보유만 하게 될 경우 사실상 소각 목적으로 보아 배당소득세를 과세할 여지도 있다.

상법상 현물배당 관련 규정

1. 관련 상법 규정

현물배당은 상법 제462조의4에서 규정하고 있다.

현물배당도 배당의 일반 절차를 따라야 하므로 배당가능이익이 있어야 하며, 이사회나 주주총회의 결의가 필요하다.(☞ 배당 실행에 관한 상법상 규정은 '토픽 8' 참조)

구분	내용
현물배당 요건	정관에 현물배당 규정 필요 회사는 정관에 금전 외의 재산으로 배당할 수 있음을 정할 수 있음
회사의 결정 사항	1. 주주가 배당되는 금전 외의 재산 대신 금전의 지급을 회사에 청구할 수 있도록 한 경우에는 그 금액 및 청구할 수 있는 기간 2. 일정 수 미만의 주식을 보유한 주주에게 금전 외의 재산 대신 금전을 지급하기로 한 경우에는 그 일정 수 및 금액

2. 주식배당과 자기주식 현물배당의 차이점

① 주식배당: 신주를 발행하는 방식으로 하며, 배당액은 그 권면액으로 함

② 자기주식 현물배당: 보유한 자기주식을 배당하며, 배당액은 배당 시점의 주식시가(시가가 없는 경우 보충적 평가액)로 함

상법상 주식배당은 정기배당으로만 가능하며 중간배당으로는 불가하다. 이에 비해 현물배당은 중간배당으로도 가능하다.

3. 현물배당 시 주식의 평가 시점

현물배당 하는 주식의 평가 시점은 배당을 결의한 주주총회 결의일로 한다.

✅ **서면-2017-법령해석법인-0100 [법령해석과-825], 2017. 03. 27.**

내국법인이 주주총회 결의에 의하여 최대주주로서 보유 중인 상장주식을 현물배당하는 경우 그 배당금이 되는 상장주식의 시가의 평가 기준일은 현물배당을 결의한 주주총회 결의일이며, 해당 현물배당이 경영권 이전이 수반되는 이례적인 거래에 해당하는 경우 상장주식의 시가는 「법인세법 시행령」 제89조 제2항 제2호에 따라 「상속세 및 증여세법」 제63조 제1항을 준용하여 평가한 가액(평가 기준일 이전 2개월 동안 공표된 매일의 거래소 최종시세가액의 평균액)에 할증 평가액을 가산한 가액으로 하는 것임

아까 보험으로도 배당할 수 있다고 하셨는데 어떤 이점이 있나요?
CEO

법인이 가입한 보험계약을 배당하면 상당한 절세 효과를 볼 수 있습니다.
FP

그래요? 구체적으로 말씀해 주세요.
CEO

먼저 법인에서 종신보험에 가입하면 보험의 계약자와 수익자는 법인이 되고, 피보험자는 대표님이 됩니다. 법인이 보험료 납입을 완료한 이후에 계약자 변경을 통해 자녀에게 보험계약을 이전하는 방식으로 배당하면 됩니다. 이것도 일종의 현물배당이기 때문에 이사회나 주주총회 결의가 필요합니다.
FP

말씀을 듣고 보니 현금배당하고 형식은 똑같네요. 단지 배당 대상이 현금이 아니라 보험이라는 말씀이군요.

CEO

FP

여기서 중요한 점은 배당받는 시점에 보험계약을 평가한다는 사실입니다. 보험계약은 배당 시점을 기준으로 '납입보험료 + 이자상당액'과 '해지환급금 상당액' 중 큰 금액으로 평가합니다. 보험으로 퇴직금을 지급할 때와 동일한 방식입니다.

현물배당을 활용하면 소득이 없는 자녀에게도 유용하겠네요.

CEO

그렇습니다. 자녀 명의로 보험에 가입하여 실질 불입자로 인정받으려면 본인의 소득이 있어야 하지만, 현물배당을 받으면 본인 소득이 없어도 인정받을 수 있습니다. 그리고 향후 피보험자 사망으로 보험금을 수령하면 본인이 불입한 보험에서 받는 보험금이므로 상속세가 과세되지 않습니다. 또한 보험에서 발생한 보험차익에 이자소득세도 과세되지 않으므로 상당한 절세 효과가 발생합니다.

FP

상속세 재원 마련에 굉장히 유리한 방안처럼 보이는군요. 숫자로 예시를 들어 주시면 좋을 것 같습니다.

CEO

네, 예를 들어 법인이 매월 5백만 원씩 5년간 보험료를 납입하여 자녀에게 현물배당 한다고 가정하겠습니다. 사망보험금은 5억 원, 총납입보험료는 3억 원이며, 배당 시점에 해지환급금은 2억 원이라고 하겠습니다. 절세 효과 산출을 위해 현물배당 활용 없이 상속하는 경우(☞체크포인트 2의 대안 1)와 종신보험 현물배당을 통해 자녀에게 보험금이 귀속되는 경우(☞체크포인트 2의 대안 2)를 비교했습니다. 대안 1은 법인소득이 대표님께 급여 형태로 지급됩니다. 이를 운용하면서 이자소득세를 부담하고, 상속 시에는 상속세도 부담하기 때문에 자녀에게 귀속되는 금액은 얼마 되지 않습니다. 반면 대안 2에 따라 배당을 실행하면 보험평가액인 3억 원에 대한 배당소득세만 부담하면 됩니다. 이후에 받는 보험금에는 상속세와 소득세가 없기 때문에 보험 5억 원이 고스란히 자녀에게 귀속됩니다.

FP

CHECK POINT 2
현물배당의 절세 효과

[사례] 현물배당 미활용 시 vs. 활용 시 비교

(피보험자: CEO, 월 납입보험료: 500만 원, 납입 기간: 60개월)

CEO의 예상 소득세율은 44%(지방소득세 포함), 예상 상속세율은 50%, 자녀는 다른 소득이 없다고 가정함

대안 1) 납입보험료 상당액을 CEO가 급여로 받아 상속 개시일까지 예금 등으로 운용하다가 상속

대안 2) 법인에서 납입한 종신보험을 납입 완료 시점(납입보험료 수준으로 평가된다고 가정)에 자녀에게 현물배당 하여 미래에 사망보험금 수령

구분	내역
총납입보험료	3억 원
보장금액(사망보험금)	5억 원
운용수익(보험차익)	2억 원
운용수익률(전체 기간)	66.7%(=2억 원/3억 원)

1. 대안 1의 최종 세후 수령액
1) 근로소득세 부담 후 금액

	금액(단위: 원)	
종합소득	300,000,000	
(×)세율	44.0%	
(=)산출세액	132,000,000	분석 편의상 단순화한 세부담액임
소득세 차감 후 금액	168,000,000	(근로소득 − 산출세액)

2) 운용수익에 대한 소득세 및 상속세 부담 후 금액

	금액(단위: 원)	비고
투자금액(세후 근로소득)	168,000,000	
(×)운용수익률	66.7%	
(=)운용수익	112,000,000	
(×)소득세율	44.00%	
(=)이자소득세	49,280,000	
(=)소득세 차감 후 금액	230,720,000	= 168,000,000 + 112,000,000 − 49,280,000
(−)상속세(세율 50%)	115,360,000	
(=)자녀 최종 수령액	**115,360,000**	

2. 대안 2의 최종 세후 수령액
1) 현물배당 시 배당소득세 부담 후 금액

	금액(단위: 원)	
현물배당금액	300,000,000	
(−)배당소득세	77,352,000	기본공제 150만 원 적용

2) 사망보험금 수령 후 금액

	금액(단위: 원)	
자녀가 받은 사망보험금	500,000,000	
(−)배당소득세 납부한 금액	77,352,000	
(−)보험차익 소득세	0	사망으로 발생한 개인의 보험차익은 이자소득 비과세
(−)상속세	0	
(=)자녀 최종 수령액	422,648,000	

〈결과〉

(단위: 원)

대안 1의 최종 수령액	115,360,000
대안 2의 최종 수령액	422,648,000
절세 효과(대안 2 − 대안 1)	**307,288,000**

이렇게 보니 정말 상당한 차이가 나는군요. 지금은 제가 50% 지분을 갖고 있고, 제 아들은 30%만 갖고 있어서 균등배당으로 자녀에게 더 많이 배당하려면 주식 증여가 중요하겠군요.

CEO

말씀하신 대로 현물배당은 자녀 지분율을 충분히 높인 후에 해야 유리합니다. 그리고 보험계약을 현물배당 하려면 납입이 완료된 이후에 하는 것이 좋습니다. 보험계약은 최소한 5년 이상에 걸쳐 납입이 필요하므로 그동안 지분을 충분히 증여하신 후에 현물배당을 하신다면 말씀드린 절세 효과를 충분히 보실 수 있을 것입니다. 지분을 증여하시는 방법은 일반증여도 있지만 가업승계 특례증여 활용도 검토하실 필요가 있습니다.

FP

자녀들의 주식 지분율만 충분히 확보한다면 현물배당이야말로 정말 좋은 방법이라는 생각이 듭니다. 보험을 활용할 최적의 방법을 찾은 것 같네요.

CEO

03 토픽을 마치며

"현물배당이 도대체 어떤 거죠?"

비상장법인 중에도 배당을 실행하는 회사는 점점 늘고 있지만, 현물배당을 실시하는 법인은 아직 드물다. 현물배당이 가능하다는 사실을 알고 있는 CEO도 많지 않고, 막상 어떤 재산을 어떤 절차로 배당해야 하는지는 더 막연하게 생각한다.

현금이 많은 회사라면 현금으로 배당하면 그만일 것이다. 그런데 <u>현금이 많지 않고 이익잉여금은 많은 회사라면 회사 재산으로 현물배당 하는 방안도 고려해 볼 필요가 있다.</u> <u>특히 CEO를 피보험자로 하는 생명보험계약을 활용해서 자녀에게 배당하면 상속세 재원 마련과 절세라는 일석이조의 효과를 누릴 수 있다.</u>

FP들도 과거에는 법인이 가입한 생명보험을 퇴직금 재원 용도 정도로 생각했지만, 이제는 절세 효과가 뛰어난 현물배당을 하도록 제안할 필요가 있다. 물론 자녀의 지분율을 높일 수 있는 주식 이동 설계와 병행해야 한다.

topic
26

보험료를 손비 처리하면 법인세 이연 효과가 발생한다

01 토픽 소개

    법인계약으로 보험에 가입하면 계약자 및 수익자는 법인, 피보험자는 CEO로 하는 경우가 대부분이다. 이때 계약자인 법인이 보험료를 납입하기 때문에 보험료 납입 시점과 기말 결산 시점, 보험계약자를 변경하여 지급하는 시점에 회계 처리가 필요하다. 또한 법인세법에 따른 세무 처리를 이해하는 것도 중요하다. 이러한 세무회계 처리는 외부감사를 받는 기업과 받지 않는 기업 간에 다소 차이가 있으므로 구분하여 숙지할 필요가 있다. 물론 기본적인 회계원리 지식도 필요하다.

02 실전 화법

상황 01
법인 CEO는 FP와의 상담을 통해 법인계약의 필요성을 충분히 인지하고 있음

상황 02
이에 CEO는 회계팀장에게 법인 보험 가입의 타당성 검토를 지시함

상황 03
회계팀장은 FP가 제안한 보험이 세무적으로 문제가 없는지 검토하고자 함

FP: 팀장님, 안녕하세요. 보험과 관련된 세무회계 처리에 대해 전반적으로 말씀을 드리겠습니다. 혹시라도 궁금하신 점 있으시면 바로바로 말씀해 주세요.

네, 인터넷으로 조금 알아보긴 했는데 잘 이해가 안 되는 것 같습니다.

팀장

FP: 우선 회사 입장에서 말씀드리겠습니다. 회사에서 보험을 가입하면 우선 보험료를 납입할 때, 기말에 보험계약을 평가할 때, 마지막으로 계약자 변경 및 퇴직 시점 이렇게 3단계로 구분할 수 있습니다. 여기에 추가로 약관대출, 중도인출, 감액, 해지 등의 상황이 있을 수 있습니다.

네, 중도인출은 납입한 보험료를 일부 인출하는 것이고, 감액은 일부 해지를 의미하는 거죠?

팀장

FP: 네. 맞습니다. 팀장님께서 공부를 많이 하셨네요. 하하.

아닙니다. 요새 인터넷에도 나와 있어서 조금 알아본 것뿐입니다.

팀장

FP

그럼 이어서 말씀드리겠습니다. 일단 법인에서 매년 납부하는 보험료 가운데 자산성이 있는 적립보험료는 장기금융상품 같은 자산으로, 그 외 소멸성보험료는 보험료 계정으로 비용 처리합니다. 사장님께서 가입을 고려하고 계신 종신보험은 보통 보장성보험으로 분류되는데요. 제가 말씀드리는 대로 회계 처리하시면 됩니다. 한편 사장님께서 가입하시려는 보험은 고액계약 보험료 할인 혜택도 있습니다. 이는 보통 잡이익 등의 영업외 수익으로 처리합니다.

네, 그럼 적립보험료나 그 외 부분은 구체적으로 어떻게 파악할 수 있나요?

팀장

FP

아, 그 부분은 보통 연말 결산을 할 때 저희 회사 콜센터에 요청하시면 적립보험료와 그 외 소멸성보험료를 구분한 서류를 발급해 드립니다. 그걸 참고해서 회계 처리하시면 됩니다.

보험료를 비용 처리하면 법인세도 일부 절세는 되겠네요.

팀장

FP

네, 그렇습니다. 다만 비용 처리되는 비율이 보험상품마다 조금씩 다릅니다. 그리고 비용 처리된 부분은 나중에 계약자를 변경할 때 다시 수익으로 처리되므로 세금의 영구 감면이 아니라 과세 이연 효과라고 보시면 정확합니다.

그렇군요. 그리고 아시겠지만 저희는 외감기업이라 매년 공인회계사 감사를 받습니다. 그래서 기말 회계 처리가 중요한데요. 보통 주식이나 펀드 같은 상품은 연말에 공정가액으로 평가를 해야 하는데 법인에서 가입한 보험도 연말에 공정가액으로 평가를 하나요?

팀장

1
CHECK POINT
보험료 납입액의 세무 처리

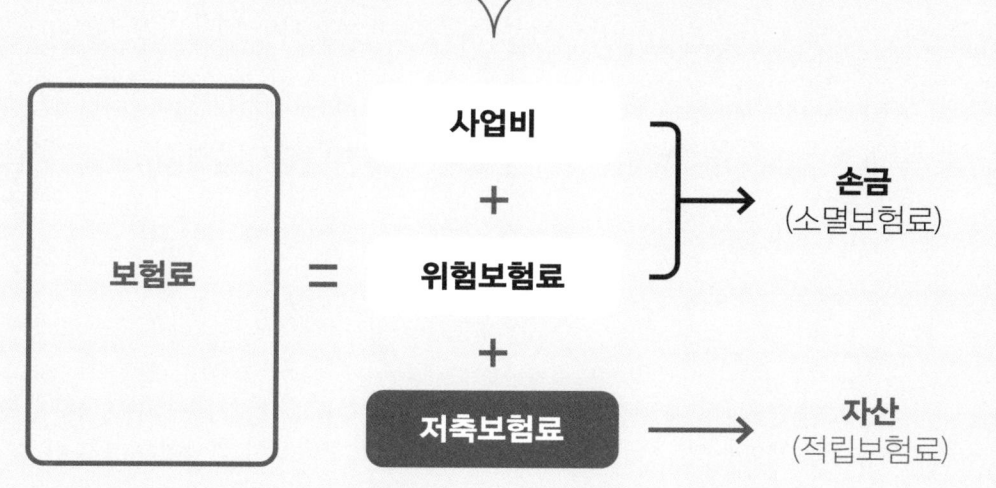

✓ 기획재정부 법인세제과-306, 2015. 4. 20.

내국법인이 퇴직 기한이 정해지지 않아 퇴직 시점을 예상할 수 없는 임원(대표이사 포함)을 피보험자로, 법인을 계약자와 수익자로 하는 보장성보험에 가입하여 <u>사전에 해지환급금을 산정할 수 없는 경우, 법인이 납입한 보험료 중 만기환급금에 상당하는 보험료 상당액은 자산으로 계상하고, 기타의 부분은 이를 보험기간의 경과에 따라 손금에 산입</u>하는 것입니다.

✓ 국세청 법규법인 2013-397, 2013. 10. 24.

내국법인이 임원(대표이사 포함)을 피보험자로, 계약자와 수익자를 법인으로 하는 보장성보험에 가입한 경우에 법인이 납입한 보험료 중 만기환급금에 상당하는 보험료 상당액은 자산으로 계상하고 기타의 부분은 이를 보험기간의 경과에 따라 손금에 산입하는 것이나, 귀 세법해석 사전 답변 신청 내용과 같이, 임원의 정년퇴직 후의 기간까지를 보험기간으로 하고 만기환급금이 없는 종신보험상품을 계약한 내국법인이 피보험자인 임원의 정년퇴직 시점에는 고용관계가 해제됨에 따라 해당 보험계약을 해지할 것으로 사회통념 및 건전한 상관행에 비추어 인정되는 경우에는 <u>납입보험료 중 정년퇴직 시의 해약환급금에 상당하는 적립보험료 상당액은 자산으로 계상하고, 기타의 부분은 손금에 산입하는 것이며, 정년퇴직 전에 피보험자인 임원이 퇴직하여 해약하는 경우로서 지급받는 해약환금금과 자산으로 계상된 적립보험료 상당액과의 차액은 해약일이 속하는 사업연도의 소득금액 계산 시 익금 또는 손금에 산입</u>하는 것입니다.

네, 외감법인은 연말에 공정가액으로 평가를 해 주셔야 합니다. 그런데 세법에서는 특수한 경우를 제외하고는 연말에 자산을 평가하지 않기 때문에 평가차액을 다시 되돌리는 세무조정을 해 주셔야 합니다.

FP

공정가액이라면 구체적으로 어떤 금액을 의미하나요?

팀장

기업회계기준에는 보험에 관한 공정가액이 구체적으로 어떤 금액을 의미하는지가 나와 있지 않습니다. 다만 저도 회계 처리에는 전문가가 아니라서 제가 아는 회계사에게 문의를 드렸습니다. 회계사 의견은 '회계기준원의 해석을 보면 변액연금보험에 대해서 해지환급금으로 평가하라'는 회신이 있는 정도라고 합니다. 그렇다고 모든 보험을 해지환급금으로 평가하는 것이 꼭 올바른 방법이라고 보기도 어렵다고 하더라고요. 해지환급금 이외에도 계약자 적립금이나 납입원금으로 평가하는 경우도 있다고 합니다.

FP

그래요? 그 부분은 우리도 자문 회계사님이 있으니 협의해서 처리하도록 하겠습니다.

팀장

2

CHECK POINT
보험계약 단계별 회계 처리

1. 보험계약의 연말 결산 시 회계 처리
✓ 회계기준원 질의 회신(GKQA 08-009) 변액연금보험 회계 처리에 대한 질의

1) 질의 내용

회사는 회사를 수익자로 하여 변액연금보험을 납입하고 있는 바 납입액 중 보험료 부분과 사업비 부분을 제외한 적립액은 장기금융상품으로 처리하고 자산으로 계상하고 있습니다.(보험사에서 매 기말 보유좌수와 평가액이 기재된 평가금액 보고서를 제공받고 있음)

현재 변액연금보험의 납입액 중 보험료 부분과 사업비 부분을 제외한 적립액을 어떠한 계정에 계상하고 평가는 어떻게 해야 하는지에 대한 지침서나 예규가 없습니다. 따라서 장기금융상품으로 계상하여 장기금융상품 평가이익(영업외손익)으로 인식하는 것이 맞는지, 수익증권으로 보아 매도가능증권으로 계상하여 기타포괄손익으로 인식하는 것이 맞는지 또는 다르게 회계 처리해야 하는지 질의합니다.

(보충)

1. 변액연금보험의 수익자가 회사로 되어 있으므로 보험금은 회사가 직접 수령하며 임원에게 지급해야 할 의무는 없음
2. 계약자 및 수익자가 회사이므로 중도해약은 회사에서 일방적으로 할 수 있음
3. 연금은 임원이 일정한 연령에 도달한 후 지급되기 시작함

1) 회신 내용

귀 질의의 경우 변액연금보험의 납입액 중 보장성보험료와 사업비에 관련되는 부분은 영업외비용으로 회계 처리하고, 나머지 부분은 유가증권 이외의 투자자산으로 인식합니다. 인식된 투자자산은 매 회계기간 말에 해약환급금으로 평가하며, 그 평가손익은 영업외손익으로 회계 처리하되 회계기간의 납입액 중 영업외비용으로 인식되는 금액에 가감하여 표시할 수 있습니다.

2. 보험계약 단계별 회계 처리 예시

매년 100씩 보험료를 납입(이 중 소멸성보험료는 30), 10년 납입 후 계약자 변경으로 퇴직금 1,000 지급

상황	회계 처리	
보험료 납입 시 (10년간 매년)	차) 장기금융상품 70 　　보험료(비용) 30	대) 현금 100
기말 평가 시 (외감기업이며, 장부가액과 공정 가액과의 차이는 50으로 가정)	차) 투자자산 평가손실 50 　　(영업외비용)	대) 장기금융상품 50
납입 완료 후 계약자 변경 시 (퇴직금으로 지급)	차) 퇴직급여 1,000	대) 장기금융상품 650* 　　투자자산 처분손익 350** 　　(영업외수익)
	*장기금융상품 장부가액 = 납입액 1,000 − 비용 처리액 300 − 평가손실 50 = 650 **보험료 납입 시 비용(손비)처리한 금액이 계약자 변경 시 다시 수익(익금) 으로 계상됨	

| 만일 100 약관대출 시 (독립적 상황) | 차) 현금 100 | 대) 단기(장기)차입금 100 |
| 만일 100 중도인출 시 (독립적 상황) | 차) 현금 100 | 대) 장기금융상품 100 |

3. 법인 결산 시 보험계약의 평가와 세무조정

구분	납입 시점	연말 결산시 평가	세무조정
외감기업	소멸보험료: 비용 적립보험료: 자산	공정가액 (납입원금, 해지환급금 등)으로 평가하여 평가손익 인식	공정가액과 세법상 가액 차이에 대해 조정
비외감기업	소멸보험료: 비용 적립보험료: 자산	평가하지 않음	세무조정 없음

FP

그리고 한편으로는 보험금을 수령하거나 중도에 해지할 때 기존에 자산(장기금융상품)으로 계상되어 있던 부분과 보험금 수령액 또는 해지환급금과 비교해서 차액을 투자자산처분손익이나 잡손익 등의 계정과목으로 하여 영업외수익 또는 영업외비용으로 계상하시면 됩니다.

네, 그렇군요. 회계 처리는 이해가 되었습니다. 그럼 법인세 세무조정 시에는 조정 사항이 발생하겠군요.

팀장

FP

네, 그렇습니다. 세법상으로는 적립보험료와 소멸성보험료를 나누어서 적립 부분은 자산으로 처리하고, 소멸성 부분은 보험기간의 경과에 따라 손비로 처리해야 합니다. 외부감사를 받지 않는 일반기업은 회계 처리도 세법에 따라 하면 되기 때문에 세무조정이 필요 없지만, 외부감사 기업은 앞서 설명드린 것처럼 평가손익을 인식하게 될 경우 이를 되돌리는 세무조정이 필요합니다.

또 하나 궁금한 게 있는데요. 나중에 저희 사장님께서 실제로 퇴직을 하실 때 회사에 있는 임원 퇴직금 규정에 따라 계산한 퇴직금을 보험증권으로 계약자 변경하여 드리면 전혀 문제가 없는 건가요? 또 인터넷에서 보니 사장님 퇴직금을 보험계약의 계약자 변경을 통해 지급할 때 해지환급금을 기준으로 평가하여 처리하면 된다고 하던데 맞는 건가요?

팀장

그 부분은 좀 주의하실 점이 있는데요. 일단 사장님께서 퇴직하실 때 퇴직금을 현금 대신 보험증권으로 지급하는 것은 문제가 없습니다. 이미 국세청의 공식적인 의견도 나와 있기 때문에 염려하지 않으셔도 됩니다. 하지만 팀장님께서 알고 계신 것처럼 나중에 사장님 퇴직 시점에 해지환급금으로 평가해서 지급하시면 문제가 됩니다. 보험은 원칙적으로 '납입원금 + 이자상당액'과 '해지환급금' 중에 큰 금액으로 평가하는 것이 타당합니다. 왜냐하면 계약자 변경은 계약 해지가 아니라 유지되는 경우의 가치로 평가해야 하기 때문입니다. 필요하시다면 국세청에서 나온 예규를 보내 드리도록 하겠습니다. 참고하시면 이해가 되실 겁니다.

FP

3

CHECK POINT
보험계약 현물지급 시 세무 처리

1. 보험계약을 CEO 퇴직금으로 현물지급 시 소득 구분

✓ **기획재정부 소득세제과-109, 2011. 3. 29.**

[제목]

법인이 퇴직 임원에게 보험계약 이전 시 소득 구분

[요지]

법인이 계약자 및 수익자를 법인으로, 임원을 피보험자로 하는 저축성보험에 가입하고, 임원 퇴직 시 저축성보험의 계약자 및 수익자를 법인에서 퇴직 임원으로 변경하는 경우 법인이 부담한 저축성보험은 퇴직 임원의 퇴직소득에 해당합니다. 다만 저축성보험 평가액을 포함한 임원의 퇴직소득이 과다하여 법인세법 제52조에 의한 부당행위계산의 부인 규정이 적용되는 경우에는 해당 규정이 적용되지 아니한 범위 내에서만 퇴직소득에 해당하며, 이를 초과하는 금액은 근로소득에 해당합니다.

2. 보험계약 현물지급 시 평가 방법

유지되고 있는 보험을 승계받은 경우에는 아래 국세청 예규를 참고하여 처리한다.

✓ **상속증여세과-339, 2013. 7. 9.**

[제목]

보험금 지급 사유가 발생하기 전에 보험료 납부자가 사망한 경우 상속재산 평가 방법

[요지]

보험사고가 발생하지 않은 경우에는 보험금의 상속·증여 규정이 적용되지 않으며, 피상속인이 납부한 보험료 상당액은 상속재산에 해당하는 것으로 이는 상속 개시일까지 피상속인이 납부한 보험료의 합계액과 납부한 보험료에 가산되는 이자수입 상당액을 합계하여 평가(상속인이 상속 개시 후에 보험계약을 해지한 경우에는 해약환급금 상당액으로 평가 가능함)하는 것임

그 부분은 제가 잘못 알고 있었군요. 관련 예규는 제 이메일로 부탁드리겠습니다. 그리고 보험계약에서 중도인출을 하는 경우에는 어떻게 처리하나요?

 중도인출을 한다면 보험료의 환급으로 간주해 자산으로 처리된 부분을 감소시키는 회계처리를 하시면 됩니다.

그렇군요. 끝으로 하나만 더 질문해도 될까요?

 네, 물론입니다. 팀장님.

보험증서를 보니까 저희 사장님께서 가입하시려는 보험이 사망 시에 30억이 나오도록 되어 있는데요. 만일 사장님께서 재임 중에 돌아가시면 보험금을 법인에서 수령한다고 알고 있습니다. 그럼 돈을 받아서 유가족들께 전부 드리는 건가요?

 계약자와 수익자가 법인으로 되어 있는 이상 보험상품의 주인은 회사입니다. 따라서 회사가 보험금을 받으면 당연히 법인의 자산이 됩니다. 그렇기 때문에 보험금을 법인에서 다양한 목적으로 사용하실 수 있습니다. 예를 들면 채무 변제나 기계 추가 구매 등 말입니다. 또는 주주에게 배당을 하거나 임원 사망 시 유가족들에게 임원의 퇴직금을 지급하기 위한 퇴직금 재원으로 활용하셔도 좋습니다. 다만 배당이나 퇴직금 또는 사망위로금 등으로 지급하기 위해서는 상법(배당 결의)과 정관(임원 퇴직금 규정)에서 정한 절차를 따라야 합니다.

네, 법인에서 가입하는 보험의 용도가 다양하군요. 제가 한번 정리하자면 저희 사장님께서 퇴직하실 때는 퇴직금으로, 재직 중이거나 유고 시에는 임원 퇴직금 내지는 기타 회사의 목적 자금으로 활용할 수 있다는 말씀이시죠?

FP 네, 맞습니다. 정확하게 이해하셨습니다.

네, 이제 제가 좀 정리를 해서 사장님께 보고해야겠습니다. 오늘 이렇게 시간을 내 주셔서 감사합니다.

팀장

4

CHECK POINT
정기보험 납입보험료의 손비 처리

  법인이 가입한 생명보험계약에서는 일반적으로 보험료 납입액에 대해 자산(적립보험료)과 비용(소멸성보험료)으로 나누어 손비로 처리한다. 이는 종신보험이든 연금보험이든 동일하다. 그런데 정기보험은 어떨까? 정기보험이 다른 점은 만기가 정해져 있으며 만기 시까지 보험사고가 발생하지 않으면 보험금 지급 없이 보험계약이 종료된다는 점이다. 정기보험에 대한 기존 과세당국의 입장은 종신보험 등 다른 생명보험과 동일한 방법으로 처리하는 것이었다. 그런데, 2018. 07. 18. 예규에서는 만기환급금이 없는 보험에 대해서는 납입한 해당 보험료를 보험기간의 경과에 따라 손비 처리하는 것으로 변경하였다.

✅ 서면-2018-법인-1779(2018. 07. 18.)

내국법인이 대표이사를 피보험자로 하고 계약자와 수익자를 법인으로 하는 보장성보험에 가입한 경우, 법인이 납입한 보험료 중 만기환급금에 상당하는 보험료 상당액은 자산으로 계상하고 기타의 부분은 이를 보험기간의 경과에 따라 손금에 산입하는 것으로 피보험자인 대표이사의 퇴직 기한이 정해지지 않아 <u>사전에 해지환급금을 산정할 수 없어 만기환급금에 상당하는 보험료 상당액이 없는 경우에는 내국법인이 납입한 해당 보험료를 보험기간의 경과에 따라 손금에 산입하는 것이며,</u> 상기 보장성보험의 해약으로 지급받는 해약환급금은 해약일이 속하는 사업연도의 소득금액 계산 시 익금에 산입하는 것입니다.

[질의 내용]
- ✅ 내국법인이 대표이사를 피보험자로 하고, 법인을 보험계약자 및 수익자로 하는 만기환급금이 없는 보장성보험에 가입하는 경우 보험료의 세무 처리 방법
- ✅ 법인을 수익자로 하는 보장성보험 상품에 가입하는 경우 매월 납입보험료 전액을 납입한 사업연도의 손금에 산입 가능한지

[사실관계]
- ✅ 질의 법인은 대표이사를 피보험자로 하는 만기환급금이 없는 보장성보험에 가입하였음
- ✅ 계약 형태는 계약자 및 수익자는 법인, 피보험자는 대표이사로 하여 월 300만 원

---

1 국세청 해석을 토대로 정리해 본다면 정기보험 보험료를 보험기간 경과에 따라 전액 손비로 처리하기 위해서는 다음 요건을 충족해야 할 것으로 보인다. 첫째, 임원의 퇴직기한이 정해져 있지 않고 둘째, 임원유고시 리스크 헤지를 목적으로 가입해야 하며, 셋째 중도에 해지할 경우 그 사유가 경영상 긴급자금 필요등 부득이한 사유로 인해 발생한 것일 필요가 있다. 한편, 보험료를 전액 손비 처리한 후 해지하여 해지환급금이 발생하면 해지환급금 전액을 법인의 수익(익금)으로 처리해야 한다.

☑ 납입, 90세 만기 납부

질의 법인의 경우 대표이사의 퇴직 시점에 대한 언급은 없음

(단위: 백 만원)

경과연수	1년	2년	10년	42년(90세)
납입보험료(누계)	36	72	360	1,524
해지환급금	0.5	32	338	0

03 토픽을 마치며

　법인에서 보험에 가입하여 납입하는 보험료는 크게 적립되는 보험료와 사업비처럼 소멸되는 보험료로 구성된다. 이 중 소멸되는 보험료에 한해 세무상 손비 처리가 가능하다. 따라서 소멸되는 보험료를 손비 처리하게 되면 법인세는 일부 절세가 된다. 특히 경영인 정기보험은 일정한 요건을 갖추면 전액 손비 처리가 가능해서 다른 상품에 비해 법인세 절세 효과가 훨씬 크다고 알려져 있다.

　법인계약 가입을 검토하는 CEO 입장에서는 보험의 보장 내용도 중요하지만 그에 못지않게 비용 처리로 인한 법인세 절세 효과에도 관심이 많다. 최근 들어 경영인 정기보험의 가입이 많아진 것도 법인세 절세 니즈가 많다는 의미로 해석될 수 있다. 특히 연간 순이익 2억 원 이상으로 법인세율 19% 구간이 적용되는 기업이라면 더욱 그러할 것이다. 다만 보험상품을 손비 처리하는 경우라 하더라도 차후 계약자 변경 등을 통한 이전 시 또는 해지로 인한 해지환급금 수령 시에는 다시 법인의 익금(수익)으로 처리된다. 즉, 보험료 비용 처리의 절세 효과는 영구 감면이 아니라 단지 과세 이연일 뿐이므로 이 부분을 정확하게 인식할 필요가 있다.

topic
27

종신보험 보험차익 **비과세를 활용하라**

01 토픽 소개

　예전에는 보험가입금액에 상관없이 보험차익이 전부 비과세이던 시절이 있었다. 그러다가 세법 개정으로 2013년 2월 15일부터 비월납식은 1인당 2억 원까지만 비과세가 가능해졌다. 이후 <u>2017년 4월 1일에 또 한 번의 세법 개정으로 월납식은 월 150만 원까지만, 비월납식은 1인당 1억 원까지만 비과세가 가능해졌다.</u> 즉, 자산가가 저축성보험을 활용해서 세테크를 하기가 거의 불가능해진 셈이다. 물론 납입금액에 관계없이 일정 요건을 갖춘 종신형 연금은 여전히 비과세가 가능하지만, 조건이 매우 까다로운 편이다.

　이에 반해 <u>순수 보장성보험은 월 150만 원의 비과세 납입한도를 적용받지 않는다.</u> 종신보험도 순수 보장성보험에 해당한다면 마찬가지다. 자산가에게 종신보험은 상속세 재원 마련을 위한 주요 수단이다. 이에 더해 <u>상당한 금융자산을 굴리는 자산가가 일부를 종신보험으로 운용하여 자녀에게 상속한다면 보험차익에 대한 소득세가 없기 때문에 절세 효과를 누릴 수 있다.</u>

02 실전 화법

상황 01
고객은 부동산 자산 100억 원과 금융자산 50억 원을 보유하고 있으며, 금융자산을 주로 정기예금과 사모펀드에 투자하고 있음

상황 02
고객은 부동산 임대소득 외에도 매년 1억 원이 넘는 금융수익이 발생하며 40%대의 소득세율을 적용받고 있음

상황 03
고객은 저축성보험 비과세 한도 축소 이후 보험에는 별로 매력을 느끼지 못하고 있음

FP 대표님, 안녕하세요? 오늘은 금융소득 절세 방안을 말씀드리겠습니다.

금융소득 절세 방안이요? 금융소득이라면 은행에서 가입한 상품에서 발생하는 이자나 배당소득을 말씀하시는 건가요? 요새는 비과세 상품도 거의 없어서 세금을 절감하는 게 어렵지 않나요?

CEO

FP 네, 맞는 말씀입니다. 예전에는 비과세 상품이 많았죠. 비과세 예금도 있었고 해외펀드에 비과세를 해 주던 경우도 있었고요. 특히 저축성보험은 10년만 유지하면 가입금액에 관계없이 전액 비과세가 가능했던 적도 있습니다. 그런데 지금은 보험차익 비과세 한도도 축소되었고 비과세 금융상품도 일부를 제외하면 찾아보기가 어려워졌습니다.

네, 저도 예전에는 보험도 많이 가입했습니다. 그런데 지금은 월 150만 원까지만 비과세를 해 주니 굳이 보험에 많이 가입할 이유가 없죠.

CEO

FP 네, 사실 그렇기 때문에 최근에는 저축성보험이 인기가 없어졌습니다. 더구나 금리도 낮아져 더욱 그런 것 같습니다.

CHECK POINT
보험차익 비과세 요건 정리

1. 종신보험 3대 플랜의 개요

보험차익 비과세에 대해서는 해당 보험계약의 체결일을 기준으로 세법을 적용한다.

1) 2013년 2월 15일 전 가입한 보험

① 10년 이상 유지 후 수령 시
② 종신연금이나 상속연금으로 수령 시
③ 사망, 질병, 상해 등을 원인으로 수령 시

2) 2013년 2월 15일 이후 가입한 보험

① 월 적립식 보험계약: 5년 납 & 10년 유지
② 종신형 연금으로 수령 시
③ 기타 보험계약: 보험료 2억 원 한도
④ 사망, 질병, 상해 등을 원인으로 수령 시

3) 2017년 4월 1일 이후 가입한 보험

① 월 적립식 보험계약: 5년 납 & 10년 유지 & 월보험료 150만 원 이내
② 종신형 연금으로 수령 시

③ 기타 보험계약 : 보험료 1억 원 한도
④ 사망, 질병, 상해 등을 원인으로 수령 시

2. 비과세 보험차익(소득세법 시행령 제25조)

아래 4가지 중 하나를 충족하면 비과세를 받을 수 있다.

1) 아래 요건을 모두 갖춘 월 적립식 저축성보험의 보험차익

① 최초 납입일부터 납입기간이 5년 이상인 월적립식 보험계약일 것
② 최초납입일부터 매월 납입하는 기본보험료가 균등(최초 계약한 기본보험료의 1배 이내로 기본보험료를 증액하는 경우를 포함한다)할 것
③ 기본보험료의 선납기간이 6개월 이내일 것
④ 계약자 1명당 매월 납입하는 보험료 합계액(계약자가 가입한 모든 월 적립식 보험계약의 기본보험료, 추가로 납입하는 보험료 등 월별로 납입하는 보험료)이 150만 원 이하일 것(2017년 4월 1일부터 체결하는 보험계약으로 한정하며, 그 전에 체결된 보험은 금액 한도를 적용받지 않음)

한편, 아래 요건을 모두 충족하는 순수 보장성보험은 계약 시점에 관계없이 상기 요건 중 금액 한도의 적용은 받지 않는다.(소득세법 시행규칙 제12조의2)

① 저축을 목적으로 하지 아니하고 피보험자의 사망, 질병, 부상, 그 밖의 신체상의 상해나 자산의 멸실 또는 손괴만을 보장하는 계약일 것
② 만기 또는 보험 계약기간 중 특정 시점에서의 생존을 사유로 지급하는 보험금·공제금이 없을 것

2) 아래 요건을 모두 갖춘 종신형연금 보험계약의 보험차익

① 계약자가 보험료 납입 계약기간 만료 후 55세 이후부터 사망 시까지 보험금 수익

등을 연금으로 지급받을 것

② 연금 외의 형태로 보험금·수익 등을 지급하지 아니할 것

③ 사망 시 보험계약 및 연금 재원이 소멸할 것. 단, 통계청장이 고시하는 통계표에 따른 성별·연령별 기대여명 연수(소수점 이하는 버리며, 이하 '기대여명 연수'라 함) 이내에서 보증지급기간이 설정된 경우도 인정됨

④ 계약자와 피보험자 및 수익자가 동일하고 최초 연금지급 개시 이후 사망일 전에 중도해지 할 수 없을 것

⑤ 매년 수령하는 연금액(연금 수령 개시 후에 금리 변동에 따라 변동된 금액과 이연(移延)하여 수령하는 연금액은 포함하지 않음)이 다음의 계산식에 따라 계산한 금액을 초과하지 아니할 것

(연금 수령 개시일 현재 연금계좌 평가액 ÷ 연금 수령 개시일 현재 기대여명 연수) × 3

3) 아래 요건을 갖춘 기타 보험계약의 보험차익

계약자 1명당 납입할 보험료 합계액(월 적립식 저축성보험 및 종신형 연금보험은 제외한 보험료 합계액)이 아래 금액 이하이면서 보험 유지 기간이 10년 이상인 보험(다만 최초 보험료 납입일부터 10년이 경과하기 전에 확정된 기간 동안 연금 형태로 분할하여 지급받는 경우는 제외)

① 2017년 3월 31일까지 체결하는 보험계약: 2억 원

② 2017년 4월 1일부터 체결하는 보험계약: 1억 원

4) 피보험자의 사망·질병·부상 등으로 받는 보험금의 보험차익

피보험자의 사망·질병·부상, 그 밖의 신체상의 상해로 인하여 받거나 자산의 멸실 또는 손괴로 인하여 받는 보험금

네, 금리가 워낙 낮아지면서 요새는 정기예금 가입하기도 쉽지 않네요. 그렇다고 주식이나 펀드를 하자니 나중에 손실을 볼 수도 있어서 불안하기도 하고요.

그렇습니다. 제가 오늘 뵙고자 한 이유도 금융자산 운용에 관한 대안을 제시해 드리기 위해서입니다. 바로 종신보험인데요. 아마 고객님께서도 종신보험은 일부 가입하고 계신 것으로 알고 있습니다.

네, 상속세 대비 차원에서 몇 년 전에 가입해 놓았습니다. 이미 충분히 가입한 것 같은데요?

네, 잘 준비하고 계시네요. 아시는 바와 같이 종신보험을 활용하면 상속세에 효과적으로 대비할 수 있습니다. 그런데 제가 오늘 말씀드리려는 부분은 상속세 외에 금융소득종합과세 대비를 위한 종신보험 활용 방안입니다.

종신보험과 금융소득종합과세가 관련이 있나요?

많은 자산가분들이 가장의 유고 리스크에 대비하고, 훗날의 상속세 재원을 마련하기 위해 종신보험을 활용하십니다. 그런데 종신보험에는 한 가지 메리트가 더 있습니다. 바로 보험차익 비과세입니다.

종신보험은 나중에 사망하면 받는 걸로 알고 있는데 보험차익 비과세라니 좀 이해가 되지 않습니다.

네, 종신보험은 저축성보험과는 달리 가입 시 비과세 한도 적용을 받지 않습니다. 잘 아시겠지만 월납식 저축성보험은 월 150만 원까지만 비과세 가입이 가능하고, 비월납식은 1억 원까지만 가능합니다. 그런데 종신보험은 월 150만 원 한도를 적용받지 않습니다. 그리고 나중에 상속인이 사망보험금을 받을 때 납입보험료와 사망보험금의 차이인 보험차익에도 소득세가 과세되지 않습니다.

제가 종신보험에 가입할 때 가입자와 피보험자는 본인으로 하고, 수익자는 상속인으로 했기 때문에 상속세가 과세된다고 알고 있습니다. 상속세가 과세되기 때문에 소득세는 당연히 비과세되는 것 아닌가요?

소득세는 상속세와는 다른 세금이기 때문에 소득세 과세와 상속세 과세는 별개의 문제입니다. 상속세가 과세된다고 해서 소득세가 비과세되는 것은 아니라는 뜻입니다. 예를 들어 펀드에 가입한 상태에서 상속이 개시되면 일단 펀드에서 발생한 차익에 소득세가 과세됩니다. 이후 소득세를 차감한 세후 금액은 상속되었다고 간주해 상속세가 과세됩니다.

그래요? 그건 처음 알게 된 사항이네요.

많은 고객분들이 놓치고 있는 내용입니다. 종신보험을 상속세 용도로만 생각하다 보니 보험차익의 비과세 부분은 미처 생각지 못하는 거죠. 소득세법 시행령 제25조에 보면 상해, 질병, 사망 등으로 받는 보험금의 보험차익은 비과세를 적용한다고 되어 있습니다. 이제는 이 점을 잘 활용하실 필요가 있습니다.

예를 들어 원금 6억 원으로 종신보험에 가입하여 나중에 사망보험금 10억 원을 자녀에게 상속하는 경우와 원금 6억 원을 정기예금 같은 일반 금융상품으로 운용하여 10억 원을 만드는 경우를 비교해 보겠습니다. 운용 기간을 25년으로 가정하면 세전 수익률은 똑같이 연평균 2.06%입니다. 그런데 세금에서 차이가 납니다. 종신보험은 보험차익이 전액 비과세되지만, 일반 금융상품에는 소득세가 과세됩니다. 고객님처럼 금융소득종합과세가 되는 경우에 소득세율을 지방세 포함해서 41.8%로 가정하면 세전 이자소득 4억 원에서 1억 6,720만 원의 세금을 제한 세후 소득은 2억 3,280만 원이 됩니다. 이를 연평균 수익률로 환산하면 1.32%밖에 되지 않습니다. 결과적으로 종신보험으로 운용한다면 상속인에게 1억 6,720만 원을 더 남길 수 있다는 뜻입니다.

2

CHECK POINT

정기예금 vs. 종신보험 절세 효과 예시

원금 6억 원을 종신보험에 가입하여 25년 후 사망보험금 10억 원을 자녀에게 상속하는 경우 vs. 원금 6억 원을 정기예금 등의 일반 금융상품으로 운용하여 25년 후에 10억 원을 만드는 경우(원금 대비 수익률은 동일하다고 가정)

(단위: 천 원)

종신보험		정기예금	
불입원금	600,000	불입원금	600,000
사망보험금	1,000,000	만기 시	1,000,000
가입 기간	25년	운용 기간	25년
연평균 수익률	2.06%	연평균 수익률	2.06%
보험차익	400,000	이자소득	400,000
이자소득세	-	이자소득세(41.8%가정)	167,200
세후소득	400,000	세후소득	232,800
세후 수익률	2.06%	세후 수익률	1.32%

167,200천 원만큼 종신보험이 유리함

무슨 말씀인지는 알 거 같은데요. 하지만 보험은 사망 시점에 자녀들이 받는 거라 그렇게 와닿지는 않네요.

당장은 체감하시기 어려울 수도 있습니다. 하지만 종신보험 보험차익 비과세는 가입 시점의 세법이 적용되기 때문에 일단 가입하시면 확실한 비과세 효과를 누릴 수 있습니다. 그리고 대표님처럼 수십억 원의 금융자산을 갖고 있는 경우에 일부 자산을 종신보험으로 운용하신다면 확실하게 절세 효과를 보실 수 있습니다.

네, 저도 자산운용 방법을 다시 생각해 봐야겠군요. 금융자산에 대한 세금도 만만치 않아서 다른 방법이 없나 고민 중이긴 했거든요. 그리고 한 가지 질문이 있는데요. 만일 종신보험을 중도에 해지해서 보험차익이 발생하면 세금은 어떻게 되나요?

네, 종신보험은 저축을 목적으로 하는 상품이 아니기 때문에 상속 시까지 유지하는 것이 가장 좋습니다. 하지만 불가피하게 중도에 해지할 때도 세법에서 정한 비과세 요건을 갖춘다면 보험차익 비과세가 가능합니다. 월납식 보험은 일반적으로 5년 이상 납입하시고, 10년 이상 유지하신 후에 해지하신다면 비과세가 가능합니다.

네, 그 부분도 장점이 될 수 있겠네요. 오늘 말씀 잘 들었습니다. 얼마 후면 몇 년 전에 가입한 저축보험의 만기가 돌아오는데 그때는 종신보험으로 일부 운용하는 방안을 적극 검토해 보겠습니다.

네, 오늘 드린 말씀이 도움이 되었길 바랍니다. 감사합니다.

03 토픽을 마치며

일반적으로 금융소득이라 함은 이자소득과 배당소득을 의미한다. 금융소득이 연간 2천만 원을 넘으면 금융소득 외에 다른 소득(사업, 근로, 연금, 기타)과 합산하여 세금을 내야 하며, 이를 금융소득종합과세라고 한다. 금융소득이 종합과세 되면 최저 15.4%의 세율이 적용되며, 소득이 올라갈수록 최고 49.5%의 세율이 적용될 수 있다.

보험상품의 경우에는 최근 몇 년간 비과세 한도가 축소되고 요건도 까다로워졌다. 하지만 종신보험의 경우에 사망, 상해, 질병을 원인으로 받는 보험금에서 발생하는 보험차익에는 금액에 관계없이 과세하지 않는 것으로 규정되어 있다.

따라서 금융자산이 많은 자산가는 금융자산 중 일부를 종신보험으로 운용하면 금융소득종합과세에 대비하면서 더 많은 재산을 자녀에게 물려줄 수 있는 장점이 있다.

topic
28

종신보험 3대 플랜을 활용하라

01 토픽 소개

자산가는 상속세 절세를 위해 사전증여를 많이 활용한다. 10년마다 나누어 계획적으로 증여하면 상속세율보다 낮은 증여세율이 적용될 수 있다. 그런데 증여세도 상속세와 세율은 동일하기 때문에 많은 재산을 증여하면 높은 세율이 적용된다. 이런 이유로 자녀뿐만 아니라 손주에게 증여나 상속을 하는 방법도 많이 활용된다. 이를 '세대생략 증여(상속)'라고 한다.

세대를 건너뛰어 손주에게 증여나 상속을 하면 30%(미성년 손주에게 20억 원 초과 증여 시에는 40%)의 할증세액이 가산되지만, 과세표준이 분산되면서 줄어드는 세금이 더 크다. 이러한 세대생략 상속을 보험에도 적용할 수 있다. 계약자는 조부모, 피보험자는 자녀, 수익자는 손주로 하여 보험에 가입하면 향후 조부모 사망 시 수익자인 손주가 보험계약을 물려받으면서 상속세를 납부한다. 그리고 최종적으로 피보험자인 자녀(손주의 부 또는 모) 사망 시 사망보험금은 고스란히 손주에게 귀속된다. 조부모 사망 시점에 한 번의 상속세를 납부하면 사망보험금을 수령할 때는 상속재산에서 제외되어 실질적인 절세가 가능하다.

따라서 자녀에게 증여하는 것만으로는 상속세 절세 효과가 충분하지 않고, 자녀에서 손주에게 상속될 때도 많은 상속세가 예상된다면 보험을 활용한 3代 플랜을 적극 고려할 필요가 있다.

02 실전 화법

상황 01
고객(만 70세)은 200억 원대 재산을 보유하고 있으며, 상속세에 대비해 자녀 2명에게 증여를 실행하고 있음

상황 02
이미 각 자녀들에게는 지난 10년간 5억 원이 넘는 재산을 증여했기 때문에 추가 증여에는 30%의 증여세율이 적용됨

상황 03
따라서 손주들에게 증여하는 방안을 검토하고 있음

FP 고객님, 안녕하세요? 오늘은 전에 궁금해하셨던 손주들에게 증여를 활용하는 방안을 말씀드리겠습니다.

네, 이미 자녀들에게는 어느 정도 기반을 마련해 주었으니 이제는 손주들에게도 무언가 해 주었으면 합니다. 주위에서도 손주에게 미리 증여하면 더 효과적이라고 하더군요

CEO

FP 네, 그렇습니다. 증여세는 수증자별로 부담하기 때문에 손주에게까지 분산해서 증여하면 더욱 절세할 수 있습니다. 고객님은 이미 자녀 두 분에게 각 5억 원 이상 증여하셨기 때문에 이번에 다시 증여하시면 30%의 증여세를 부담하게 됩니다. 하지만 자녀 대신 손주에게 증여하시면 합산되는 증여재산이 없기 때문에 더 낮은 세율(10~20%)이 적용됩니다. 다만 이렇게 세대를 건너뛴 증여에는 자녀에게 증여할 때보다 추가로 30%(20억 초과 시에는 40%)의 세금을 더 내셔야 합니다. 그리고 또 하나 주의하실 점이 있는데요. 손주들이 어리기 때문에 아마도 증여세는 고객님께서 내 주셔야 할 겁니다. 그러면 대신 납부해 주는 증여세도 세법에서는 증여로 보기 때문에 이에 대한 증여세도 부담하셔야 합니다.

그렇군요. 그럼 손주들에게 어떤 재산을 얼마나 증여하면 좋을까요? 현금도 좋지만 이왕이면 손주들에게 좀 더 의미 있는 것이면 좋겠는데요.

CEO

 **FP** 네, 그러시다면 현금이나 부동산도 좋겠지만 종신보험을 활용하시면 더욱 좋습니다.

종신보험을 어떻게 활용한다는 말이죠?  **CEO**

 보험은 특성상 계약자, 피보험자, 수익자를 각각 다르게 지정할 수 있습니다. 제가 말씀드리는 방법을 바로 3대 플랜이라고 하는데요. 계약자를 고객님, 피보험자를 자녀, 수익자를 손주로 하여 보험에 가입합니다. 이렇게 계·피·수가 3대(代)에 걸쳐 있기 때문에 3대 플랜이라고 부릅니다.
FP

CHECK POINT

종신보험 3대 플랜의 개요 및 장점

1. 종신보험 3대 플랜의 개요

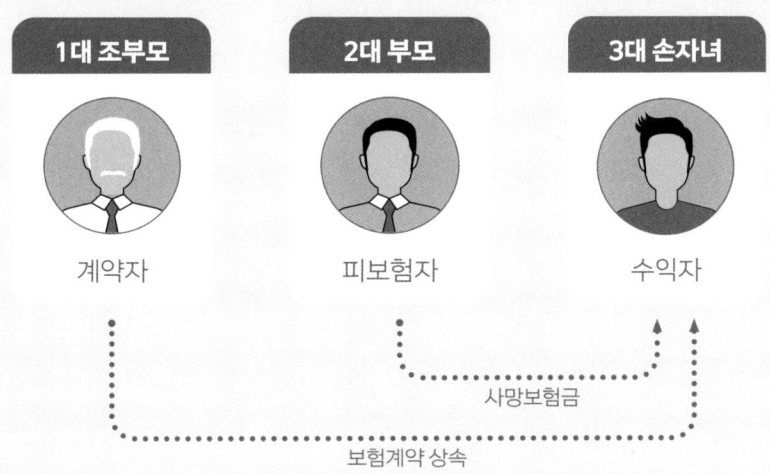

1) 종신보험 가입 시

계약자인 조부(모)가 보험료 납부

2) 조부(모) 유고 시

손주로 계약자 변경(사망 전 유언을 통한 상속인 지정 필요)

종신보험 평가액 = MAX(① 조부모가 납부한 보험료 + 이자상당액, ② 해약환급금 상당액)

세대생략 상속에 따라 30% 할증세액 적용(미성년자가 20억 원 초과 상속 시에는 40%)

3) 부(모) 유고 시

상속세 없이 사망보험금 수령(이미 보험계약을 상속받을 때 상속세를 납부했기 때문)

2. 종신보험 3대 플랜의 장점

1) 사망보험금의 보험차익 비과세

소득세법에 따라 피보험자의 사망·질병·부상 등으로 받은 보험금의 보험차익은 이자소득세 과세 대상에서 제외한다.(소득세법 시행령 제25조 제1항)

2) '계약자=수익자'인 보험계약의 사망보험금 상속세 비과세

피상속인의 사망으로 받는 생명보험 또는 손해보험의 보험금으로 피상속인이 보험계약자(실질 불입자인 경우)인 보험계약에 따라 받는 것은 상속재산으로 본다. 즉 '계약자=피보험자≠수익자'인 계약에서 받은 보험금은 상속재산에 포함되지만, '계약자=수익자≠피보험자'인 계약에서 받은 보험금은 상속재산에 포함되지 않는다.(상속세 및 증여세법 제8조)

3대 플랜이라…. 꽤 흥미롭군요. 그래서 보험에 가입한 다음에는 어떻게 하죠?

CEO

FP

네, 3대에 걸쳐 계·피·수를 달리하여 종신보험에 가입한 후에는 고객님의 상속이 개시될 때 보험의 계약자를 손주로 변경합니다. 종신보험은 피보험자가 사망하기 전까지는 계약이 유지되기 때문에 계약자가 사망하면 계약자를 바꿔 계속 유지됩니다. 다만 손주에게 안정적인 상속을 하기 위해 유언으로 보험을 상속받을 사람을 지정할 필요가 있습니다.

그렇군요. 그 다음에는 어떻게 되죠?

CEO

FP

보험의 계약자는 사망했어도 피보험자는 생존해 있으므로 보험계약은 계속 유지됩니다. 이제 손주가 보험계약의 계약자 및 수익자가 되었고, 피보험자는 여전히 고객님의 자녀입니다. 이후 미래에 피보험자의 상속이 개시되면 손주가 최종적으로 보험금을 받습니다.

네, 그건 알겠습니다. 그런데 말씀하신 절세는 어떻게 가능한 건가요?

CEO

FP

네, 3대 플랜의 절세 효과는 크게 두 부분으로 나눌 수 있습니다. 우선 고객님이 납입하신 보험료가 총 6억 원이고 사망보험금이 10억 원, 고객님 유고 시 해약환급금은 5억 원, 예상 상속세율은 50%, 종합소득세율은 44%(지방소득세 포함)라고 가정해 보겠습니다.

첫 번째는 세대생략 상속에 따른 효과입니다. 세대생략 상속으로 손주에게 상속하시면 두 번 내야 할 상속세가 한 번으로 줄어듭니다. 앞서 설명드린 대로 고객님의 상속이 개시되면 보험계약자가 손주로 바뀔 때 상속세가 과세됩니다. 세법에 따라 세대생략 상속에는 30% 할증된 세율이 적용됩니다. 그런데 3대 플랜과 함께 세대생략 상속을 하지 않고 두 번에 걸쳐 상속이 이루어진다면 더 많은 상속세를 부담할 가능성이 높습니다. 말씀드린 가정하에 계산해 보면 3대 플랜을 활용한 상속세는 3.9억 원이지만, 3대 플랜을 활용하지 않으면 4.5억 원이기 때문에 약 6천만 원의 절세 효과가 있습니다.

3대 플랜의 절세 효과(1) - 세대생략 상속 효과

세대생략 상속으로 상속세 할증은 되더라도
두 번의 상속세가 한 번으로 줄어드는 효과

1. 가정

(단위: 천 원)

	금액	비고
총납입보험료	600,000	상속 개시 시점의 해약환급금은 5억 가정
사망보험금	1,000,000	
예상 상속세율	50%	상속세 과표 30억 초과 가정
종합소득세율(지방소득세 포함)	44%	과표 3~5억 원 구간 가정

2. 3대 플랜 활용 여부에 따른 절세 효과 비교

1) 3대 플랜 미활용 시
(1) 조부모 → 부모 상속세

(단위: 천 원)

총납입보험료	600,000
(×)상속세율	50%
예상 상속세(a)	300,000

(2) 부모 → 손주 상속세

(단위: 천 원)

총납입보험료(세후 상속금액)	300,000
(×)상속세율	50%
예상 상속세(b)	150,000
총상속세(c = a + b)	450,000

2) 3대 플랜 활용 시

조부모 → 손주 세대생략 상속

(단위: 천 원)

총납입보험료	600,000
(×)상속세율	50%
예상 상속세	300,000
(+)할증세액(30%)	90,000
총상속세(d)	390,000

3) 절세 효과(e = c − d): 450,000(c) - 390,000(d) = 60,000

좀 복잡하기는 한데 숫자를 보니 이해가 되네요. 그런데 손주가 받을 때 보험계약 평가는 어떻게 하나요?

네, 보험계약 평가도 중요한데요. 상속재산인 보험은 '납입보험료에 이자상당액을 더한 금액'과 '해약환급금' 중에 큰 금액으로 평가합니다. 방금 말씀드린 사례에서는 납입보험료가 해약환급금보다 크기 때문에 납입보험료로 평가했습니다.

CHECK POINT
상속받은 보험계약의 평가

✓ **상속증여세과-339, 2013. 7. 9.**

보험사고가 발생하지 않은 경우에는 보험금의 상속·증여 규정이 적용되지 않으며, 피상속인이 납부한 보험료 상당액은 상속재산에 해당하는 것으로 이는 상속 개시일까지 피상속인이 납부한 보험료의 합계액과 납부한 보험료에 가산되는 이자수입 상당액을 합계하여 평가(상속인이 상속 개시 후에 보험계약을 해지한 경우에는 해약환급금 상당액으로 평가 가능함)하는 것임

그럼 내가 낸 보험료를 기준으로 상속세를 내고, 나중에 사망보험금을 수령할 때는 어떻게 세금이 절세된다는 말인가요?

CEO

네, 손주가 사망보험금을 받을 때는 상속세가 과세되지 않습니다. 보험계약을 고객님에게서 상속받을 때 이미 상속세를 납부하면서 계약자와 수익자가 손주 본인이 되었기 때문입니다. 세법상 본인이 보험료를 납입한 보험계약에서 수령한 보험금에는 상속세 및 증여세를 과세하지 않습니다. 3대 플랜에서는 손주가 보험계약을 상속받으면서 상속세를 납부했기 때문에 보험계약의 보험료를 본인이 납입했다고 인정해 주는 것이죠.

FP

보험계약에만 있는 독특한 구조 때문이겠군요.

CEO

네, 보험계약에만 있는 계·피·수 관계 때문입니다. 그리고 손주가 사망보험금을 수령할 때는 상속세뿐만 아니라 보험차익(사망보험금과 납입보험료의 차액)에도 소득세가 비과세됩니다. 앞서 가정한 사례로 계산해 보면 6억 원을 납입하고 10억 원을 받았는데 소득세와 상속세가 비과세됩니다. 보험차익 비과세는 소득세법 시행령 25조에 근거합니다. 즉, 사망이나 질병, 상해 등을 원인으로 받는 보험금에는 소득세를 비과세하기 때문입니다. 상속세가 비과세되는 이유는 앞서 설명드린 대로입니다.

이는 보험을 활용한 3대 플랜에서만 가능합니다. 만일 일반 금융상품에 가입하여 운용한 후에 상속한다면 소득세와 상속세가 차례대로 과세되기 때문에 많은 세금을 부담해야 합니다. 말씀드린 사례(☞체크포인트 4. 3대 플랜의 절세 효과(2) 참조)에서 이 효과를 계산해 보면 3.48억 원이나 됩니다.

FP

절세 효과가 상당하군요. 그동안 부동산이나 현금 등을 미리 증여하는 방법만 생각했는데 보험을 활용해서 손주에게 상속하는 방안도 고려해 봐야겠네요.

CEO

④ CHECK POINT

3대 플랜의 절세 효과(2) – 소득세, 상속세 비과세 효과

사망보험금의 보험차익에 소득세 및 상속세가 비과세되는 효과
[종합소득세율 44%(지방소득세 포함), 상속세율 50% 가정]

*앞의 사례(체크포인트 2)에서 이어짐

1. 보험차익 소득세 비과세 효과 (사망으로 받는 보험금의 보험차익은 비과세임)

(단위: 천 원)

금융자산 운용수익	400,000
종합소득세율(지방소득세 포함)	44%
종합소득세 절세액(ㄱ)	176,000

2. 보험차익 상속세 비과세 효과
(계약자와 수익자가 모두 손주로 동일하므로 상속세 비과세)

(단위: 천 원)

상속재산 제외금액	224,000	운용수익에서 소득세 차감 후 금액
상속세율	50%	
상속세 절세액(ㄴ)	112,000	
절세 효과(ㄷ=ㄱ+ㄴ)	288,000	

총절세 효과(=e+ㄷ)	348,000	e: 체크포인트 2 참조

3. 종신보험 3대 플랜의 총절세 효과는 다음과 같다.

(단위: 천 원)

6억 원(원금)에 대한 세대생략 절세 효과(체크포인트2)	60,000
4억 원(운용수익)에 대한 소득세 및 상속세 비과세 효과	288,000
총절세 효과	348,000

네, 고객님께 매우 적합한 대안이라고 생각합니다. 이미 사전증여도 많이 하셨기 때문에 그다음 세대까지 생각하신다면 3대 플랜이 최적의 방안이라고 생각합니다.

FP

네, 적극 고려해 보겠습니다. 오늘 말씀 잘 들었습니다.

CEO

03 토픽을 마치며

종신보험과 같은 보장성보험은 상속세 납부 재원을 효율적으로 마련할 수 있다는 장점 때문에 많이 권유되고 있다. 하지만 70대 이상 고객들은 나이, 질병 등의 이유로 보험계약의 피보험자가 되기 어려울 수 있다. 이때 상속세를 절세하기 위해 자녀들에게 사전증여를 하는 경우가 많다. 그런데 이미 충분히 증여를 했다면 추가 증여 시에 부담해야 하는 증여세도 만만치 않다.

이런 상황이라면 이번 토픽에서 제시한 3대 플랜을 활용해 상속세와 소득세를 동시에 절세할 수 있다. 특히 <u>조부모가 손주들까지 생각해서 의미 있는 상속을 원하는 경우라면</u> 특히 그러하다. 즉, <u>계약자인 조부모가 보험료를 납입하고 최종적으로 보험금은 손주에게 귀속되기 때문</u>이다. 물론 <u>조부모가 납입한 납입보험료에는 상속세가 부과되지만, 사망보험금의 보험차익에는 소득세와 상속세가 모두 비과세되므로 일석이조의 효과</u>가 있다.